近代宁波城市建设现代化进程

浙江农林大学　饶晓晓　著

中国建筑工业出版社

图书在版编目（CIP）数据

近代宁波城市建设现代化进程 / 浙江农林大学，饶晓晓著. —北京：中国建筑工业出版社，2022.5
　ISBN 978-7-112-27300-3

　Ⅰ. ①近… Ⅱ. ①浙… ②饶… Ⅲ. ①城市现代化—研究—宁波—近代　Ⅳ. ①F299.275.53

中国版本图书馆CIP数据核字（2022）第063262号

本书资助项目

1. 浙江省科技厅软科学一般研究项目，2021C35042，基于文化转译的浙江乡村历史建筑适应性改造策略研究；
2. 浙江省教育厅一般研究项目，Y202045045，基于原真性的浙江乡村历史建筑适应性再利用策略研究；
3. 浙江省教育厅高校国内访问学者"教师专业发展项目"，FX2021035，基于文化传承的浙江乡村历史建筑文化溯源及传播机制研究。

策划编辑：杜　洁　胡明安
责任校对：姜小莲

近代宁波城市建设现代化进程
浙江农林大学　饶晓晓　著
*
中国建筑工业出版社出版、发行（北京海淀三里河路9号）
各地新华书店、建筑书店经销
北京蓝色目标企划有限公司制版
北京建筑工业印刷厂印刷
*
开本：787毫米×1092毫米　1/16　印张：12¾　字数：283千字
2022年6月第一版　2022年6月第一次印刷
定价：49.00元
ISBN 978-7-112-27300-3
（39022）

版权所有　翻印必究
如有印装质量问题，可寄本社图书出版中心退换
（邮政编码　100037）

前言

关于中国近代城市现代化进程的研究，城市规划与建筑学领域的学者长期以来更加关注那些变迁剧烈、区域中心地位突出、个性特点鲜明的主流城市，相关的研究成果也较多。相比较而言，学术界对近代边缘城市的城市建设现代化研究成果尚少，因此关于近代边缘城市的研究正逐步走入专业学者的视野，宁波便是其中之一。由于东南沿海及长三角地区的港口城市分布集中，相对于上海、天津等主流城市而言，宁波在近代虽有发展，但并不充分。然而宁波是近代中国最早开放的五口通商口岸之一，于第一次鸦片战争后（1844年）开埠，成为国内最早面对中西文化冲突的地区之一，较早地开始了城市建设与建筑活动的现代化进程。1927年南京国民政府成立后，宁波成为浙江省政府仅设的两个城市之一，在省政府统一制度框架下，城市现代化进程加快，现代城市建设管理制度的建立促进城市建设和建筑活动的良性发展。虽然1931年废市并县导致了城市建设管理机构行政级别的降低及职能范围的扩大，城市建设管理的力量被削弱，但其城市建设及管理延续了此前市政府时期的基本格局，城市各项建设持续发展。因此近代宁波的城市建设与建筑活动的现代化进程在浙江省具有典型性和代表性。

在研究内容上的选择上，近来城市规划与市政、建筑技术、建筑制度及建筑观念等方面的研究也得到越来越多的重视，关注在中国近代社会历史背景下，中国传统建造体系的逐步瓦解与现代建造体系的建构，包括工程技术的进步、建筑活动的商品化和市场化、建筑生产的工业化、传统营造业的转型，建筑管理制度的转型等，这些问题在一定程度上引发了学术界对城市建设管理机构、城市建设管理法规的关注，也促使笔者从制度角度思考近代宁波城市及建筑活动的现代化进程。

本书以1840～1937年间宁波的城市建设和建筑活动现代化进程为研究对象，并以1927年为界标，1927年之前定义为宁波近代城市发展的前期，1927年之后定义为宁波近代城市发展的后期。采用这种分期方式，是由于在1927年南京政府成立后，中国近代城市纷纷制定城市建设管理制度并不断发展、改进，城市建设现代化进程加快，宁波也不例外。1927～1937年是宁波现代城市建设管理制度发展的高峰期，在此期间，宁波成立了专门的现代城市建设管理机构，各类现代城市建设管理法规逐项颁布，工程项目建设程序形成，城市规划开始制定并实施，城市建设与建筑活动有了较大发展。在近代前期和后期，宁波城市与建筑发展的现代进程呈现出对主流城市的模仿，也存在相当程度的滞后，本书通过比较对这种相似性与差异性进行深入研究，以期总结宁波在近代城市建设与建筑活动现代化进程中的特点，并尝试界定宁波在中国近代城市发展中的地位（书稿中货币单位是直接引用原文）。

目 录

第1章 近代宁波城市建设管理制度的萌芽（1840～1927年） 001

 1.1 宁波的地理概况、历史沿革 001
  1.1.1 地理概况 001
  1.1.2 城市历史沿革 001
 1.2 宁波近代前期城市与建筑发展的推动因素 004
  1.2.1 开埠——近代宁波城市与建筑发展的起点 004
  1.2.2 贸易——近代宁波城市与建筑发展的促进因素 005
  1.2.3 外人居留地——近代宁波城市与建筑的发源地 008
 1.3 近代前期宁波城市与建筑管理机构及制度的萌芽 010
  1.3.1 机构的初设——西方人主导的现代城市建设管理机构 010
  1.3.2 制度的初创——引进西方现代城市建设管理制度 013
 1.4 小结 015
 本章参考文献 016

第2章 近代前期宁波城市建设的初步发展（1840～1927年） 018

 2.1 现代城市市政的起步 018
  2.1.1 港航设施工程 018
  2.1.2 道路工程与城市公共交通 021
  2.1.3 给水排水工程 024
  2.1.4 电灯工程和电力工程 025
  2.1.5 电信工程 026
 2.2 建筑活动的现代化起点及典型建筑案例 027
  2.2.1 建筑活动的现代化起点 027
  2.2.2 典型建筑案例 041
 2.3 小结 048
 本章参考文献 049

第3章 近代后期宁波城市建设管理制度的建立与改进（1927～1937年） 051

3.1 浙江省省级"城市建设管理制度"的建立与改进（1927～1937年） 051

3.1.1 浙江省省级城市建设管理机构的建立（1927～1937年） ... 051
3.1.2 浙江省省级城市建设管理法规的初步制定（1927～1937年） 058

3.2 宁波近代后期市级城市建设管理制度的建立与改进（1927～1937年） 075

3.2.1 宁波近代后期城市建设发展的推动因素 075
3.2.2 宁波城市建设管理机构及其沿革（1927～1937年） 076
3.2.3 宁波城市建设管理法规的建立与改进（1927～1937年） 079

3.3 宁波市工程项目建设程序的初步形成（1927～1937年） 090

3.3.1 工程策划及设计 091
3.3.2 工程准备 101
3.3.3 工程施工 110
3.3.4 工程验收 112

3.4 小结 114

本章参考文献 116

第4章 近代宁波城市建设的后期兴盛发展（1927～1937年） 119

4.1 南京国民政府时期宁波的城市规划 119

4.1.1 市政府时期宁波城市规划（1927～1931年） 120
4.1.2 鄞县政府时期的城市规划（1931～1937年） 130

4.2 市政建设的发展 131

4.2.1 城市道路工程和公共交通 132
4.2.2 城市公园与城市绿化 141
4.2.3 城市给水排水工程 143
4.2.4 城市电力及电信工程 147

4.3 建筑活动的发展（1927～1937年） 149

4.3.1 建筑业与营造业的发展 149
4.3.2 建筑活动的发展 150

4.4 小结 158

本章参考文献 158

第5章 宁波与其他城市近代建设管理制度的比较 160

5.1 宁波与近代其他城市现代城市建设管理机构的比较 160

	5.1.1 前期宁波现代城市建设管理机构的设立 ·················	160
	5.1.2 后期中国人主导的宁波现代城市建设管理机构的设立及其	
	与其他中国近代城市建设管理机构的比较 ·············	164
5.2	现代城市建设管理法规的比较 ································	169
	5.2.1 现代土地法规及其比较 ····························	169
	5.2.2 现代市政建设法规及其比较 ··························	173
	5.2.3 现代建筑法规及其比较 ····························	175
	5.2.4 建筑师、营造业管理法规及其比较 ·····················	182
5.3	小结 ···	187
	本章参考文献 ··	190

第6章　结语 ··· 191

6.1	前期西方人主导的"先发被动型"城市现代化进程 ················	191
6.2	宁波城市建设管理制度对于近代主流城市的效仿及其滞后 ············	192
	本章参考文献 ··	194

第1章

近代宁波城市建设管理制度的萌芽
（1840～1927年）

1.1 宁波的地理概况、历史沿革

1.1.1 地理概况

宁波位于东经120°55′～122°16′，北纬28°51′～30°33′，处于东海之滨，全国大陆海岸线的中段和宁绍平原的东端，是长江干线、南洋干线、北洋干线的水运交叉点。宁波的地势由西南向东北逐渐倾斜。"东有舟山群岛为天然屏障，北滨杭州湾，西接绍兴市，南临三门，与台州相连，三面环山，北部与中部是宁绍平原的重要部分。境内有四明山、天台山两支山脉，港湾有象山港、三门湾和杭州湾，大小岛礁441座"（苏利冕，2010）。其中象山港"左顾舟山、右控三门"，港内周围长度有十四海里，是天然的军港，因此宁波也是我国东海的门户（郁东明，郑学博，1958）。宁波又称"甬"，这是因为甬江是宁波的主要水道。甬江水系由上游的奉化江、余姚江和下游甬江河段组成，在宁波市东面汇合成"三江口"。在老城区东侧还有前塘河、中塘河、后塘河，西南边有鄞县西乡的南塘河、中塘河及西塘河，与"三江"构成"三江六塘河"的独特地理条件。三江水网在历史上曾对繁荣浙东地区的文化、经济起了积极作用，所以在古代又有"东南之要会"之称。优越的地理位置也使宁波自唐代以来成为我国对外（特别是对朝鲜半岛诸国和日本）进行经济、文化交流的主要港口城市之一，自古有"海道辐凑之地"的称谓（《宁波海关志》编纂委员会，2000）。

1.1.2 城市历史沿革

宁波历史悠久，最早可追溯到七千年前的河姆渡时期，在历史上有记载的是始于四千多年前的春秋时期。从夏代开始，宁波历史上出现过句章、鄞、鄮、庆元、明州等行政建制沿革。句章是宁波最早可追溯到的城市存在（苏利冕，2010），用明州或者四明表示籍贯始于唐（徐季子等，1986），"宁波"则来源于朱元璋的"海定则波宁"之意，这个名称一直沿用至今。

关于宁波的城市选址，王艳平认为"明州城选在余姚江、奉化江、甬江三江汇合的左侧，三面环水，得'金城环抱'之吉瑞，地势平坦有足够发展的空间，水源丰富，又有较好的生活基础"（王艳平，2011）。从唐代821年迁置三江口以后，宁波城市建设加快，刺史韩察"易县治为州治，撤旧城址，更筑新城"[①]，即为子城（内城）。宝庆《四明志》记载："子城周围四百二十丈，环以水"[②]。范围在今天中山公园一带，东西在解放北路及呼童街之间，设有东西城门，海曙楼为南面界限，楼的门即为南门，北面为长方形，至今中山广场。同时在旧城的南侧附近高处设鄞县，成为州城的附郭唐。公元892年（唐景福元年），明州刺史黄晟建罗城（外城），按照明州的自然水系规划设置，呈梨形。东面与北面沿余姚江，西面及南面有护城河环绕，罗城周围达到2527丈，与子城相比，面积扩大了至少20倍，城市规模大为扩展，古代宁波城市的空间形态就此奠定。子城是政治区域，作为衙署办公和州官居住地，罗城则是居民区和商业区（王艳平，2011）。

宋元时期的城市在原有基础上进一步发展，为了加强管理，实行厢坊制和隅坊制，古城经历了多次修建与扩建。北宋初年，子城大修，加固原衙署四周的城壕，对城墙进行修筑。南宋时期，对州城衙署进行修建，"修扩后的子城衙署仍开有南大门（即今鼓楼城门），府侧街两头设东西两门，府后设小北门"（苏利冕，2010），"其衙署的周长、护城河仍依唐制"[③]。子城形成了以衙署所在为中心轴线的城市格局。鼓楼为罗城的坐标原点，其上部为北城，是行政衙署所在地，下部是南城，为平民军汉所处之地，其西城相对冷清，东城则集中着所有热闹的街道、集市及庙宇，体现了传统中国城市上尊下卑、左冷右热的城市形态特征（王艳平，2011）。罗城也在这一时期做了修缮。南宋对明州（庆元）城进一步修筑，其中1226年（宝庆二年）对城门的修建是重要的一个环节，庆元府城共有城门10处，西面为望京门，南面为甬水门，东南为鄞江门，东面有灵桥门、来安门、东渡门，东北有渔浦门，北面为盐仓门、达信门，西北为郑堰门（苏利冕，2010）。在城的西面及南面还设有水门以通漕运。元代，庆元路的城墙也有多次修筑。元世祖忽必烈统一全国后，拆除城墙以加强对地方的控制，庆元城城墙被毁，旧城门也遭毁废，仅有甬水门、城南门、东渡门、盐仓门、城左东门、城北东门、郑堰门、城北西门还在。直至元末，为了防御再建庆元城，城墙在宋城基础上复筑，周长18里，高1.8丈。"上环列目眨睥睨，机弓弩炮石，建楯戟，罗戈槊。旁开六门，门有楼，周庐百九十有二，简

[①] 苏利冕主编.近代宁波城市变迁与发展[M].宁波：宁波出版社，2010：8.//（雍正）《宁波府志》引韩子材《移城记》.

[②] 苏利冕主编.近代宁波城市变迁与发展[M].宁波：宁波出版社，2010：8.//（宋）胡榘宝庆《四明志》卷三《公宇》.

[③] 苏利冕主编.近代宁波城市变迁与发展[M].宁波：宁波出版社，2010：23.//林士民.三江变迁[M].宁波：宁波出版社，2003：81.

第1章 近代宁波城市建设管理制度的萌芽（1840～1927年）

戍卒昼夜严警不息。西南二方各有水门，皆致而新之。东门去江远，则凿其外为隍。北门因江为隍，则筑堤以捍之"[①]。宋元在城市建设中已经普遍出现风景区建设，月湖与日湖便出现在这一时期。对各项设施的修建使城市趋于完善，地方市场出现。宁波仍是一个重要的海外贸易港和军港。

明代1373年、1381年，府城经历两次大修。1555年（嘉靖三十四年）对城墙加以增筑，"城的周长2787丈，其中2181丈进行加固"，"城墙上新造了66个斥堠，46个敌楼，历时4个多月，花银7550两"（苏利冕，2010）。明清宁波城分为四隅，东南隅11坊，东北隅23坊，西南隅23坊，西北隅22坊。此外，城外东乡有9坊15巷。街开始出现，据《宁波府简要志》记载，明代已经有26条街。清代街道有所增多，城内大街约有五六十条，主要集中在城垣以内，即今海曙区。城区范围有所增加，"清初，城区向江东拓展，通过对江东甬东市、米行街、卖席桥等路段改造，建成隔江与灵桥门贯通的百丈街，形成江东地区商业中心，并带动街后腹地发展"（《宁波市土地志》编纂委员会，1999）。海曙与江东同时发展，城市街巷繁多，布局紧凑，成为城市的两个重要组成部分。

开埠前，宁波是典型的沿海城市，保持着封建府城的城市格局。主城区周边城墙环绕，形成梨形的城区范围。城门为6个，东面的东渡门、灵桥门，南面有长春门，西面为望京门，北面有北门（永丰门），东北还有和义门。每个城门外包围一层半圆形的城墙，形成瓮城。城内水系纵横，以日、月湖为中心，支流贯穿于城中大街小巷，共计有45条干支河渠（邱枫，2006），水上交通便利，通过水城门可进出城内外。在功能分布上，政治区域位于城市北部，以衙署所在为中心轴线形成城市格局，南部为平民军汉所处之地，西面相对冷清，东面集中着所有热闹的街道、集市及庙宇，为上尊下卑、左冷右热的传统格局（图1-1）。江东只有少数几条道路，仍较荒凉。

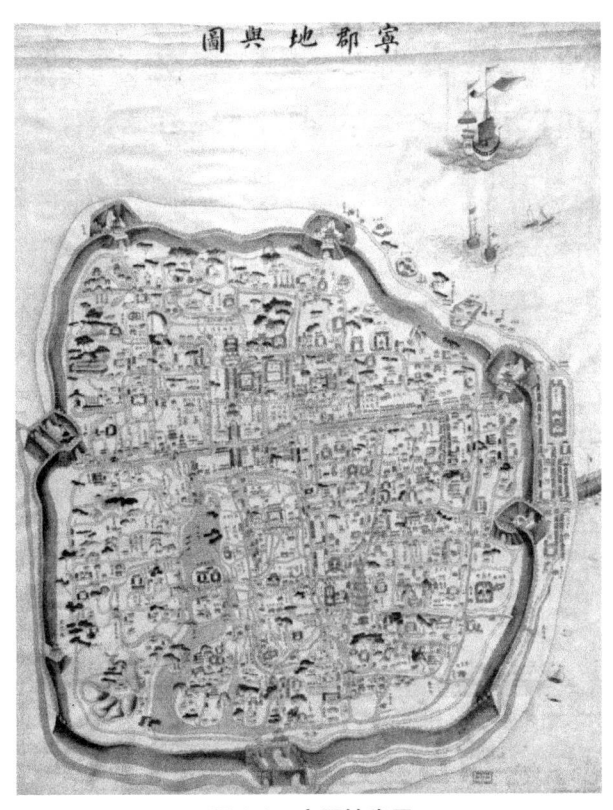

图1-1 宁郡地舆图
（资料来源：该图约绘于清道光年间，现保存于美国国会图书馆，为笔者购买的复制图）

---

① 苏利冕主编. 近代宁波城市变迁与发展[M]. 宁波：宁波出版社，2010：23.// （明）刘基《诚意伯文集》卷一〇《庆元路新城碑》.

1.2 宁波近代前期城市与建筑发展的推动因素

1.2.1 开埠——近代宁波城市与建筑发展的起点

1. 宁波近代的开埠

早在1526年（明嘉靖五年），葡萄牙商人就开始到宁波镇海口外的双屿港进行贸易活动，还积极经营双屿港（陈宏雄，2008）。"他们修筑两所天主教堂、一所医院，建馆舍上千座，住有葡萄牙人1200人"[①]。此后，西方殖民者又多次尝试打开宁波口岸[②]，除了贸易目的之外，殖民者对宁波的窥伺还有着重要的政治和军事因素，他们希望为远征军在中国找到某个岛屿[③]作为供应中心和行动基地。包括葡萄牙、英国在内的帝国主义国家为其开埠作了长达几个世纪的努力。

1842年8月29日，中英《南京条约》签订，宁波成为开埠口岸。《南京条约》第2款中规定，"自今以后，大皇帝恩准大英国人民带同所属家眷，寄居大清沿海之广州、福州、厦门、宁波、上海5处港口，贸易通商无碍，且大英国君主派设领事、管事等官住该五处城邑，专理商贾事宜"（牛创平、牛冀青，1998）。此后第二年又签订了中英《五口通商章程》和《虎门条约》，接着是中美《望厦条约》和中法《黄埔条约》。英国派驻宁波的首任领事为罗伯聃（Robert Thom，1807～1846），1843年12月19日，他与随从人员一并抵达宁波。罗伯聃根据掌握的宁波地理、历史等状况，选择了便于英国商船货物进出的江北岸一带为外人通商居住地。关于开埠时间，罗伯聃提出："十一月十二日为该国正朔（按：1844年1月1日），不须另择"，"即于是日邀请在城文武，眼同开市。"1844

[①] 乐承耀.宁波近代史纲[M].宁波：宁波出版社.1999.29.//（日）藤田丰八：葡萄牙占据澳门考。

[②] 1787年英国政府派喀塞卡特担任使华职务，所下指令中提到"如果中国皇帝有意允诺划给英国一块地方，在确定地点时，应特别注意该地形必须符合英国船只便利与安全的要求，便于英国可能进口的货品的销售，并靠近上等花茶的出产地——大约位于北纬27°～30°之间"，宁波正处于此区域内。后虽因喀塞卡特来华途中病故，此事不了了之，然而英国殖民者对宁波的垂涎之心昭然若揭。"1839年，伦敦东印度与中国协会在给英外交大臣巴麦尊的建议中提出：'要求中国开放的口岸应包括与茶、丝、棉布产地相近，并能畅销英国呢绒、布匹、羽纱的北纬29°～32°之间的地区'。这就是包括宁波、上海在内的长江三角洲地区。大鸦片商查顿则更具体地建议增辟厦门、福州、宁波、上海为商埠。这些建议后来都被写进了《南京条约》中"。"1792年，英国政府以给乾隆皇帝祝寿为名，再次派遣以马戛尔尼勋爵为特使的代表团来华，于次年8月至北京热河行宫觐见乾隆皇帝，向清廷提出要求。其中第一条是'开舟山、宁波、天津为通商口岸'，第3条是'将舟山群岛的一个岛拨给英国，以便英人居住和存放货物'"。"鸦片战争前夕，英国的'阿美士德'号来宁波调查后认为：'宁波内接运河，外连甬江，乃是一个输出生丝和销售英国货的好港口'。浙江巡抚在奏章中也提到，'蚕丝素夷人所重，至茶叶则夷人更以之为命'，一旦英军占领宁波、定海，不仅'丝既可就近谋取，而各处茶叶更必潜收'。"（参见姚贤镐.中国近代对外贸易史料第1册[M].上海：中华书局，1962：149；陈宏雄.潮涌城北——近代宁波外滩研究[M].宁波：宁波出版社，2008：3；乐承耀.宁波近代史纲[M].宁波：宁波出版社，1999：32；乐承耀.宁波近代史纲[M].宁波：宁波出版社，1999：31.）。

[③] 这个岛屿所需要具备的条件是："能够提供良好和安全的船舶锚地，能够防御中国方面的进攻，能根据形势需要加以永久占领。'女王陛下政府认为舟山群岛的某个岛屿很适合此目的。舟山群岛的位置处于广州与北京的中间，接近有几条通航的大河河口，从许多方面来看，能给远征军设立司令部提供一个适合的据点'。"（参见乐承耀.宁波近代史纲[M].宁波：宁波出版社，1999：30.）。

年1月1日（道光二十三年十一月十二日），宁波正式对外开埠。

2. 宁波开埠作为近代城市与建筑发展的起点

苏利冕指出，"宁波近代的崛起并不是资本主义自然增长的产物，而主要是殖民者的侵略和依据不平等条约开埠的产物"（苏利冕，2010）。近代宁波的现代化过程事实上是由西方殖民者开启的，其由传统城市到现代城市的演变也以开埠为起点：

第一，开埠直接导致城市空间走向开放，宁波开始由一个封闭的中国封建府城向开放的近代城市发生转变。开埠后，进入宁波的西方人为了便于开展对外贸易及满足居住的需求，划定了外人居留地，并开始修建码头、建筑，使宁波城市格局发生显著变化，即由原来的海曙老城区为主、江东附属的两个区块模式转变为老城、江东、江北三个区块，并奠定了此后城市发展的基本格局。开埠直接导致了城市空间的扩展。到19世纪60年代，城市中心已经从海曙老城区移至江北，城市范围拓展。港口的开放促进了宁波与周边腹地的联系，增强城市的外围辐射力。

第二，进入宁波的西方人直接将西方现代城市规划、城市市政管理、城市建设理念移植到宁波，开启了城市建设的现代化进程。进入宁波后，西方殖民者在江北"外人居留地"①开始了城市市政建设与管理，西方现代城市规划及城市市政管理理念的植入，使得江北呈现出与宁波传统老城截然不同的面貌。西方人所开展的城市建设实际上是宁波近代最早的具有现代意义的建设活动，开启了城市建设的现代化进程。

第三，开埠后西方人开始在宁波建造西式建筑，引入新的建筑类型及建筑技术，开启了宁波近代建筑活动的现代化进程。除了城市市政建设与管理，西方人进入宁波后还在宁波建造了一批办公、商业建筑、教会建筑及住宅建筑，宁波开始出现新的建筑类型。在建筑风格上，早期的洋行、学校、住宅等多以殖民地外廊式建筑式样建造，与宁波老城的传统建筑形成对比，成为新的城市风景。在建造新式建筑的同时，西方人将西方建筑技术传入中国，并迅速推广和应用，推动了宁波近代建筑的现代转型。

1.2.2 贸易——近代宁波城市与建筑发展的促进因素

开埠后，外洋商品进入宁波，传统商业开始转型并逐渐适应资本市场的需要，进出口贸易额逐渐上升，成为城市的经济基础。宁波近代前期的城市建设和发展主要建立在对外贸易发展的经济基础之上。

开埠第一年（1844年），宁波的贸易总值达50万元，但该数值没能保持下去，5年以后，贸易总值减到1/10以下。尽管如此，贸易的发展还是对宁波本地的经济结构和社会生活形成了一定的冲击。宁波本地商号开始以低廉的价格销售大量的英国棉布和尼龙，英国人马丁（R.M.Martin）在其著作（1847年伦敦出版）中说："各港口开放以来，宁波本地的生产已经受到了显著的影响：6年以前每匹售6元的白布（南京土布），现在只

---

① 指通商口岸中尚未发展成租界，但外人已拥有一定特权的居留与贸易区域，亦称为"外人租地"。

要3元半就能买到。这样,和本地布匹相同的洋布进口已经使许多织布机停了下来"(姚贤镐,1962)。进口货物对宁波本地的传统商业和小手工业开始形成冲击,随着西方资本主义势力在宁波进行商品倾销和原料掠夺,宁波本地商户开始寻找出路,传统商业开始转型,商业门类、商品的运输渠道和方法都开始发生变化。宁波的传统手工业也开始出现生产方式及方法上的变革。西方人在发展对华贸易、倾销西方商品的同时也带来了西方先进的理念,促进宁波传统经济结构开始调整,逐渐向资本主义经济转变,并由此催生了新的商业模式和生产方式。

由于开埠初期贸易情况不理想,"甚至有人建议用宁波去换其他口岸,但是英国商务监督德庇时表示'他本人基于种种理由,并不赞同完全放弃宁波',它仍然可以作一个所有贸易都操在中国人手里的'外港'的典型例子,对主要市场——上海,起辅助的作用"(姚贤镐,1962)。这一说法很快得到了印证,宁波对外贸易的发展在19世纪60年代以后有了一些改观①,到19世纪70年代以后,宁波的对外贸易有了较大回升②。虽然,宁波作为一个远洋贸易中心的重要性下降了,但它又作为一个区域中心而繁荣起来……而且由于宁波慢慢变成经济上依附于上海的一个新的区域性职能的经济中心,它享有一个能支持生气勃勃的区域开发的大量贸易。在19世纪下半叶,诸如编帽、刺绣、织棉、织渔网、裁缝等这些农村手工业生产扩大。与上海定期班轮的开航和当地运输效率的适当改善,提高了宁波腹地内进口商品的比例也促进了农业的商品化,整个宁波的腹地中新设了几十个定期集镇"(施坚雅,2002)。到1890年,进出口贸易总值已达到1306.9万元,到1896年为1712.3万元,即在开埠后约50年间,宁波的年贸易总额增长了30余倍(图1-2)。

对外贸易的较快发展,使宁波传统商业进一步裂变,商业资本逐渐构筑起自己的框架,向现代商业转变。从19世纪60年代起,各大外国驻华洋行纷纷在宁波设立办事机构,同时宁波的第一批中国买办商人出现,并随着对外贸易的增长呈现不断增加的态势。服务于洋行的买办商人利用手中积累的财富投资设立商业机构,逐渐脱离洋行以自己的名义从事土产的收购、洋货的推销。没有买办身份的商人也纷纷改变原有商号的经营方向,开始经营西药、五洋杂货、洋布等,形成了新兴的百货商业和绸布业,此后新兴的五金业、玻璃业、颜料业、钟表业、卷烟业等纷纷崛起。《鄞县志》记载"及西国通商,百货咸备,银钱市直之高下呼吸与苏、杭、上海相通,转运既灵,市易愈广,滨江列屋,大都皆廛肆矣",说的就是新兴商业的崛起(姚贤镐,1962)。宁波城市的兴起是伴随着新兴的西式商业及西式商品的兴起而兴起的,西方贸易的崛起,促进了宁波商业的繁荣,因此,沿江兴建

---

① 19世纪60年代后,宁波茶叶、蚕丝的出口增长较快,对外贸易有所发展。海关报告指出"茶叶出口有大的发展。1863年出口只有36438担,而1864年已达59117担。"丝绸的出口也日渐增长,"1863年出口63大包,1864年出口1171大包……预计下一个生产丝绸的高峰(1865~1866年)会有3000大包"(参见中华人民共和国杭州海关译编,徐蔚葳主编.近代浙江通商口岸经济社会概况——浙海关欧海关杭州关贸易报告集成[M].杭州:浙江人民出版社,2002:97.)。

② 19世纪70年代后,宁波"进口火柴之增长特别引人注意,1870年计5995罗,到了1871年就上升到15625罗,至1872年又跃升至24786罗"。此外,白糖进口、墨鱼出口也有显著增长,草编制品也成为宁波出口产品之一,并逐渐发展。

第1章 近代宁波城市建设管理制度的萌芽（1840～1927年）

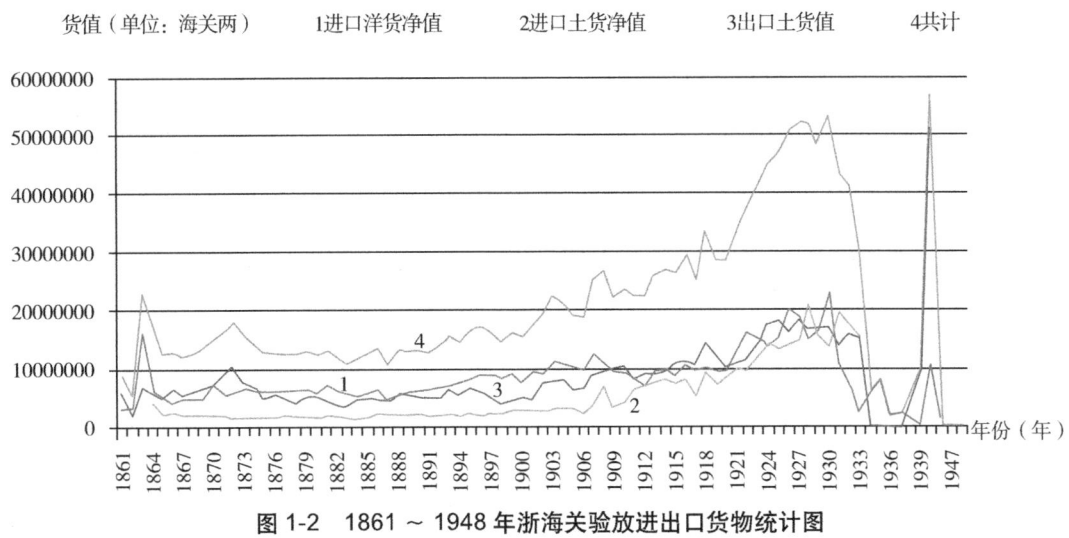

图1-2　1861～1948年浙海关验放进出口货物统计图
（资料来源：笔者根据《宁波海关志》相关资料绘制）

了许多商业建筑，并由此带动了城市各类设施的建设，推动了城市的发展。

贸易的发展还促进了传统手工业的变革，催生资本主义生产方式的产生。这一时期，宁波的工场手工业呈现了增长的趋势。由于转口贸易的牵引，宁波的茶叶加工厂大量出现，这些工场虽以手工加工方式生产，但已经开始雇佣工人，1871～1872年浙海关贸易报告记载"宁波现有茶叶烘烤、分拣人员，每行约355人，男女工共约计9450人"（徐蔚葳，2002）。每个工种的茶叶工人有355人，说明茶叶工厂已经达到一定的规模。在生产方式上，一些行业开始加入机器制造的成分。编织业是宁波的传统手工业，这一时期成为对外贸易的出口产业，逐渐脱离零碎家庭手工业的生产模式，由手工业主雇佣劳动者，开始用木机制造加工，提高了生产效率。到甲午战争以后，工场手工业的发展逐渐扩展到烛皂、丝绸、针织等行业，呈现良好的势头。

对外贸易的繁荣不仅促使商业、手工业发展，也对近代工业的发展起到一定推动作用。宁波最早的外资工业企业是由日本人在1885年10月创办的一家机器轧花厂。当时对外贸易极大地刺激了中国经济，洋货占据中国市场，白银大量流失。在这样的背景下，清政府出于统治需要开展了洋务运动，目的是"师夷长技以制夷"。从19世纪60年代开始，军用及民用工业在一些重点城市开始兴办。洋务派于清光绪初年在宁波设立火药局和军械局，19世纪80年代后期到90年代，在"求富"口号下，宁波机器修造业、机器轧花业、纺纱业等民族工业开始发展。甲午战争以后，帝国主义对中国的殖民掠夺以资本输出为主要手段，这"为中国民族资本主义发展创造了某些条件和可能，使商品市场和劳动力市场进一步扩大。作为'五口通商'城市之一的宁波在上述的条件下，民族资本主义工业也必然得到初步发展"（乐承耀，1999）。一批工业建筑开始兴建，如1887年严信厚等人建的通久源机器轧花厂、1879年的德兴机器厂、1898年在宁波盐仓门外江心寺创办的隆茂泰花厂等。一些工厂在经营过程中还进行了厂房扩建，如通久源机器轧花厂1891扩大规模，且"为使通久源从单纯轧花扩展成兼营纺纱，严信厚于1894年拉来戴瑞卿、汤仰高等商人，集股筹款扩建纺纱车间"（赵世培、郑云山，2005）。扩建后的通久源纱厂[①]资本达到45万两白银，有工人1200多名，已具有一定的规模。可见，宁波近代工业建筑已开始逐步发展。虽未能形成工业区，但零星的工业建筑已经开始建造。作为全新的建筑类型，工业建筑在空间利用上与传统建筑形成较大的区别，它的出现是城市建设现代化进程的标志之一。

对外贸易的开展还直接促成宁波港口航运的繁荣。宁波是我国轮船运输业发展最早的港口之一。开埠后，英美等外商首先凭借不平等条约开始了对中国轮船运输业的经营，开出上海到宁波的航线。美商旗昌轮船公司的"江西"号、英商太古轮船公司的"北京"号分别于1862年、1869年开通。不久轮船招商局也开通了上海至宁波的航线。紧随其后，中国商人也加入，使得上海至宁波成为国内最热门的航线之一，宁波的轮船运输业获得了蓬勃发展。与此同时，宁波江北的码头、仓储建筑也进一步修建起来。首先是洋行和海关修建了一些仓库和小型石礅式小码头，紧接着船式浮码头开始建造，1862年旗昌洋行为开通定班货轮建造了船式浮码头。此后，栈桥式铁木结构的船码头——江天码头、宁绍码头、北京码头均建造起来，到19世纪末20世纪初，宁波江北已由帆船码头转变成轮船码头。可见，对外贸易的发展直接推动了近代宁波码头的建造和发展，推动了城市基础设施的建设。

1.2.3 外人居留地——近代宁波城市与建筑的发源地

1843年10月8日，中英《五口通商附粘善后条款》订立，第七款规定："中华地方官必须与英国管事官就各地方民情，议定于何地方，用何房屋或基地，系准英人租赁；其租价必照五港口之现在所值高低为准，务求平允。华民不许勒索，英商不许强租。英国管事官每年以英人或建屋若干间，或租屋若干所，通报地方官，转报立案"（王铁崖，1957）。正是这一条款的规定，导致"租界"模式在中国近代城市产生。"租界是19世纪中期至于20世纪中期帝国主义列强在中国等国的通商口岸开辟、经营的居留、贸易区域。其特点是外人侵夺了当地的行政管理权及其他一切国家主权，并主要由外国领事或由侨民组织的工部局之类的市政机构来行使这些权利，从而使这些地区成为不受本国政府行政管理的国中之国"（费成康，1991）。除去以上海为代表的租界模式外，还有一些类似模式，如"外人居留地"。"'外人居留地'指通商口岸中尚未发展成租界，但外人已拥有一定特权的居留与贸易区域，亦称为'外人租地'，这是与租界有本质区别的概念"（杨秉德，2003）。宁波在近代没有形成"租界"，只能说是开辟了"外人居留地"。

有些外人居留、贸易区域，帝国主义最初作为租界来开辟，但其发展过程中并未形

[①] 通久源纱厂是浙江最早的近代纺纱厂。它和随后的通益公纱厂、通惠公纱厂被合称为浙江"三通"（参见赵世培，郑云山. 浙江通史·清代卷（中）[M]. 杭州：浙江人民出版社，2005：275.）。

第1章 近代宁波城市建设管理制度的萌芽（1840～1927年）

成由外人控制行政管理权的国中之国，而是在发展的某一阶段止步，从而成为外人有一定特权，但又不同于租界的区域，正如宁波的"外人居留地"。英国派驻宁波的首任领事罗伯聃（Robert Thom，1807～1846）选定宁波城外余姚江北岸为"外人居留地"，江北岸泛指宁波城以北由甬江和余姚江夹成的一块倒三角形地块，原是一片荒滩，仅有一个小渔村，住着一些木材商人。罗伯聃看中了江北岸的地理优势，认为它在将来形成港口后对进出口货物的集散非常有利，其东侧濒临甬江，自三江口迤北至下白沙一带，江宽水深，便于船舶停泊和装卸作业（赵世培、郑云山，2005）（图1-3）。显然英国殖民者看中的是江北岸对政治、经济、贸易的重要意义，这与上海划定外滩为"租界"的情况类似①。"宁波开埠初仅几名外国人，1850年，居住在江北岸的外国人已达到19人。到1855年为22人，其中14人是传教士（美国10名、英国4名），5人是商人，3人是使馆工作人员。1859年为49人，大都具有外交官、商人和传教士的双重身份"（乐承耀，1999）。宁波实际上"已提供了一个在高尚居民中进行安然的传教工作的有希望的地区，它是我国最好、最大的城市之一，没有受到与外国人从事广大贸易的那种堕落的影响"（姚贤镐，1962）。实际上外国资本主义列强在此后多次试图将"外人居留地"变成如"租界"那样的他们的领地。第二次鸦片战争以后，他们进一步扩大"外人居留地"的管理权。"1861年12月，太平军攻占了宁波城，大约有7万华人为躲避战火，涌进了江北岸"外人居留地"，1862年1月13日，英国领事弗雷得里克·赫维（Frederick Hervey）、美国领事曼杰姆（W·P·Mangum）、法国领事里昂·奥伯雷（Leon Odry）三方领事进行会商，以保护外侨生命财产为借口，单方面规定了江北岸"外人居留地"的范围。会上经过协商提出两个条件：第一，江北岸居留地界址为东起甬江边，西至余姚江边，南至三江口，北抵北戴河和寺庙一线，外国人自由

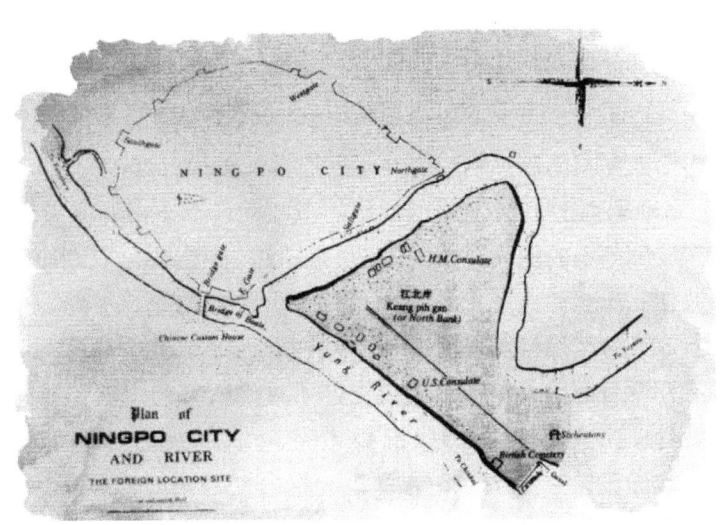

图1-3 外人所绘宁波江北外人居留地方位图

（资料来源：宁波市地图集编纂委员会，宁波市地图集(中册)[M]. 北京：中国地图出版社，2012：94.）

---

① 当时外滩只是上海城外的一片荒野农田，是"卑湿之地，溪涧纵横，一至夏季，芦草丛生，田间丘墓累累"。东部是一片荒芜的浅滩，只有沿江一条狭窄的泥路供纤夫行走；北面是一个叫"李家庄"的小渔村。这样一块中国人眼中完全不起眼的地块，实则占据重要的战略区位，它邻近商业发达的县城，无城墙的限制，有广大的发展余地，黄浦江可连接江南的广大腹地，通过黄浦江和长江也可深入中国内地。所以无论是从政治、军事角度看还是从经济、贸易角度看，它的区位优势都展露无遗（参见伍江. 上海百年建筑史1840-1949[M]. 上海：同济大学出版社，2008：14.）。

居住，不受干涉。第二，将来必要时，领事有制定地域内规则的权利，但所订规则，同中国所订条约规定内容一致"①。"不久，在英、法军队帮助清军夺回宁波城后，法国就力图将江北岸的一部分辟为法国专管租界。由于美国的坚决反对，新任的法国驻华公使也未加支持，宁波法租界未能开辟，其余地段也未被辟为英、美租界或公共租界"（费成康，1991）。江北岸虽未被辟为"租界"，但是界内的治安管理权一度被外人控制。西方人为了维护"外人居留地"的治安，巩固自己的统治，在开埠后不久就在江北岸设立了巡捕，由"宁绍道台拨绿营兵勇8名，改为巡捕，驻扎江北岸。委任英人戈林监带，受税务司节制"（张传保，2006）。1850年设立巡捕，1865年3月（同治四年二月），一个称为"奉道宪设立巡捕房"的权力机构就在江北岸外马路挂牌成立。1867年，外国领事为扩大巡捕房的权力，又设"会审公堂"，从警察巡捕权扩展到司法审判权，西方人得以直接参与对中国人案犯的审讯和判决（赵世培、郑云山，2005）。

宁波江北岸"外人居留地"的市政建设权也由西方人控制。"1898年，经外人充任的宁波税务司的创议，当地成立负责道路、卫生、电气、水道等市政建设事宜的工程局"②。宁波江北岸虽然与完全由西方人进行行政管理的"租界"有较大差别，但其作为"外人居留地"的建设与发展仍由西方人主导。

开埠后西方人的到来不仅促进了对外贸易的发展，他们也同时带来了西方的城市建设及管理模式，修筑码头、开辟道路、疏浚河道、安装路灯、开挖自流井，开始现代城市市政建设。在建筑活动方面，一批公共建筑，如领事馆、海关、巡捕房等建造起来，同时随着贸易通商的发展，西方人还在江北建造洋行、新式住宅，教会在传教的过程中也建造了不少教堂、新式学校。荒芜的江北外滩逐步发展起来并逐渐成为当时宁波城市新的中心，呈现出西方城市的样貌。因此，宁波江北"外人居留地"事实上成为宁波近代城市与建筑的发源地。

1.3 近代前期宁波城市与建筑管理机构及制度的萌芽

1.3.1 机构的初设——西方人主导的现代城市建设管理机构

1. 江北巡捕房（19世纪60年代）

开埠初期，宁波没有专门的城市建设管理机构，只在浙海关、巡捕房和本地官民的合作下，开始初步管理江北岸的公共卫生事业。巡捕房成立于江北岸，19世纪60年代，"由宁绍道台拨绿营兵八名改称巡捕驻江北岸，委英人哥林监带"（张传保，2006），即实际上管理权限控制在西方人手里，因此西方人从一开始就控制了江北，他们通过制定《江

---

① 乐承耀. 宁波近代史纲[M]. 宁波：宁波出版社，1999：133.//（日）植田捷雄：《关于中国租界的研究》第388-389页）.

② 费成康主编. 中国租界史[M]. 上海：上海社会科学院出版社，1991：327.// 姚之鹤编. 华洋诉讼案例汇编. 下册[M]. 上海：商务印书馆，1915：439，443.

第 1 章　近代宁波城市建设管理制度的萌芽（1840～1927 年）

北岸巡捕房章程》来维护社会公共秩序、实施公共事务管理。《江北岸巡捕房章程》除对卫生条例作出规定外，还指出"居民店铺不得稍占街巷大路，并不准搭盖过街篷，以防火烛"（陈宏雄，2008），同时还指出"不准（江北岸）两岸占搭棚屋"，因为"拦阻行船"（陈宏雄，2008），已经从消防、交通等层面开始对城市及市政进行管理。1880 年 8 月以后，道台委任沃森先生（Mr.J.C.Watson）为宁波警察总监，组织更加完善，配备了一台外国救火车及 20 名工役，遇有火警协助警察灭火。可见，江北巡捕房已经具有了初步的现代城市建设管理职能。

2. 马路委员会（19 世纪 80 年代）

西方人在 19 世纪 80 年代成立了一个初步的城市建设管理机构——"公共市政委员会"，俗称"马路委员会"，由 5 名西方人和 4 名中国人组成，一切公共市政工作，需在名誉秘书警监的管理和监督下进行，管理道路照明、铺路、修理街道和清扫工作。费用由洋人和华人居民自动募集，并成立了基金会，"每年召开一次认捐大会，会场上秘书公布财务收支报告，完成工程报告以及对来年的要求"。随着基金的增加，外人居留地内"道路加以改善，添装了路灯，筑了下水道，供给了修路修堤岸的材料……"（徐蔚葳，2002）。与巡捕房（19 世纪 60 年代）不同，"马路委员会"已是城市市政建设的专管机构，在城市建设管理职能上，已较巡捕房有了一定程度的发展，这是宁波近代最早出现的现代意义上的城市建设管理机构。

3. 江北工程局（1898 年）

1898 年，浙海关税务司提议创设工程局以修筑道路、管理一切善举。因为江北岸一带道路崎岖，且江边石驳坍塌，木桩倾斜断裂，不便货物装卸，非长治久安之策，而江北岸街道归清道局管理，其董事并无实权且没有固定的费用。工程局在原来"马路委员会"（19 世纪 80 年代）的基础上改组成立，除原来的董事外，增加华商数人任董事，并由道台派洋务委员就近会商协助管理。董事由 6 名西方人及 6 名中国人组成，税务司莫伦多特（Mollendortt，生卒不详）为主席，"以擘画路政为务"，（鄞县政府建设科，1934）负责道路、卫生、电气、水道等市政建设事宜。关于费用，税务司在章程中拟定从进出口货物中每包提取码头捐 3 文归入工程局常年经费，每月可得经费"洋五百元有奇"（《申报》12 月 7 日，1898），建设经费开始有稳定的来源，多数用于修筑道路、卸货码头等。在工程经费的管理及使用上，工程局需与道台商议，"其洋应作何用，宜先与道台议准施行，兹定每月诸董议事一次，每半年查账一次"（《申报》12 月 7 日，1898）。

相较于"马路委员会"（19 世纪 80 年代），江北工程局作为现代城市建设管理机构的职能已更为完善，税务司于章程[①]中规定了江北工程局成立后应着手办理的事务："第一件是建筑石码头，迤逦至新江桥一带，总期始于华商起卸货物停泊船只，此系江北岸千万年不朽之基业。第二件是开掘水井，查宁城附近潮河率皆卤水，欲得淡水，颇费汲引。

---

① 申报记载宁波税务司议创工程局兴修道路及一切善举，拟定了大略章程。

工程局当察度地势情形，于相宜无碍之处掘井试办，所需费用由工程局动支公款，迨有成效，则常年经费公议核定。第三件是扩充牛痘局，现虽设局施种，惜经费不敷，未能广济，此后既有的款，适宜随时推广。第四件是中西义塾，当今有志之士皆知效法西学，兹拟于已设之义塾由工程局会商该塾董事酌量辅助，力加整顿，以期人文蔚起，协和万邦。第五件是电气灯，现在各处路灯供用火油，拟一律改用电气灯，以便夜行"（《申报》12月7日，1898）。可见，码头修筑、给水工程、卫生设施、电气工程等皆为江北工程局的职能范畴。

需要指出的是，宁波江北工程局由西方人主导，只负责江北"外人居留地"的市政建设和管理，并不涉及老城区的城市建设。但是，在江北工程局管理下的外人居留地的市政建设对老城区逐渐产生影响，1902～1911年的十年贸易报告中税务司呈报说"城内有些年长者对前述公共工程委员会在孔浦（位于宁波"外人居留地"之内）所建的混凝土公厕印象颇深，已为本城制定类似计划但告流产。纵然如此，仍是有希望的象征，使我们相信过去10年虽然在卫生改善方面只能简单写"无"字，但道德上的进步虽是无形却很大。良好种子已播下，来年定会丰收"（徐蔚葳，2002）。

4. 宁波警察厅（约1915～1919年）

在老城区，1915～1919年之间，"宁波警察厅"将城市建设管理职能纳入管辖范畴[1]，宁波警察厅因此成为宁波最早的中国官方现代城市建设管理机构，但该机构并未在城市建设层面取得实绩。

5. 市政筹备处（1920年）

在江北外人居留地的影响下，老城区在1920年由宁波旅沪同乡会领导人朱葆三、王正廷等中国人鉴于"市政之首要道路，道路不辟，交通不便，凡属设施，无由进行，即欲整顿"，呈请当局立案，成立了宁波市政筹备处，以"拆城筑路为改良市政入手之第一步"[2]，定期召开会议议事。宁波市政筹备处并非官方机构，"虽在当时，对于鄞县公署，用公函，对于省政府、会稽道，用呈，但市政筹备处的人员，多是地方士绅，不是行政官吏。"（《宁波市政月刊》第1卷第12期，1928）成立后，市政筹备处开展了一些市政建设，如拆除城墙、填塞河渠、修筑干道等，但进展缓慢。

总体而言，从最早的"江北巡捕房"到"马路委员会"及后来的"江北工程局"，宁波近代由西方人成立的城市建设管理机构不断发展、完善，"江北巡捕房"主要行使警察权，城市市政建设与管理仅是其附带职能，"马路委员会"则已是专门的现代城市建设管理机构，主管城市市政，1898年成立的"江北工程局"在机构组成与职能上又较"马路委员会"更为完备、具体。在西方人主导的城市建设管理机构不断发展的过程中，早期宁波江北外人居留地的城市建设开始起步，各项建设开始了有序的管理，并最终促使中

---

[1] 宁波警察厅建筑取缔规则成文于1915～1919年。
[2] 苏利冕主编，乐成耀执笔．近代宁波城市变迁与发展[M]．宁波：宁波出版社，2010：302．//《市政筹备处准归道辖》，《时事公报》1920年10月8日。

国人于1910～1920年在老城区也成立了现代城市建设管理机构,并开始局部的城市建设与管理。

1.3.2 制度的初创——引进西方现代城市建设管理制度

19世纪60年代"江北巡捕房"设立后,西方人通过《江北岸巡捕房章程》实施公共事务管理,出现现代城市建设管理的雏形,如"不准搭盖过街篷""不准(江北岸)两岸占搭棚屋"等规定已经开始对城市建设进行管理。19世纪80年代成立的"马路委员会"负责市政工作,已经是专门的城市建设管理部门。虽然笔者未能搜集到这一时期城市建设管理法规的相关史料,但从"马路委员会"的组织构成及管理模式上可推测当时已经有初步的工程管理,如前文所述,每年的认捐大会需完成工程报告,同时道路、路灯、下水道的铺设均由"马路委员会"负责。1898年以后,西方人逐渐开始在江北实施现代城市建设与管理,虽不甚完备,但是工程已经开始由工程局负责设计、设计招标在部分工程中采用,施工招标投标逐渐采用,建筑审批制度也开始出现,现代城市建设管理制度开始萌芽。进入民国后,在西方人的示范作用下,中国官方也开始颁布与实施现代城市建设管理制度。

1. 工程设计的正规化及设计招标投标制度的出现

"江北工程局"成立后宁波的城市建设有所发展,道路桥梁建设增多,工程设计开始由专业人员承担,多由工程局指定工作人员绘制图样,通过董事会议商议工程相关事项并决定工程设计的方式。甬北海关前起至石板行跟的马路1924年2月15日在江北工程局董事会常会上提议修筑,"议决先由濮卓云测绘图样,编制预算,俟下届常会再议。"(《申报》2月21日,1924)这一时期的设计招标投标并不多见,大多数工程设计由管理部门承担,更为复杂的项目则至主流城市上海聘请设计师进行设计。只有少数市政工程及建筑工程进行设计招标,如1924年1月9日江北岸工程局董事会曾商议城区公厕的建造,就采用了设计招标的方式,《申报》载"……登报招工投标,绘图承包。俟汇集图样及各工承包价格,再由董事会选择式样,订约建造,并再派员勘择相当地点,即当兴建"(《申报》1月12日,1924)。即设计图样和施工是一并进行招标的。一些规模较大的建筑,则直接从上海聘请设计人员,如1926年7月12日《申报》报道宁波华美医院的新院就"由上海圆明园路博惠公司打就"。可见,这一时期各类工程已开始由专业设计师进行工程设计,设计开始正规化,少量工程已采用设计招标的方式进行工程设计。

2. 施工招标投标制度的出现与发展

这一时期,工程施工招标投标制度开始实行。在工程局成立当年(1898年)的10月22日,工程局刊登工程招标文告:"为出示招人包造码头事,照得本局拟造码头一段,计自新江桥至济安轮船局上,招商局至太古止中间一段码头,必须工坚料固,按期竣工。如有人包造此段工程者,自出之示,限本月二十九日为止,务于限期之内,遵照后开格式,估价清账并须注明姓名、住址,坚固封好呈候本局核办。如有逾限违式等情,概从摈弃,尔等勿自误。此示"(德商甬报,1899)。除码头外,筑路工程也开始实行施工招标,1910年8月31日《四明日报》刊载了《浙路招包桥投标展期》的公告,说明当时所筑道路进行了施工招标。建筑工程方面,前文所述的华美医院也进行了施工招标[①]。进入20世纪后,施工招标已较为普遍。

从招标文件看,初期的招标条件较简单,工程局修筑码头招标时,"工坚料固、按期竣工、遵照格式"便可,对于投标者的资质没有严格的规定,也没有公开的开标、评标过程,工程局依据估价单(图1-4)以价位决定承包者。随着管理制度的逐步发展,工程施工招标文件形成相对固定的格式。《浙路招包桥投标展期》广告原文中写道"本公司杭甬段桥工现欲招人承办,定有两种办法:一工料全包一包工不包料,如有熟悉桥工确有经验资本者于契约二十五日至宁波新马路浙路工程处看明图样章程,限三十日截止投标,定八月初一日午后至上海老垃圾桥贻德里当众开标,如均不合意本公司有权全不包出也,特此广告。"(四明日报,1910)文中列出的信息包括:招标的工程、投标的日期地点,开标的日期、地点,招标方式等,是比较惯用的格式。但该招标文件没有对投标人提出担保人、押金等要求,且对工程承包方式不加以严格限制,既可采用包工包料的形式也可采用包工不包料的形式。文件明确指出当众开标,说明开标评标过程已比较正规。

可见,宁波近代前期施工招标投标制度已经形成,市政工程、建筑工程均已开始进行施工招标,招标投标过程逐渐规范,工程基本情况、招标条件、招标方式等内容均在招标公告中一一体现,也形成了相对规范的评标过程。

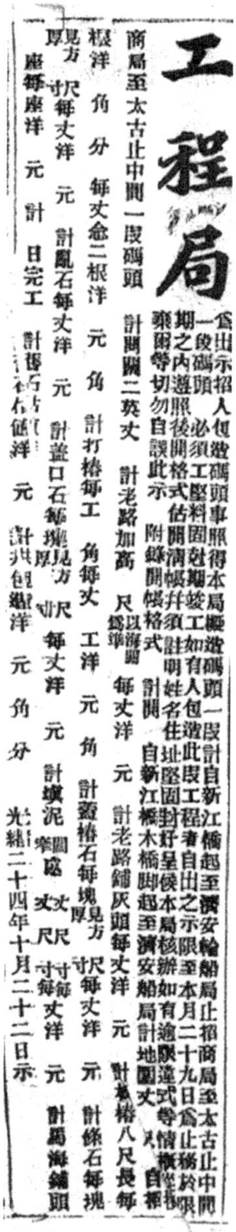

3. 施工审批制度的出现

关于建筑审批制度,虽没有详尽的史料证明这一时期的发展程度,但从一些相关文件中可以看出当时已初具审批程序。在江北工程局成立时,税务司于章程中曾规定"以后除里街隙地民居外,如沿江一带起造房屋,须先向工程局说明"(《申报》12月7日,1898),可见当时对位于重要城市界面的建筑已经实行一定的控制,在这些

图1-4 招标公告
(资料来源:创议建局[N].申报,1898-12-7.)

[①] 关于华美医院的施工招标,《申报》载"至该院新院图样,闻已由上海圆明园路博惠公司打就。又日前上海各著名建筑公司,曾一度派人前来向该院接洽承包。惟该院则拟择日登报,定期投标。"可据此推断,华美医院在委托上海博惠公司完成设计后,上海各著名公司纷纷来电希望能得到工程施工的委托,只是华美医院希望通过施工招标投标的方式向社会公开招标(参见华美医院建筑新院近闻[N].申报 1926-07-12.)。

区域建造房屋需要一定的审批程序。虽限于史料无法得知当时更为详尽的管理规定，但据此可以判断早期西方人已经开始通过规章对建筑活动进行管理。

4.中国官方城市建设管理法规的颁布

在西方人城市建设管理机构和法规的示范作用下，约在1915~1919年间，宁波中国官方开始颁布城市建设管理法规。1919年10月29日，浙江公报刊载《浙江全省警务处训令第八百七十二号——令各警局所为令发修订取缔建筑规则即查照办理由》，令除了省会、宁波警察厅外的全省各县统一办理，文中讲到"照得建筑一事与路政、火政、卫生以及人民生命财产均有密切关系，无论公私建筑自应厘定规则严加取缔，以利交通而防危害。省会警察厅及宁波警察厅均订定规则先后呈准施行在案……"（浙江公报，1919）。根据时间推测，文中所指省会警察厅所订立的规则应为1915年《浙江省会警察厅取缔建筑规则》（详见后文），则宁波警察厅的取缔建筑规则颁布时间应在1915~1919年间。虽无法得知该规则的详细内容，但其基本框架设定应与省会警察厅的规则接近，即建筑活动管理的三大权力"立法权""审批权""建造权"已经得到落实（详见后文）。到1925年，《宁波市工程计划书》①中提及四大干道的修筑时指出四条干道的宽度需按照警察厅建筑章程的规定规划，则再次验证宁波当时已有中国官方颁布的城市建设管理法规。

综上所述，宁波近代前期的现代城市管理制度由西方人引入，19世纪60年代"江北巡捕房"设立后，西方人开始在江北外人居留地实行城市建设管理，1898年"江北工程局"成立以后，各类工程开始由专业设计师设计，设计招标投标、施工招标投标、建筑审批等制度逐步形成，并最终促使中国官方开始学习并颁布相关的城市建设管理法规。虽然前期的各类城市建设管理制度并不完善，但已经出现了现代化的管理模式，为此后城市建设管理制度的进一步发展打下了良好的基础。

1.4 小结

在城市建设管理制度的发展上，近代前期的宁波是先发被动型发展进程，在城市现代化进程的推动因素以及制度发展上均存在一定独特性。

开埠前，宁波为封建府城，有着悠久的历史，但在现代化的道路上，拥有港口优势的宁波率先于国内诸多城市引起了西方殖民者的注意。宁波在1844年开埠，是鸦片战争后中国率先开放的五个口岸之一，这就导致了其城市现代化进程的起点早于多数城市，当西方人已经在宁波江北外人居留地修建道路、安装路灯，开展现代城市管理的时候，中国很多城市还未有太多的变化（但宁波已经开始向一个近现代城市转型了）。

在城市建设管理机构的发展上，19世纪60年代的江北巡捕房已经具有初步的城市市政管理职能，此后19世纪80年代的"马路委员会"已是真正意义上的现代城市建设管理机构，1898年成立的江北工程局职能则进一步发展。在城市建设管理法规上，宁波

---
① 1925年制定的宁波城市规划文件，内容见下文。

19世纪60年代的《江北巡捕房章程》已包含部分现代城市建设管理法规的内容，1898年江北工程局成立后，西方人开始在江北外人居留地实施现代城市建设与建筑活动管理，工程设计由专门的技术人员承担，建筑审批制度、设计招标投标、施工招标投标制度开始出现。可见，近代前期，宁波现代城市建设管理相关制度的制定和施行总体上均早于国内多数城市。

宁波在近代前期的发展属于"被动型"，在这里，笔者所提及的"宁波的被动"具有3个层面的含义：一是西方人开启，中国人被动接受；二是中国人的被动学习；三是宁波本身的发展较之上海的被动性。

其一，西方人开启，中国人被动接受。宁波开埠较早，其城市现代化进程是在被动的条件下开始的，由入侵的西方人开启，由于当时的中国人尚未受到现代化的启蒙，因此西方人是城市建设的主体，中国人处于被动接受的状态。

其二，中国人的被动学习。当时中国城市尚未开始全面的现代化进程，西方人在宁波江北外人居留地开展了局部的现代城市建设，中国人开始被动地学习西方人的城市建设与管理，但始终是小规模的、零散的、局部的，并未形成大规模的主动性模仿与学习。20世纪10～20年代前，老城区没有城市建设管理机构及相应的建设，20世纪10～20年代后，虽然成立了相关的城市建设管理机构，但也并未在城市建设上取得明显的成效。

其三，宁波本身的发展较之上海的被动性。宁波并未如上海一般随着对外贸易的发展快速地兴盛起来，同时上海的存在使宁波的发展变成了一种被动的发展，宁波成为上海的补充，而不是发展的主体，因此西方人在宁波近代城市建设中也偏于被动，江北外人居留地的现代城市建设也始终未能形成更大的规模。

本章参考文献

[1] 苏利冕主编. 近代宁波城市变迁与发展 [M]. 宁波：宁波出版社，2010.

[2] 郁东明，郑学博. 浙江一个商埠——宁波 [M]. 杭州：浙江人民出版社，1958.

[3] 《宁波海关志》编纂委员会. 宁波海关志 [M]. 杭州：浙江科学技术出版社，2000.

[4] 徐季子，郑学博，袁元龙. 宁波史话 [M]. 杭州：浙江人民出版社，1986.

[5] 王艳平. 古聚落遗存与城市初创——浅谈宁波早期建筑的文化特征 [J]. 宁波广播电视大学学报，2011，9(1).

[6] 《宁波市土地志》编纂委员会. 宁波市土地志 [M]. 上海：上海辞书出版社，1999.

[7] 邱枫. 基于GIS的宁波城市肌理研究 [D]. 上海：同济大学博士学位论文，2006.

[8] 陈宏雄. 潮涌城北——近代宁波外滩研究 [M]. 宁波：宁波出版社，2008.

[9] 牛创平，牛冀青编. 近代中外条约选析 [M]. 北京：中国法制出版社，1998.

[10] 姚贤镐. 中国近代对外贸易史资料（第一册）[M]. 北京：中华书局，1962.

[11] （美）施坚雅主编. 中华帝国晚期的城市（第二版）[M]. 叶光庭、徐自立、王嗣均、徐松年、马裕祥、王文源合译，陈桥驿校. 北京：中华书局，2002.

[12] 中华人民共和国杭州海关译编，徐蔚葳主编. 近代浙江通商口岸经济社会概况——浙海关欧海关杭

第 1 章　近代宁波城市建设管理制度的萌芽（1840～1927 年）

州关贸易报告集成 [M]. 杭州：浙江人民出版社，2002.

[13] 乐承耀. 宁波近代史纲 [M]. 宁波：宁波出版社，1999.

[14] 赵世培，郑云山. 浙江通史·清代卷（中）[M]. 杭州：浙江人民出版社，2005.

[15] 王铁崖. 中外旧约章汇编（第一卷）[M]. 北京：三联书店出版社，1957.

[16] 费成康著. 中国租界史 [M]. 上海：上海社会科学院出版社，1991.

[17] 杨秉德著. 中国近代中西建筑文化交融史 [M]. 武汉：湖北教育出版社，2003.

[18] 张传保. 鄞县通志. 政教志 [M]. 宁波：宁波出版社，2006.

[19] 鄞县政府建设科. 鄞县建设 [M]. 宁波印刷公司，1934:（建设概况）1.

[20] 申报. 创议建局 [N].1898-12-7.

[21] 宁波市政月刊, 宁波的沿革 [J]. 论著：1928, 1(12)：4.

[22] 申报. 工程局开会纪事 [N].1924-02-21.

[23] 申报. 江北岸工程局之董事会 [N].1924-01-12.

[24] 德商甬报. 工程局 [N].1899-12-8.

[25] 四明日报. 浙路招包桥投标展期 [N].1910-8-31.

[26] 浙江公报. 浙江全省警务处训令第八百七十二号，令各警局所为令发修订取缔建筑规则即查照办理由 [N]. 训令：1919(2733)：6.

第2章

近代前期宁波城市建设的初步发展（1840～1927年）

2.1 现代城市市政的起步

在开埠后相当长的一段时间内（约1844～1898年），宁波市政建设发展缓慢。在浙海关、巡捕房和"马路委员会"的管理下，西方人为满足贸易通商及基本生活需求，在江北外人居留地进行局部建设。1898年"江北工程局"成立后，各项基础设施建设加快，港口码头、灯塔、城市道路、给水排水、电力等设施均有所发展。作为西方人早期在宁波成立的相对完善的现代城市建设管理机构，江北工程局开启了宁波近代城市建设的现代化进程，对宁波近代城市及建筑的发展具有重要意义。

2.1.1 港航设施工程

开埠以前，宁波没有现代港航设施，随着开埠后西方对华贸易的发展，大量的蒸汽航运轮船出现，原有屈指可数的几处帆船码头已不能满足现代航运的需要，于是具有更大承载能力的船式浮码头、栈桥式码头应运而生。与此同时，配备现代导航设备的灯塔等航运设施也进一步发展，促进了宁波近代港航设施的现代化。

随着开埠后对外贸易的发展，宁波的水运交通发生了较大变化。开埠前，宁波的水运交通集中在江厦一带，1830年前后进入帆船码头的全盛时期（哲夫，2004）。开埠后，宁波近代轮船业随之兴起。随着海关的设立及新江桥的移位，轮船停泊的区域发生了变化，由江厦转移至下白沙[①]，这一带的港池及航道条件较江厦更好，在下白沙至三

[①] 海关未设立之前，外国轮船由各国领事馆管理并直接商同地方官决定停泊处所及其限界，1861年浙海关设立后归海关管，港界以余姚江之盐仓门及奉化江之老江桥为界。1865年新江桥自盐仓门移至余姚江口，轮船自此不能驶入余姚江，奉化江一段也因帆船云集，轮船不易驶入（参见张传保. 鄞县通志·政教志[M]. 宁波：宁波出版社，2006：1232.）。

第 2 章　近代前期宁波城市建设的初步发展（1840～1927年）

江口的长约1.2km的岸线上，甬江河道水深平均为6.25m，江面宽度达到平均290m，可供3000～5000t的轮船出入。在西方对华贸易的刺激下，先是各洋行和海关修了小型石勘式码头，专供驳船和洋式帆船使用，采用水驳运上栈。1862年，旗昌洋行开始建造船式浮码头[①]，并于1865年开通了上海至宁波的轮船航线。"浮码头的建成，定班轮的通航，使进港口卸货、停留的时间大大缩短，最多不超过36h"（乐承耀，2009）。1874年（清同治十三年），轮船招商局宁波分局建造栈桥式铁木结构的船码头——江天码头，靠泊能力约为1000t级，后又继续维修扩建，达到3000t级，码头长46.35m，宽7.8m，深2.4m。1875年（清光绪元年），宝隆洋行修建华顺码头。1877年（清光绪三年），太古公司建太古码头，俗称北京码头（《宁波市地方志》编纂委员会，1995）。至此，宁波船舶的重心从江厦转移至江北，船舶的载重能力大大提升，帆船码头转变成轮船码头（苏利冕，2010）。这是宁波城市水运的一次重要转变，轮船码头的出现，表明宁波近代水路运输具有了更大的承载力，是运输现代化的一种表现，加强了宁波对外的商品流通及文化交流。

19世纪末20世纪初，宁波的港口得到了进一步建设。工程局成立后着手在江北岸修筑长达数百米的码头并对沿江堤岸进行整修。1909年（清宣统元年），宁绍公司建宁绍码头，铁木结构，可停泊2000t级轮船（俞福海，1995）。加上之前修建的码头，到1909年江北外滩建有华顺码头、江天码头、北京码头（太古码头）、永川码头、宁波轮埠、小平安轮埠、海宁码头、甬利码头、新宁海码头、平安码头、宁绍码头（表2-1）。上述码头中，永川码头、宁波轮埠、甬利码头、新宁海码头、平安码头皆为100～200t级，其中北京码头[②]、宁绍码头[③]、江天码头靠泊都在1000t以上，达到了较大吞吐量，大大地提升了港口的承载力。众多码头的修建促进了宁波水运交通发展，也使得江北进一步成为宁波近代船舶的中心，推动对外贸易和商品经济的繁荣。

江北1902～1909年修建码头一览表　　表2-1

名称	建造时间	质地	使用情况（靠泊）
永川码头	1902		永川轮（372t）、海宁轮（106t）
宁波轮埠	1904	石礅	利济轮（后废）
小平安轮埠	1905	石礅	后废
海宁码头	1906	石礅	海宁轮（126t）、湖广轮
甬利码头	1906		
新宁海码头	1908		新宁海轮（144t）、岳阳轮（124t）
平安码头	1908	石礅	平安轮、快利轮
宁绍码头	1909	铁木	宁绍轮（1318t）、甬兴轮（1585t）

资料来源：根据郑绍昌主编.宁波港史[M].人民交通出版社，1989：236-237.整理

除码头外，初期浙海关对其他港航设施也有一定的投入，"依照中英《五口通商章

[①] 乐成耀在《宁波通史·清代卷》中提及旗昌洋行开始建造船式浮码头是在1867年，但其执笔的《近代宁波城市变迁与发展》则提到"1862年（清同治元年），美商旗昌洋行开始建造船式浮码头，为开通定班货轮作准备"，此外哲夫在《宁波旧影》中同样提到这一年份为1862年，因此本文采用1862年的说法。

[②] 北京码头长48.71m，宽7.2m，铁木质。

[③] 宁绍码头长31.7m，宽7.9m。

程》中规定：凡修建浮桩、号船、塔表、望楼等费用，在船钞下拨用。清政府1865年开始，以船钞的1/10交税务司用作这项经费"（《宁波海关志》编纂委员会，2000）。1865年所收洋商船钞为关平银17818两，即有约1780两用作港航设施建设。这一年，七里屿和虎蹲山设置了灯标。1866年，"总理衙门规定以船钞的70%作建造灯塔浮标等海务费用"（《宁波海关志》编纂委员会，2000），港航设施的投入继续加大。从建设较多的灯塔看，从1870～1925年，花鸟岛灯塔、七里屿灯塔、鱼腥脑灯塔、象山北渔山铁铸灯塔、唐脑山灯塔、下三星灯塔、莱花山灯塔、镇海江南道头灯塔等陆续修建起来（表2-2）。

初期浙海关所建灯塔一览表　　表2-2

序号	名称	时间	地址
1	花鸟岛灯塔	1870年	花鸟岛
2	七里屿灯塔	1871年5月	七里屿
3	鱼腥脑灯塔	1871年5月	七里屿
4	海龙轮埠	1890年	镇海望道头
5	象山北渔山铁铸灯塔	1895年	象山北渔山
6	唐脑山灯塔	1908年	唐脑山
7	镇海江南道头灯塔	1915年	镇海
8	七里屿灯塔建筑改造	1925年	七里屿
9	虎蹲山灯塔建筑改造	1925年	虎蹲山

资料来源：根据《宁波海关志》编纂委员会.宁波海关志[M].杭州：浙江科学技术出版社，2000.大事记整理。

以北渔山灯塔[①]为例，该塔高16.9m，射程26海里，时有远东第一大灯塔之称，位于北渔山东南边最高处峭壁上，约高出海平面90m，导航灯光高出海平面约105m。灯塔为圆形平面，塔高三层，采用了古典纵向三段式构图。（1）二层塔身有明显收分，上面不规则分布着圆窗及圆形通风孔；（2）三层交接处有外廊，三层下部为密封钢板，上部为玻璃幕墙，可使镜机发射的灯光360°无遮挡射出，玻璃幕墙外设检修外廊及通往屋顶的钢爬梯，钢板坡屋顶。由于运输及施工困难，灯塔采用了当时很先进的预制装配式铸铁结构，是现代建筑材料及现代建筑结构的运用实例。受到当时欧洲流行的复古主义、折中主义建筑思潮的影响，建筑细部上也体现出古典主义的手法。下部有古典形式的基座，外廊的支撑构件铸铁牛腿处有古典花饰，北面入口处有三角形山花。室内用钢柱、钢梁支撑钢楼板，楼梯为钢板螺旋楼梯，为与古典建筑形式呼应，增加了柱头、楼梯起跑处的铸铁花饰等元素（杨晓龙等，2012）（图2-1～图2-3）。

综上所述，随着开埠后西方对华贸易的发展，宁波近代轮船业开始兴盛，催生了现代港航设施的出现，带动了宁波港口和码头的建设。19世纪60年代，宁波完成了水运中心的转移，由江厦转移至江北下白沙。到19世纪80年代，宁波已完成由"帆船码头"向"轮船码头"的转变。20世纪初期，江北进一步成为宁波近代船舶的中心，建成初步的现代化港口设施。除码头外，灯塔等设施也自19世纪70年代开始陆续建设，现代化的导航设施的出现，进一步促进了宁波近代水路交通的现代化。

---

① 位于现象山县，1841年以后，宁波府所辖为鄞、慈、镇、奉、象五县。（参见徐季子，郑学溥，袁元龙.宁波史话[M].杭州：浙江人民出版社，1986.）

第 2 章 近代前期宁波城市建设的初步发展（1840～1927 年）

图 2-1 北鱼山灯塔历史照片
（资料来源：课题组提供）

图 2-2 北鱼山灯塔近景
（资料来源：课题组提供）

2.1.2 道路工程与城市公共交通

1. 道路工程

（1）江北外人居留地的道路工程

近代前期，在税务司和巡捕房的努力下，宁波江北外人居留地开始了初步的桥梁和道路建设。为方便中国人的"老城区"与西方人的"江北外人居留地"间的交通，1862 年，在城区与江北之间建成一座浮桥（图 2-4）。接着，沿江道路的修筑提上日程，起因是开埠后江北岸商户增多，各国商人纷纷租地建屋，但缺乏完整的规划，很多地方道路并不连续，在沿江各商行门前，从一家到另一家道路迂回曲折，极不方便。1876 年，沿江道路开始修建，1876 年 10 月 27 日的《申报》报道英领事劝中外商民捐资填筑江岸，"仿上海款式，自新关起拟筑至浮桥为止"，

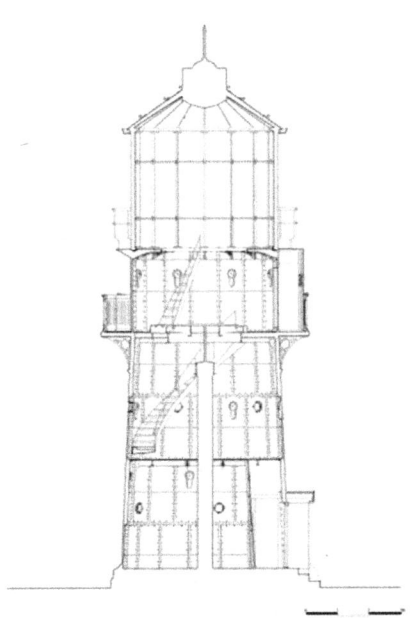

图 2-3 北鱼山灯塔剖面图
（资料来源：课题组提供）

但施工到一半，时任领事离职，工程搁浅。此后直至 1884 年，在科普斯的努力下，修筑一条通过港区全长的堤岸计划才再次被提起，从浮桥到外国人坟地，"建筑的费用，从上、下岸的鸦片和茶叶中抽取小额的款项"，"工程由中国当局承担，浙海关税务司管理"（徐蔚葳，2002）。几经周折，在 1887 年终于采用了税务司康发达的提议，将不相连的私人建造的道路连接起来，填补中间的空缺，各商户让出自家门前的场地。此时已是"马路委员会"管理江北外人居留地的市政建设，"马路委员会"负责监督工程，费用由道台和华洋商人出资成立的基金会支出，实施的工程较之前的计划已差距甚大。1888 年 4 月，一条从税务司公署到英国教堂的全长约半英里的滨江道路完成了，虽然结构简单且每个

图 2-4 宁波新江桥

(资料来源：哲夫.宁波旧影[M].宁波：宁波出版社，2004：48.)

部分外表各异，但完成后还是即刻显示了价值，受到中国人和外国人的一致欢迎。从海关到浮桥距离约 3/4 英里长的沿孔浦前岸边的江岸部分工程完成于 19 世纪 90 年代，海关税务司穆麟德主持了加高、加宽并延长江岸的工作。通过对沿江堤岸的修筑，这一时期基本完成了草马路、新马路等道路建设。总体而言，道路的建设规模不大。浙江通史记载"即以道路而言，直到 19 世纪 90 年代，也没有什么整治，更谈不上规划，只是有些码头、洋行或天主堂为了自身进出方便，在旧有的小道短径的基础上，各自稍加葺治连接，逐渐形成草马路、新马路等"（赵世培、郑云山，2005）。

1898 年江北工程局成立后，滨江大道进一步完善，"孔浦或洋人居留地江边已完全筑起滨江大道"，"1902 年一条 40 英尺宽，2/3 英里长的马路从海关背后修筑至老跑马场，铁路公司修了一条路从火车站址到滨江大道，与甬江有了直接交通"（徐蔚葳，2002）。1898 年，宁波税务司拟在江北岸前后沿江一带建筑马路并将旧设新江桥改建钺桥，移置盐仓门外，《申报》1898 年 4 月 24 日记载"已于日前丈量江面，以便择吉兴工。"海关税务司畲德在浙海关十年贸易报告（1892～1901）中提到："自 1898 年实行码头捐并完全由华商缴费以来，已有 134000 元花费在筑江岸、卸货码头和毗邻道路等。全部工程都由地方承包，没有借助外国工程师……去年一年护路工作没有中断过……"（徐蔚葳，2002）。税务司殷萼荪在《光绪三十四年（1908 年）宁波口华洋贸易情形论略》中这样描述江北的马路："本埠沿江及新旧各马路均修筑完美"，"所行街道纯用石板，只可行人而不能驾车。若由陆路搬运，仅恃人力而无车载。本年于宁奉交界处向名方桥现改筑新式铁桥一座，业已告竣"（徐蔚葳，2002）。1919 年，江北外人居留地的道路进行全面修整，税务司报告"孔浦的道路于 1919 年全面休整，花费 6000 多两关平银"（徐蔚葳，2002）。

可见，前期江北外人居留地在西方人的主导下已经开始了局部的道路建设，且随着城市建设管理机构的不断完善，建设规模有所加大，在江北工程局执事期间，新筑、改筑江北多条道路，改善了江北外人居留地的交通。

（2）老城区的道路工程

宁波的老城区在 1920 年之前几乎没有修建任何道路，浙海关 1908 年贸易报告描绘宁波交通状况时指出："在大清帝国之这一地区的内地贸易主要依靠水路运输……在口岸界限之外无人计划把道路现代化，都是些粗劣铺垫石板条的小道，车辆无法通行。需要

第 2 章 近代前期宁波城市建设的初步发展（1840～1927 年）

陆上运输时，人们不得不肩挑背扛"（徐蔚葳，2002）。这种状况在成立"市政筹备处"后才有所变化，中国人在西方人的示范作用下开始了初步的市政建设。江北外人居留地的市政建设为中国人在老城区的建设提供了示范模板，中国人在学习"江北外人居留地"的过程中逐步开启了"老城区"的城市建设现代化进程。

1921 年，碶闸街通过填河将路面拓宽至 4m。《申报》1923 年 9 月 6 日曾有《江东市政新气象》的报道："鄞县江东人士，数月来对于市政，颇有一番新建设……改造镇安桥，亦已于日前完工；和丰纱厂与南号北号各会馆，在酒井弄、泥堰头、三官堂、东胜街、树行街等处，建设条石道路，费款甚巨。兹闻该区人士，复有江东道路改良会之组织，将在复塘街、百丈街、灰街、大戴家弄等干路，重行修筑，公推韩乐书为干事长，陈器伯等为总务股，沈企旦等为工程股，严康懋等为财政股。又推定各街分段干事张葆苓等六十九人，定本月九号开第一次干事会，讨论进行方法云。"（《申报》9 月 16 日，1923）在当时市政自治的理念影响下，中国人已逐步展开了道路建设。浙海关税务司贝德乐在《民国 13 年（1924 年）宁波口华洋贸易情形论略》中指出宁波老城区市政"大为整顿"，募集特捐用于修筑道路、改建桥梁等，便于人力车通行，灵桥门外的耳城已经着手拆毁（徐蔚葳，2002）。贸易报告是税务司记录口岸重要事件的文件，可见当时老城区的市政建设影响较大。《时事公报》载"市政筹备处兴修道路，节节实行，确为市民之福"[①]。为便利交通，市政筹备处还计划将老城区桥梁次第展平，因此，从 1924 年 6 月起展开的桥梁改建工作持续推进，为道路修筑所需的拆让工作也一并展开。这一时期宁波不少绅商直接参与道路建设，如和丰纱厂经理卢某 1924 年出资 6000 元修筑了自冰厂跟到三官广润木行的道路，完善了该路段的交通。

总体而言，宁波近代前期老城区的道路建设规模并不大，但已经形成了良好的开端。宁波市政筹备处作为中国人成立的城市建设管理机构，对这一时期宁波老城区的市政建设具有重大意义，"市政自治"体现出中国人对西方理念的学习，表明西方人对城市的现代化管理起到了示范作用，也体现出近代前期宁波城市建设西方人先行、中国人后发的进程。

2. 城市公共交通

公共交通起源于西方，1819 年巴黎市街出现的为公众租乘服务的公共马车，是建立城市公共交通的里程碑。中国古代城市没有公共交通的概念，城市公共交通伴随着近代城市的现代化进程而产生。随着道路的加快建设及新式交通工具的出现，市民交通出行的方式发生改变，活动空间得以扩大，出行率大大提高，城市由"步行时代"步入"车行时代"。其中，人力车的出现是早期城市公共交通发展的重要标志。

1915 年，江北岸开办利捷车行，股本 1.6 万元，有人力车 200 辆，是宁波经营人力车的开端（苏利冕，2010）。因此宁波近代前期城市公共交通同样首先发源于江北外人居

[①] 苏利冕主编．近代宁波城市变迁与发展[M]．宁波：宁波出版社，2010：322.//《市政停顿之督促声》,《时事公报》1925 年 10 月 8 日。

留地，外人居留地在当时已经成为城市建设的示范模板，成为宁波诸多新兴行业、事物及理念的发源地。1919年，江北岸又开设如云车行，股本2万元，人力车200辆（苏利冕，2010），宁波近代公共交通开始起步。人力车行等新兴行业于江北外人居留地逐渐兴起之后，在中国人的歆慕、赞许和学习中也开始向老城区扩散。1919年，老城区开办了协记车行，股本0.3万元，车40辆，尽管在规模上与外人居留地的车行相距悬殊，但这意味着中国人管理的老城区也已开始发展公共交通。

总体来看，近代前期，宁波城市公共交通已开始起步，但发展规模有限。与道路建设一样，江北外人居留地也成为城市公共交通的发源地和示范模板，主要的人力车行位于江北岸，老城区在其示范作用下也开始出现城市公共交通，但规模远不及江北岸。

2.1.3 给水排水工程

给水排水设施的现代化对于城市的发展至关重要，清洁的水源直接关乎人的生存问题，因此用水现代化是城市市政现代化的一个标志性节点。宁波近代早期排水设施的现代化同样起源于江北外人居留地，西方人试图通过开凿深井的方式获得清洁的水源，同时铺设了一些下水道，开启了宁波近代城市给水排水设施的现代化进程。

宁波自古水系发达，城内遍布的大大小小的水系曾是饮用水及生活用水来源，但近代以来，城市人口增加，城区水系污染严重，已经不能作为饮水用源，因此开埠以后江北岸的西方人不得不到几十公里以外取水。为获得清洁的用水，江北工程局成立后，西方人将自流井的开掘作为首先实施的任务之一，写入章程，税务司与日本专家签订合同，在外人居留区内挖掘自流井①。《海关十年报告（1912～1921年）》记载"10年内诸多改善之中特别要提出的是该委员会为公共用水打了两口自流井"，井的深度超过175英尺（约53.34m），水样送到上海卫生处化验却发现矿物质过多，不适合饮用。但"自流井水虽然不宜用作饮用水，但对华人便利很多，因为他们平时不得不依赖雨水和肮脏河水解决用水需要"（徐蔚葳，2002）。1923年，江北工程局又凿自流井3处，便利市民用水。自流井的开凿可以说是宁波给水设施现代化的开端，西方人有意识地展开了城市公共用水设施的建设。

在江北的示范效应下，中国人也开始在老城区尝试实现给水现代化。1926年②，裘火宝银楼业主出资开办通泉源自来水公司，地址位于城区东后街，厂基面积2亩，厂房11间，以深井水为水源，所铺设管道到东门口一带（俞福海，1995）。事实上，当时铺设的管道不足千米，自来水的水质也较差。尽管如此，通泉源自来水公司的出现还是开启了近代宁波老城区给水设施的现代化进程，在宁波自来水发展史上具有里程碑的意义。

排水设施方面，西方人进入江北外人居留地之初并未铺设任何排水管道，但随着人流的密集，西方人开始对水道进行清理和疏通。1883年，在浙海关税务司康发达的促使

---

① 两口自流井一口在海关的鸦片仓库，一口在英国领事馆。
② 乐承耀《宁波近代史纲》301页提到该水厂，年份是1915年，《宁波通史》民国卷297页也提到该水厂，年份为1926年，《宁波市志》也在文中616页提到该厂，年份为1926年，因此，本文采用1926年的说法。

第 2 章 近代前期宁波城市建设的初步发展（1840～1927 年）

下清朝政府对江北外人居留地后面的河渠进行了清理并加深加宽，极大改善了外人居留区的卫生状况。据 1882～1891 年浙海关贸易报告记载，19 世纪 80 年代到 90 年代江北岸已经开始修筑下水道。税务司柯必达也在 1902～1911 年浙海关十年报告中提到完善滨江大道并修筑下水道的情形，"连接的小巷垫高，并于 1902 年后又在 1909 年铺设下水道"（徐蔚葳，2002），即江北滨江道路在 1909 年铺设了下水道。尽管如此，江北的下水道铺设数量有限，1911 年 12 月 31 日柯必达在海关十年报告中说道："下水道应该全部改造，但经费不足，委员会只得将地表下通向江河的沟渠每年疏通一次"（徐蔚葳，2002）。

城区的下水道铺设始于 1922 年，鄞县城河委员会在市区一些主要街道下铺设了少量小口径排水管道，其中药行街铺设管径 60cm 的筒瓦、开明街铺设管径 30cm 及 40cm 的筒瓦、百丈路的筒瓦管径为 30～50cm，中马路筒瓦管径为 30～60cm。由于城河堵塞、三喉不通，1925 年在疏浚城河的过程中，于和义门、永丰门间修筑新闸，将城西污水泄入姚江。

可见，近代前期，西方人首先在江北外人居留地展开了对城市给水排水设施现代化的尝试，虽然开凿自流井的措施并未真正解决城市用水问题，下水道的铺设数量也极为有限，但有意识地发展城市公共用水设施、实现排水设施现代化已是巨大的进步。西方人的行为对中国人起到示范作用，因此，在江北外人居留地之后，宁波老城区也开凿自流井，出现宁波最早的自来水公司，同时下水道也得到局部铺设，城市现代给水排水设施得到了一定程度的发展。

2.1.4 电灯工程和电力工程

电灯工程和电力工程的出现也是传统城市向现代城市转变的重要特点之一。中国古代除用蜡烛照明外，还普遍使用各种植物油燃烧照明，至近代前期，由西方人引进的煤油灯提高了照明的亮度，路灯开始装设，这可视为城市照明工程现代化的起始。随着电力工程的发展，电灯开始出现，大大便利了市民的生活。

宁波近代前期最早出现煤油灯是在 19 世纪 70 年代，由西方人在江北外人居留地开始使用，煤油灯亮度高、价格实惠，因此，很快得到了普及。1876 年 10 月 27 日，《申报》报道"上年新关帮办卢君于前江沿前街一带衙署局铺挨户劝捐……高设路灯二十五盏，均用火油，极为明亮。今年英国前领事霍君又商诸瑞观察，意将后街一律设灯打扫……观察慨然见许，解囊助资数百元，业已告成。自英署至浮桥前后街一带通明彻夜，无不颂声载道。"城市夜晚照明对于晚间的居民生活和活动具有积极的意义，在一定程度上也改变了居民的生活方式，因此得到了普遍的认可。到 19 世纪 80 年代，江北外滩一带普遍设置路灯，"马路委员会"负责管理，由中外居民捐助的基金维持，雇用两名点灯人，"平均一个月点灯 21 个夜晚，天亮熄灭，拿回警署清洁修理"（徐蔚葳，2002）。煤油灯的出现和路灯的装设是宁波近代城市照明史上的重要事件，起着承前启后的作用，是城市照明工程现代化的起始。

宁波近代最早的电灯出现于 1897 年（清光绪二十三年），宁波人孙衡甫在宁波战船街（今属宁波市海曙区）创办了宁波电厂，投资 1.4 万银元，为宁波的最早电力企业（乐承耀，1999）。该企业以 380V/220V 线路向江厦街、东大路等处供电。当时，甬江大道头新到奇巧水月电灯"焰火亮如浩月，光耀射目，与市上灯烛比之，相差天涯也"①。电灯的出现彻底改变了城市的照明方式，这种较煤油灯更为明亮的先进照明工具，给城市居民的生活带来了极大的变化，在当时被视为极为新鲜的事物。

此后，电灯开始逐步普及，电力工程也逐渐发展。1905 年，和丰纱厂自备发电厂在供应自身企业用电的同时，将多出的电量供附近商店、居民用电。税务司殷尊森呈报"电灯公司与纱厂合股业已开办，江北岸皆装饰电灯，城内陆续皆有"（徐蔚葳，2002）。1909 年，和丰电灯公司建立，一段时期内经营较好，用户逐渐增多。由于该公司电线不能载荷所需电流量，电灯有时暗弱间断，于是虞洽卿等人招集资本于 1914 年在城区北斗河畔辟地 11 亩建永耀电力股份有限公司。《申报》曾报道说："宁波 1909 年所设电灯厂并无成效，电机乏力，显然昭著，以致停办已有年余，今该公司添招资本，重新组织，城内电灯业已复点"②。初设时资本总额 13 万元，采用火力发电，装置 25kW 柴油发电机 2 台，烟囱高达 44m，1915 年 2 月开始发电。永耀电力公司成立后，营业颇盛，"曩者每度电力收费 2.70 元已觉其昂，近以煤价腾贵，加至 0.30 元矣"（徐蔚葳，2002）。永耀电力公司以 0.22kV/0.38kV/2.3kV 配电线路向城区供电，设县前街、甬东司道头、镇明路、西郊路、玛瑙路、杨柳街等配电间六处及杆上变压器 14 台③。从 1919 年起永耀电力公司陆续增加投资④，1924 年还扩大了在城区的营业范围，增拓动力电用户。路灯在 1917 年改用电灯，税务司甘福履说"街头电灯也由委员会在 1917 年安装"（徐蔚葳，2002）。

可见，在近代前期，宁波的电灯工程、电力工程已经有所发展。值得一提的是所有的电力企业均由中国人建立，相比较西方人而言，当时宁波的中国人对电力设施的发展起到了更大的作用。

2.1.5 电信工程

在电灯工程、电力工程逐步发展的同时，宁波的现代电信工程也开始起步。电报事业始于 19 世纪 80 年代，电报线路于 20 世纪初开始铺设，电话也在 20 世纪 10 年代开始使用，尽管发展并不充分，但现代化的序幕已经拉开。

电报方面，1883 年，宁波成立了官督商办宁波电报分局，初时用莫尔斯收发报机，可通上海、杭州等 24 个市、县，收发中、英文电报。中法战争期间，为加强海防，时任宁绍台薛福成上书请求于宁波、镇海设立电线一道。不久，清政府"据禀自宁（波）至镇（海）拟设立电线，便捷军情，准其照办，所需经费均可作正开销"⑤。在各方努力下，宁波新

---

① 乐承耀. 宁波近代史纲 [M]. 宁波：宁波出版社，1999：207.// 德甬商报，1898[N].1898-12-28.
② 乐承耀. 宁波近代史纲 [M]. 宁波：宁波出版社.1999：301.// 申报，1912[N].1912-8-26.
③ 俞福海主编. 宁波市志 [M]. 北京：中华书局，1995：908.
④ 1919 年永耀电力公司股金达到银元 20 万元，1923 年已经达到银元 50 万元。
⑤ 乐承耀. 宁波近代史纲 [M]. 宁波：宁波出版社.1999-12：156.// 薛福成. 浙东筹防录卷 1：26.

第 2 章 近代前期宁波城市建设的初步发展（1840～1927 年）

江桥堍至镇海西门外驻防军需电报线路架通，全长 39km，立杆 250 根，并敷设新江桥过江水底电缆 1000 尺。

电报方面，1903 年，宁波至临海的双线电报线路经宁海延伸贯通。1914 年，虞洽卿在龙山独自开办电报分局，从宁波至龙山竖杆 496 根，全程 29km。1920 年，宁波至温州线温州至黄岩段竣工，到 1923 年 8 月，黄岩到宁波段告成，全线贯通。到 1923 年 12 月，宁波、萧山、绍兴、诸暨、嵊县、曹娥、台州、海门、黄岩、龙山、余姚、宁海等地都有驻段线务员，电报线路覆盖范围增大。

电话方面，1913 年 3 月，王匡伯、王仰之、朱葆三等集资 20 万元创办了宁波电话股份有限公司，位于江心寺跟（江厦战船街），装磁石式交换机 200 门，架设单导裸线，开设了市内电话。当年的 5 月 5 日通话营业，初时仅有军政机关 20 余户，到 1915 年，装电话用户增至 200 家，开始商民共享。1916 年，在战船街原址翻建楼房，舍弃旧机，装设瑞典信号管磁石复式闸口交换机 400 门，在江北、江东水底装设电缆 50 对。1917 年，宁波电话股份有限公司兼办农村电话，市内电话延伸至姜山、高桥、五乡碶、蔡郎桥等农村地区。1920 年 6 月，四明电话股份有限公司组建，1922 年，该公司减少裸线改设架空电缆，在战船街到灵桥铺设地下电缆 200 对，在江北敷设过江水底电缆 200 对，原有的 50 对移向江东，向瑞典易利信（ERICSSON）购买 800 门交换机及旧总机 600 门，总交换机容量达到 1800 门，用户逐步增多。

2.2 建筑活动的现代化起点及典型建筑案例

2.2.1 建筑活动的现代化起点

开埠后，近代商业、航运业、工业、金融业出现在宁波江北岸，西方人开始建造新式建筑，从建筑使用上看，可分为两大部分，一部分是主要随着贸易通商发展起来的商业建筑、居住建筑及公共建筑，还有少数工业建筑，另一部分是随着西方传教事业发展起来的教会建筑，包括教堂、教会学校、医院、慈善机构等。

在区域分布上，江北外人居留的建筑数量明显多于老城区，但老城区也并非全无发展，出现了教堂、教会学校、医院等近代建筑。这些建筑局部采用了西方的建造技术和设计手法，形成了中西融合的建筑风格。新的建筑体系在功能与视觉上都对传统建筑形成了强烈的冲击，一些中国人也逐渐模仿建造。到 20 世纪 20 年代，宁波的近代建筑已经初具规模。

1. 新建筑类型的传入

（1）随西方人贸易通商发展的公共建筑、住宅建筑与商业建筑

开埠初期，封闭自守的封建府城宁波，被西方人采用贸易通商的形式强行介入，出现了一批以贸易通商为目的建造的新公共建筑、商业建筑、居住建筑。外国殖民者为展

开殖民统治和掠夺商业利益,从一开始就旨在控制宁波的对外贸易和港口,因此首先成立其管理机构——领事馆、海关、巡捕房等。领事馆属于全新的建筑类型,海关、巡捕房也与中国以往的管理机构存在本质差别。在中国,唐宋元明时期的"市舶司"集海关、外贸管理、外事管理职能于一体,清代早期已正式出现"海关"的名称,其中就有宁波的浙海关。但鸦片战争后的海关完全由西方人控制,我国关税自主权、海关行政管理权和海关税款保管权相继丧失,沦为西方人掌控的半殖民地海关。巡捕房也是西方人为管理外人居留地所设的新机构。

"1844年2月18日,罗伯聃首先在江北岸西侧的杨家巷租赁卢姓民房一所,设立"宁波大英钦命领事署"(俗称大英公馆)。1845年,法国援例在此设领事署,有副领事一人(由天主教的主教兼任);美国也设副领事一人(由广州旗昌洋行荐员兼任),但未设领事署"(赵世培、郑云山,2005)。1880年,英国领事馆在江北中马路觅地自建,一种全新的建筑类型在宁波江北岸出现。建筑总占地3500m²,南面有一幢主楼及余屋三间,北面为西式楼房2间,平屋8间。唯一的现存建筑坐西朝东,面向甬江,方形平面。在外观上,领事馆采用西式四坡屋顶,铺机瓦,屋顶上有4个方形烟囱,檐口装饰齿状线脚,柱廊成为建筑的主要特征,是典型的"殖民地外廊式建筑"(图2-5)。

图2-5 宁波英国领事馆

(资料来源:哲夫.宁波旧影[M].宁波:宁波出版社,2004:45.)

浙海关位于江北岸花墙镇旧甬东隅九壆,从1865～1921年,建筑规模一再扩大,建造了新型办公、居住及娱乐建筑①。浙海关办公大楼1865年建造(图2-6),1909年还

① 初期海关相关建筑详见表格:(根据《宁波海关志》大事记、《宁波旧影》等整理)

类别	名称	时间	地址	备注
办公建筑及货栈	浙海关办公大楼	1865年	江北岸	费用为关平银5234两
	验货房	1903年	江东	关平银753两
	验货房	1909年	江北岸外马路74号	
	江东浙海关常关办公楼	1923年	江东	
住宅	税务司住宅	1865年	江北岸	费用为关平银13264两
	浙海新关职工宿舍	1866年	江北岸	费用为关平银13264两
	海关外勤职员宿舍	1909年	江北岸外马路62号	花费建筑费用为关平银12170两
	检察长住宅		江北岸外马路74号	
	海关职工宿舍	1921年	江北岸	
娱乐设施	税务司网球场	1866年	江北岸	花费购地费用为关平银1000两
	建筑海关俱乐部	1887年	江北岸	建筑费用为关平银12606两

第2章 近代前期宁波城市建设的初步发展（1840～1927年）

建造了检察长办公室及海关验货房。居住建筑则有1865年的税务司住宅、高级帮办、低级帮办住宅（图2-7），1866年的浙海关新关职工宿舍以及1909年建造的海关外勤职员宿舍（图2-8），大写及小写公馆、检察长住宅，1911年建造的海关稽查员住宅，1921年修建的海关职员住宅等。1887年，浙海关俱乐部也建造完成，为新的娱乐建筑。在功能布局与形式上，上述办公、居住及娱乐建筑已与中国传统建筑有显著差异，皆为清一色的西式建筑，一般为方形平面，外廊成为重要的功能承载场所，四坡屋顶，外廊为梁柱式或拱券式，呈现出完全不同于中国传统建筑的全新面貌。初期海关建筑占地较小，如1865年修建的浙海关办公大楼及税务司住宅，占地共二亩一分三厘九毫（张传保，2006）（约为1523m^2），1909年修建的大写及小写公馆占地已达到三亩六分二厘三毫二丝（约为2417m^2），规模较初期扩大，1921年浙海关还购进草马路基地13亩余（约8667m^2），机构规模再次扩大。

图2-6　浙海关办公大楼

（资料来源：哲夫. 宁波旧影[M]. 宁波：宁波出版社，2004：24-25.）

图2-7　浙海关帮办住宅楼

（资料来源：哲夫. 宁波旧影[M]. 宁波：宁波出版社，2004：24-25.）

图2-8　浙海关稽查员宿舍

（资料来源：哲夫. 宁波旧影[M]. 宁波：宁波出版社，2004：24-25.）

为了开展对外贸易，开埠后外国商人纷纷进驻外人居留地，使江北出现了新的商业建筑"洋行"，"地址在今江北岸外马路、扬善路、车站路、三横街、四横街一带（新江桥北塊至新马路）"。"江北岸位于甬江，对外贸易极为便利，另外，甬江沿岸商业发达，又无城墙限制，有广阔的发展余地，外国商轮和军舰可以自由进出甬江。这样的地理位置引起外国人兴趣"（乐承耀，1999）。"凡是同该口岸贸易有关的人们，无论是中国人还是外国人,都是在这里设置他们的写字间"①。1860年(清咸丰十年),有确实记载的洋行为23家②,1864年宁波有洋行24家。英、美、法、日等国都在江北岸开设洋行、商号、船埠和工厂,"旗昌""逊昌""源昌""广源""永兴""宝隆""太古"等著名洋行纷纷进驻宁波。各国洋行从早期经营鸦片和纺织织品到后期扩大到航运、金融、保险、编织等业务。一批中国著名的航运、贸易等企业也在此期间进驻③。美商"旗昌"洋行1865年正式开通上海至宁波的轮船航线,在宁波设立业务管理机构和仓库。"逊昌""源昌""广源"以经营鸦片为主兼营其他洋货,都在宁波购租地产,建立了洋药栈(鸦片仓库)及住宅等建筑物。1879年,英商太古轮船公司在宁波设立分行,主要经营轮船运输,兼营其他企业事务。太古公司在宁波购地建造了仓库、码头、街屋、办公用房、验关房及洋人住宅、职工宿舍等(赵世培、郑云山,2005)。图2-9为宁波江北外滩沿江洋行建筑,包括办公楼、货栈等,多为一、二层建筑,建筑一般有外廊,平缓的四坡顶,铺小青瓦,檐口线脚、柱廊等显示出比较正规的西式做法,墙角有隅石,多开方窗。在立面处理上,办公楼较为讲究,以连续券形成外廊,拱券、柱头、檐口及墙身线脚等更为精致。仓储建筑造型简单,开窗小,装饰较少。

综上所述,一直延续中国传统建筑建造体系的宁波在开埠后已开始建造西式建筑,出现了与贸易通商相关的一系列公共建筑与居住建筑,如领事馆、海关、洋行等,主要以殖民地外廊式建筑为主。殖民地外廊式建筑在宁波近代前期广泛建造,初时规模较小,

---

① 赵世培,郑云山.浙江通史·清代卷(中)[M].杭州:浙江人民出版社,2005-12:76.//[美]马士.中华帝国对外关系史(第1卷).404.
② 分别是广生、恒顺、裕泰、广源、联丰、宝顺、华益、悦来、逊昌、敦祥、倍三(怡和)、保文、义利、广丰、懋利、瑞孚、架记、恒三、泰兴、利生、其昌、芝云、德泰洋行,参见《宁波市土地志》编纂委员会.宁波市土地志[M].上海:上海辞书出版社,1999:381.
③ 入驻宁波的部分洋行建筑活动一览表:

序号	建筑名称	时间	地址	现用途
1	美商旗昌洋行管理机构用房	1865年	江北岸	现已不存在
2	美商旗昌洋行仓库	1865年	江北岸	现已不存在
3	逊昌洋行鸦片仓库		江北岸	现已不存在
4	逊昌洋行住宅		江北岸	现已不存在
5	源昌洋行鸦片仓库		江北岸	现已不存在
6	源昌洋行鸦片住宅		江北岸	现已不存在
7	广源洋行鸦片仓库		江北岸	现已不存在
8	广源洋行鸦片住宅		江北岸	现已不存在
9	英商太古轮船公司办公用房	1879年	江北岸	现已不存在
10	英商太古轮船公司验关房	1879年	江北岸	现已不存在
11	英商太古轮船公司街屋	1879年	江北岸	现已不存在
12	英商太古轮船公司洋人住宅	1879年	江北岸	现已不存在
13	英商太古轮船公司职工宿舍	1879年	江北岸	现已不存在
14	英商太古轮船公司办公用房	1879年	江北岸	现已不存在

第2章 近代前期宁波城市建设的初步发展（1840～1927年）

以梁柱式外廊、简洁的西式四坡顶为典型特点，发展到后期，建筑规模增大，出现了拱券式外廊式样，形式与细部也更为考究。

（2）随西方传教事业发展的教会建筑

除了在政治、经济上进行渗透从而获得利益外，外国殖民者还试图通过传教等文化入侵的方式达到自身的目的。1844年的《黄埔条约》规定法国人可建造礼拜堂、医院、学堂，清政府明确允许西

图2-9　宁波某洋行码头老照片
（资料来源：该明信片由徐韧先生收藏并提供）

方各国传教士在华施医、办学，西方列强正是凭借不平等条约中的特权，开始来宁波传教、开设医院及学校（乐承耀，1999），兴建了为数不少的教堂、近代学校及医院等教会建筑。作为新的建筑类型，教会建筑不仅在文化层面上对宁波近代教育、医疗卫生业形成影响，一些典型建筑已具有较高的艺术价值，从而在建筑类型及艺术价值上对近代宁波城市产生较大影响。

1）教堂

早期进入宁波的传教士有新教各教派和天主教。早在1843年11月，基督教美国浸礼会传教医师玛高温（Daniel Jerome Mac Gowan）就到达宁波，此后浸礼会、长老会（中华基督教会）、圣公会、内地会、循道公会、基督徒公会、自立会等教派的传教士纷纷进入宁波。《宁波市土地志》大事记记载1845年"英、美浸礼会、长老会、圣公会、中国布道会等宗教团体在宁波西门、北门等9处购地建造教堂，并互订'睦谊条约'（即划定势力范围）"（《宁波市土地志》编纂委员会，1999）。"到1893年，宁波地区已有基督教堂30个、外籍传教士20人、天主教堂及传教所12个"[①]。近代西方传教士在宁波所建教堂的基本功能、建筑风格等均模仿西方教堂，且与中国传统建筑的某些做法与装饰相互融合。

宁波早期的新教教堂主要有1877年循道公会在开明街建造的"福音殿"及1879年建成的礼拜堂"开明堂"、圣公会1877年在孝闻街建造的基督堂等。1879年建的"开明堂"主体建筑为两层，主立面中轴对称，门廊、盲券、圆形玫瑰窗、尖券窗等元素与中式硬山屋顶结合在一起，中西合璧。圣公会基督堂主立面位于山墙面，入口上方的玫瑰窗、侧立面的扶壁、尖券窗等元素体现了西式建筑的特征。

最早的天主教教堂则是顾芳济在宁波药行街原天主堂[②]废址上重建的天主堂，建于

---
① 徐科青. 西医在宁波的成长及其社会影响——以宁波华美医院（1843～1954）为中心的考察[D]. 宁波：宁波大学人文与传媒学院，2010：5.// 中央研究院近代史研究所编：《教务档》，台北，1974，第560-591页。
② 据黄定福《宁波近代建筑研究》载宁波药行街原天主教堂为清康熙五十二年（1713年），法国人郭忠传在药行街购地所建。雍正即位后教堂毁。

1846年①，有楼5间，可容纳300人。1853年，顾芳济在药行街开工建筑天主堂，第二年建成，但是一年后倒塌，到1865年再次重建，1866年底落成，命名"圣母升天堂"（乐承耀，2009）。中厅两层，侧廊一层，中式屋顶、西式半圆形拱券窗、山花等组合在一起，建筑风格中西合璧。1868年教堂添建钟楼（张传保，2006），方形平面，以石质线脚分层，大钟镶嵌于正面顶层两个拱券窗的上部。

宁波近代最著名的天主教堂是江北天主教堂，始建于清同治十一年（1872年），地址在江北"外人居留地"中马路40号，占地面积4380m^2，包括主教公署、藏经楼、钟楼等建筑。天主教堂周边还有其他天主教产业，包括本堂区、主教公署、修道院、修女楼、神父楼和储藏室等建筑。江北天主教堂是宁波近代规模最大的天主教堂，具有哥特式教堂的特征。天主教主教赵保禄还在"外人居留地"的草马路修建了天主教会建筑群，总占地面积达70余亩（约4.67hm²），总建筑面积达10000余平方米（吴莉，2011）。1915赵保禄在江北岸草马路建筑"小修院"，"为培植教中有志修道青年而设"（张传保，2006），第二年落成。1916年，赵保禄又在草马路创办"大修院"，"为天主教神职班受高等宗教教育之总汇"（张传保，2006）。同年，赵保禄新建"拯灵会"②会舍，同在江北草马路，主要"培植教中有志修道女子"（张传保，2006）。赵保禄原于江北岸新江桥堍天主堂一侧修建普济院，因人数增多不敷使用，于是普济院首任院长徐修女募款于江北岸草马路购买数10亩（0.67hm²）地，1910年开始修建，落成后分设七部：安老院、残废院、疯人院、育婴院、孤儿院、工业场、施医院（张传保，2006）。

2）教会学校

宁波是我国近代教育发展最早的地区之一。1844年，英国基督教循道公会传教士、东方女子教育促进会成员奥德赛（Mary Ann Aldersey）女士在宁波创立女塾，校址位于城区祝都桥，这是外人在华设立的第一所女子学校。第二年，美国北长老会传教士麦嘉缔、祎理哲在宁波江北岸槐树路开设男子寄宿学校。名为崇信义塾，当时有学生30名，这是浙江最早的男子小学堂。1867年，该校迁往杭州，更名为育英书院，之后发展为浙江第一所大学——之江大学。1847年，美国北长老会也在宁波设一女校，由柯师母者（Mrs. Cole）主持，该校于1857年与奥德赛所设女塾合并为崇德女校，地址在江北岸桃渡路。哈佛燕京图书馆网站杜德维③家族相册中有一张崇德女校1878年的老照片，平面为方形，有外廊。1860年，美国浸礼会女教士罗尔梯（罗尔梯牧师之妻）在宁波城北姚江南岸创办浸会女校，后改名为"圣模"女校（赵世培、郑云山）。2012年9月9日《宁波晚报》

---

① 关于顾芳济重建天主堂的时间，《宁波通史》清代卷中393页提到"道光二十五年，鄞县光同乡周漕教徒周瑞甫在家乡建成天主堂。时隔两年后，顾芳济在药行街教堂旧址建楼5间，可容纳300人"，据此可推出顾芳济重建天主堂的时间是1847年，但《浙江通史》清代卷（中）则讲到"1845年，张芳济被任为浙江主教，嗣因赴澳门迎接法国公使，死于澳门。次年，顾芳济在宁波药行街原天主堂废址上重建天主堂"，可见该时间是1846年，《鄞县通志.政教志》1361～1362页则有"先时法兰西教士顾芳济于二十二年抵鄞，二十五年觅得康熙时郭中传教所建教堂旧基，次年乃重修焉"的记载，二十五年即为道光二十五年（1845年），据此推测顾芳济重建药行街天主教堂为1846年，因此本文采用1846年的说法。

② 拯灵会为赵保禄创设于1892年，会址设在药行街仁慈堂，因为入会人数增加1916年新建会址。

③ 杜德维为美国人，曾任浙海关税务司。

第 2 章 近代前期宁波城市建设的初步发展（1840～1927年）

刊载了一张浸会女校的老照片，照片上的建筑地址在今解放桥南堍以西的江滨公园内，为早期殖民地外廊式建筑，方形平面，四坡顶，有方形烟囱，屋面铺小青瓦。建筑装饰简单，墙面抹灰，栏杆式样简洁（图 2-10）。

"19 世纪后半叶，洋务运动一定程度影响了社会各阶层对西学的态度，这为教会学校的发展创造了良好的环境"（陈君静、吴莉，2011）。"1868 年英国圣公会教士戈柏、禄赐在宁波市内贯桥头设义塾。1876 年，英国传教士霍约瑟前来主持，改名三一书院，1881 年建新校舍于李衙桥"（赵世培、郑云山，2005）。同在 1881 年，美国长老会传教士麦嘉缔在原崇信义塾旧址上建崇信书院。1883 年，美籍基督教浸礼会女教士在城区北门外创办妇女短期学校。

图 2-10　宁波浸会女校
（资料来源：http://daily.cnnb.com.cn/nbwb/html/2012-09/09/content_521369.htm）

教会学校是一种新的教会建筑类型，这种早期从西方传入的重要建筑丰富了宁波近代前期的城市建筑类型，也对宁波社会产生了广泛影响，国人逐渐接触和接受新式教育，并从 19 世纪末开始创办新式学校。

3）教会医院

除了学校，传教士在宁波还开设医院。美国浸礼会传教士玛高温（Macgowan.Daniel Jerome，1814～1893）医生于 1843 年到宁波传教开设诊所，1844 年他租借江北道观"佑圣观"的几间厢房开设"浸礼老医局"，这家诊所以后发展成为宁波第一家正规的西式医院——华美医院。1847 年白保罗博士（Paul Bottrill）来宁波接替玛高温主持诊所工作，将诊所从"佑圣观"迁至北门江边，新建病房，设床位 20 张，更名为"大美浸礼会医院"。此时的医院采用了四坡顶，有外廊，规模较小。1880 年增设女病房，建筑形式简洁，开方窗，同样为四坡屋顶（图 2-11）。1859 年英国圣公会派遣英籍医生在孝闻街建立仁泽医院。1888 年，开设妇女医院。1889 年，医院扩建妇女和儿童分支医院。"外观有中国特色，病房设备齐全，整洁、通风好"（谷雪梅，2009）。1891 年，英国圣公会专门设置医疗委员会负责医院的管理，同时扩建候诊

图 2-11　1883 年扩建后的华美医院
（资料来源：宁波市第二医院展览老照片）

室,新建了一批病房并添设床位。1915年正式启用华美医院为名(吴莉,2011),1923年,华美医院决定扩大院址,于是购得北门土地一块,在沪甬两地共筹集资金9.99万元建造4层住院大楼和3层护士学校。除了以上两所医院外,早期美国长老会传教士麦嘉缔1846年在江北岸槐树路开办了惠爱医局,约1850年至1870年间江北岸还开办了体生医院。

总体而言,早期西式建筑传入中国,教堂是最具特色的一类教会建筑,教堂之外的早期西式建筑,如教会医院、教会学校、住宅、办公楼、洋行等并没有显著差别,都以殖民地外廊式建筑为主,多为简单的方形平面,四坡顶,一面或多面有外廊,这与近代早期开埠的上海、天津等主流城市并无明显差异。

(3)中国人建造的工业建筑、公共建筑、商业建筑与住宅建筑

开埠初期,在资本家和商人通过贸易方式向宁波倾销其工业产品的推动下,宁波本地出现了产业调整,近代手工业、工业开始起步,因为传统产业的现代化与新型产业的外来移植,是西方资本主义国家向近代中国进行产业资本投资的必然结果(彭长歆,2012)。而随着西方人持续的建筑活动的开展,中国人也开始逐步模仿并建造西式建筑,在宁波当地出现了一些中西结合的新式建筑,在类型上有工业建筑、公共建筑、商业建筑及住宅建筑等。

19世纪80年代后期到90年代上半期,宁波开始建起了一些工厂,工业建筑作为一种新兴的建筑类型开始出现并发展。为适应机器化生产,厂房建筑一般需设大空间,其植入在塑造新的建筑空间、运用新的建筑结构等方面具有较大意义。1887年,严信厚等人创办了通久源机器轧花厂,离宁波约2英里(3218.7m),利用现有房子改造和扩建。浙海关贸易报告载"改建的建筑加上新建的房屋,整个厂区沿甬江的北岸共有200英尺长(约60.96m)……由于获利很大因而现已大大扩展,又投入资本建立起一幢二层楼房"(陈梅龙、景消波,2003)。《捷报》1888年7月13日对该厂有报道:"厂房现已完工,距美国领事馆约二英里之遥,在洞的对岸(西北岸)。厂房系洋式砖楼,约长三百英尺(91.44m)、宽二百英尺(约60.96m)……"(赵世培、郑云山,2005),可见厂房已具有一定的空间和规模。1891年工厂规模再次扩大,砌起两层楼的厂房用于轧棉以及纺纱。此后,"为使通久源从单纯轧花扩展成兼营纺纱,严信厚于1894年拉来戴瑞卿、汤仰高等商人,集股筹款扩建纺纱车间。1896年6月(清光绪二十二年五月)建成投产,厂名改为通久源纱厂"(赵世培、郑云山,2005)。"1905年(清光绪三十一年),戴瑞卿、顾元琛在宁波冰厂弄开办和丰纱厂"(乐承耀,1999)。纱厂现位于宁波江东北路317号,是宁波近代纺织工业的重要代表企业之一,资本150万元,是宁波规模最大的近代企业。其厂房及办公楼皆为中西合璧的新式建筑。永耀电力公司,成立于1914年,厂址位于北门外北斗河畔,现址为宁波海曙区北郊路1号。由虞洽卿、孙衡甫、刘鸿生、张廷和等集资13万银元创办,次年2月建成,初期占地11亩。永耀电力公司是近代宁波电力工业的支柱,为宁波民族实业"三支半烟囱"之一,是宁波近代民族工业最有影响的代表企业之一。从老照片看,建筑立面简洁,已经舍弃繁

第 2 章 近代前期宁波城市建设的初步发展（1840～1927 年）

复的装饰，现代感较强（图 2-12）。

公共建筑方面，这一时期出现了火车站、政府办公楼、学校等公共建筑。1910 年（清宣统二年），沪杭甬铁路宁波至曹娥段开始着手修建。1913 年 12 月宁波至曹娥段全线完工，宁波、杭州间铁路延伸至大约 53 英里处曹娥江边的百官，1914 年 6 月 11 日正式通车。该段铁路东起江北槐树路（今江北公园），西至余姚马渚，全长 77.9km（张传保，2006）。火车站位于江北，原站房已经不可考，但其站长室为一幢二层的小洋房。宁波军政府执法部位于小校场，主入口的拱券大门、门廊上方的弧形山花等皆是西式做法（图 2-13）。

在西人不断开办新式学堂的影响下，宁波当地的有志之士也开始创办学校。1897 年，知府与严信厚筹建中西学堂，地址位于湖西崇教寺，1898 年，校舍初具规模，正式开学，定名为"储才学堂"。1907 年，在南郊道厂基地建造新校舍。1911 年定名为浙江省立第四中学堂。1911 年，效实中学创办，建造了新校舍。此外，还有商业职业学校、高级工业职业学校等多所学校兴建了校舍或宿舍

图 2-12　和丰纱厂大门老照片
（资料来源：哲夫 . 宁波旧影 [M]. 宁波：宁波出版社，2004：151.）

图 2-13　宁波军政府执法部
（资料来源：哲夫 . 宁波旧影 [M]. 宁波：宁波出版社，2004：109.）

楼①，建筑皆为西式。

对外贸易的发展促成了传统商业模式的转变，近代宁波的商业、金融业较为发达。不少百货店、旅店都以西式门面出现，如20世纪初开设于江北的东亚旅馆就为西式建筑，3层楼房（黄定福，2010）。1924年，江北工程局将江北岸后河填平一段，用填平后的河基兴建公共市场，1925年底，江北菜市场竣工，"费洋1万元，场中可容摊户384所"（徐蔚葳，2002）。1926年建成的钱业会馆是当时宁波金融业聚会、交易的场所，也是近代宁波金融业最高决策地，建筑结构紧凑、中西结合，具有较高的艺术价值（详见下文实例）。

住宅方面，对于西方人带来的新的住宅及居住形式，宁波人从最初的排斥到逐渐接受并模仿。外国人采用新建筑材料、新建筑技术建造独户独院的西式小别墅，在坚固性、采光、通风、舒适度等方面都远胜于中国传统建筑。一开始，税务司惠达在1872年浙海关贸易报告中说"中国人保守、守旧，宁愿用纸裱糊也不愿花些钱买几方玻璃。中国这一带之中产阶级似乎还察觉不到开埠后西方文明为他们带来之益处。那些人家之房屋建筑既不合理又不舒适，夏天炎热，冬日酷寒。他们明知道也承认西洋建筑之优良，却对现状听之任之，没有人敢出头来批评和要求按西方模式来改进"（徐蔚葳，2002）。但窗用玻璃进口量的增长说明了新式建筑材料逐渐受到欢迎，1872年，窗用玻璃进口量为191350平方英尺（17777m²），1876年达到231000平方英尺（21460m²），到1877年则是又翻了一番。税务司呈报"这产品办验单运往内地甚少。凡需要者均系小康以上建新屋用来装置玻璃窗之用"（徐蔚葳，2002）。位于江北的谢宅、招宝山街道的傅宅均是国人自建西式住宅的典型代表。谢宅建于1903~1908年间，高三层，外墙为清水砖墙，西式柱式与中式装饰图案结合在一起，风格独特。傅宅建于1922年（黄定福，2010），平面为中式四合院格局，围绕庭院的一层廊道为拱券外廊，柱式精美。

除了独立建造的私人住宅外，在开埠后发展起来的还有石库门里弄建筑，在宁波江北外人居留地、老城区江厦咸塘街一带建造。19世纪中期以后，宁波江北外人居留地出现了用中国传统"穿斗式"木结构加上砖墙承重方式建造起来的住宅，建筑主体仍具有

① 这一时期的兴建的学校建筑参见下表：

序号	建筑物名称	建造时间	原地址	现状
1	储才学堂校舍	1907年	南郊道厂基地	旧址现存于东恩中学内
2	商业职业学校校舍	1914年	府侧街	现已不存
3	高级工业职业学校校舍	1911年	江北岸泗洲塘	现已不存
4	效实中学校舍	1911年	西大路效实巷	现存中山厅
5	效实中学学生宿舍	1924年	西大路效实巷	现存旧址
6	三一中学	1912年	宁波海曙区	现存两进建筑
7	县立女子师范学校	1912年	城区月湖竹洲	现为宁波市二中
8	四明中学校舍	1923年	北郊路	现已不存
9	甬江女中校舍	1923年	城区战船街	现存原教学楼和图书馆

第2章 近代前期宁波城市建设的初步发展（1840～1927年）

传统的江南传统民居的空间特点，但在布局上参照了西方联排式住宅的排布方式，传统民居渗入西式元素进而开始演变，成为早期的石库门里弄民居。太平天国运动时期，大量居民进入江北外人居留地，外国洋行与中国商人借机经营地产牟利，在江北岸建造了不少石库门里弄民居。在对宁波江北岸近代石库门民居的考察中发现，宁波近代石库门里弄住宅在平面布局、门窗装饰、结构方式和建筑材料使用上与上海早期石库门住宅具有广泛的一致性（黄定福，2007）。石库门里弄民居不仅在外人居留地大量建造，随着近代宁波贸易和商业的发展，也在老城区得到了发展。咸塘街毗邻宁波老城区商业区江厦街，是江厦商业区的延伸和生活区。清末民初，咸塘街修建了不少民居（马大钢，2004），由于人口密集，土地利用率高，民居的院落很小，逐渐由传统民居发展成为早期石库门里弄民居。最初的石库门住宅从结构到装饰皆为传统做法，檐廊、柱头、柱础采用中式做法，门为石库门，但建筑联排建造，院落小，开始采用玻璃窗。之后出现了明显受西式建筑风格影响的里弄民居，普遍采用拱券窗、石库门门头上方采用巴洛克浮雕装饰、外墙多为清水砖墙，水泥饰面已经采用。总之，作为江南传统民居与西方联排式住宅相结合的新的建筑类型，石库门里弄民居在宁波近代前期得到了一定程度的发展。

2. 新建筑技术的出现

西方人来到中国，带来西方的建造体系，从技术上改变了中国传统木构建筑的发展轨迹。由于初期来华的多数为商人、传教士，并没有专业的设计人员，依靠中国工匠完成工程施工，因此早期西式建筑不可避免地带有中国建筑的技术特征。

早期西方人建造的西式建筑主要是殖民地外廊式建筑，多为砖（石）木混合结构。砖石结构在中国经历了两个发展阶段，19世纪40～50年代为第一个发展阶段，在特征上表现为大量使用梁柱结构形成外廊，墙体使用中国的土坯砖或者青砖砌筑（李海清，2004），并以木梁或木勒承托楼面。宁波早期的海关、领事馆、早期教会学校、医院等均采用这种形式建造。如大英领事馆为两层砖木混合结构，墙体很厚，达到500mm，楼层结构用木梁、木楼板。19世纪50年代至20世纪初为第二发展阶段，技术特征表现为使用连续拱券结构外廊，墙体砌筑开始加入红砖，采用青砖、红砖混合砌筑的形式，也有完全用红砖砌成的清水砖墙，建筑层数开始增加到三层或者四层。在宁波，建造于19世纪60年代的海关建筑，如税务司住宅、办公楼等都属于第二阶段的技术。从第一代砖石结构到第二代砖石结构，技术日益成熟，工匠对西方建筑技术的掌握更加纯熟，但本土建筑材料和技术的混合仍然存在。

值得一提的还有早期的教堂建筑，作为独特的建筑类型，其使用功能、建筑空间均不同于其他建筑，在建筑技术运用方面也有一定的特殊性。西方教堂形制复杂，采用西式技术体系完成，这种建筑形式传入中国后面临着技术上的问题，因此，初期的教堂建成后不久便倒塌的实例也不在少数。据鄞县通志记载，药行街天主教堂，1854年重建后次年便坍塌，到1866年已经是第四次重建。中国工匠在探索西方建筑技术与体系的过程中经历了较长时间的摸索，由于没有专业设计师的指导，在中国建造的西式建筑受到中国技术概念的影响几乎是不可避免的。不少教堂建筑都用砖而不是用石头砌筑,一些建筑的屋架仍用中国传统木屋架而不是西式的三角屋架或桁架,用木构加粉刷的方式制作出原本应该用砖石砌筑的勒骨拱顶及束柱等构件。宁波江北天主教堂的主体屋架就是中式抬梁木结构,室内的勒骨拱顶实际上是后期以木构加粉刷的方式模仿而成,用木材把承重的柱子包裹成束柱并做出了勒拱状天花,和结构没有任何关系(陈益龙、宋吟霞,2010)。用装修技术模拟砖(石)结构作假,成为中国工匠的拿手好戏,这在宁波也不例外。

新技术的出现往往与新材料的产生与新工艺的出现密不可分,水泥、钢铁、玻璃等新建筑材料、水磨石等新的施工工艺的出现导致了建造技术的进步。中国近代在1900年左右开始出现钢筋混凝土结构建筑,宁波最早的钢筋混凝土结构建筑建于何时已不可考,但早期建筑已经出现一些混凝土构件,如江北巡捕房正立面的壁柱、二层阳台及屋顶女儿墙均为混凝土建造。1920年江北岸永泰水泥瓦筒厂和江东大堰碶头王仁来瓦筒厂已经开始生产混凝土预制品,表明新的技术已在宁波开始运用。1926年建成的钱业会馆最后一进的议事厅已经采用砖混结构,院落中的亭子为钢筋混凝土结构。新材料使用方面,铸铁开始用于一些建筑细部和构件中,如钱业会馆戏台的柱子,议事厅檐下的装饰等。水磨石、地砖等广泛用于室内地面的铺设。窗用玻璃也达到一定的用量,如前文所述,1872年为191350平方英尺(17777m^2),1876年231000平方英尺(21460m^2),到1877年又翻一番。

总之,无论是新的结构技术的渗透还是新建筑材料、新施工工艺的运用,宁波近代建筑受西方技术体系影响,在建造技术上与传统建筑开始出现差异。而砖(石)木混合结构、钢筋混凝土结构等结构技术的次第传入,引发了新的建造技术变革。

3. 新建筑形态的植入

如前文所述,与其他开埠城市一样,初期传入宁波的西式建筑多为殖民地外廊式建筑。外廊式建筑在前近代时期就已进入中国,最早在澳门,之后出现在广东十三行,鸦片战争后首先在1843年开埠的上海出现,当时所建的房子都是极其简单的方形,有四坡顶二层外廊式建筑、平屋顶二层外廊式建筑及中式歇山顶二层中西合璧的外廊式建筑(杨秉德,2002)。殖民地外廊式建筑是中国近代建筑史的初始期(1840~1900年)普遍应用于洋行、银行及领事馆等建筑类型的建筑模式,到1900年以前,已经逐渐为正宗的西方建筑所取代(杨秉德,2002)。宁波开埠后,殖民地外廊式建筑广泛出现在领事官署、海关、俱乐部、洋行、住宅等不同功能类型的建筑物中,一般不超过三层,多为方形平面,一面、二面、三面或四面外廊,且平面上一般只有外廊而无内廊,如宁波大英领事馆、邮政局、太古洋行等建筑,全部水平交通由楼梯厅和外廊组织,房间集中于中部,外廊是室内空间的延伸,除了交通上的作用外,还具有遮阳挡雨、纳凉的功能。一般采用西式四坡屋顶。殖民地外廊式建筑是殖民者出于快速占领与殖民的需要而建造,技术简便且造价也相对较低。随着贸易的发展,宁波江北外人居留地建造了不少殖民地外廊式建筑,逐渐沿着岸线连成一片,展现出独特的风貌。

第 2 章 近代前期宁波城市建设的初步发展（1840～1927 年）

从开埠初期到 20 世纪，宁波江北外人居留地沿江建筑密度增大，形成了连续、统一的城市景观。从历史照片看，1875 年，江北岸仅有一些稀稀落落的殖民地外廊式建筑（图 2-14），到 1907 年，建筑密度明显增大，建筑沿江一字排开，形成了连续的城市界面（图 2-15）。西方人重视对外的现代水运交通，视沿江、沿海地带为要脉，因此，在租界或者居留地的选择上多考虑沿江沿河、沿海的地带，宁波江北外人居留地的选址也并不例外。其开发模式与中国上海早期英租界、广州沙面英、法租界等并无显著差别。在上海英租界，沿浦大道成为城市道路系统实施的基准，道路系统规划的出发点是方便地通向沿黄浦江

图 2-14　1875 年左右的江北外滩
（资料来源：哲夫. 宁波旧影 [M]. 宁波：宁波出版社，2004：42.）

图 2-15　1907 年左右的江北外滩
（资料来源：哲夫. 宁波旧影 [M]. 宁波：宁波出版社，2004：42.）

边一字排开的各商号码头,对外贸易与对外交往成为当时英人居留地建城的首要目标(杨秉德,2002)。宁波江北外人居留地在近代发展并不充分,但其沿江大道的建设与开发模式显然与上海英租界相类似。

在形态与细部装饰上,宁波的殖民地外廊式建筑经历了从简单到复杂的变化过程。梁柱式外廊建筑初时样式简洁,立面上鲜见繁复的线脚及装饰。建于19世纪60年代的浙海关帮办住宅,正面三开间,墙面抹灰,方形立柱,二楼采用木栏杆。到19世纪70年代,这种简易的外廊式建筑仍有建造,图2-16为一处传教士住宅,建筑为简洁的西式四坡顶,一面外廊,外廊以木柱支撑,二楼栏杆也为木栏杆。建于19世纪80年代的大英领事馆则较前两者考究一些,建筑四角的四个开间略向外凸出,在立面上形成横向三段式。正面柱子贯通两层,柱头处

图2-16 19世纪70年代宁波某传教士住宅
(资料来源:哲夫. 宁波旧影[M]. 宁波:宁波出版社,2004:49.)

施以简单的线脚。檐下及楼层分层处均有横向线脚。在中国近代建筑发展历程中,拱券式外廊建筑[①]较梁柱式外廊建筑出现得略晚一些,宁波可考的最早的拱券式外廊建筑出现于19世纪60年代,1865年浙海关建造的税务司办公大楼及税务司公馆皆为此种类型。浙海关税务司办公大楼立面上出现了连续的半圆形拱券,税务司住宅一层为连续半圆形拱券,二层为梁柱式外廊。在装饰手法上,税务司住宅柱头、檐口、墙身都有精致的线脚,浙海关税务司办公大楼外墙为清水砖墙,柱头、拱券上有精致的线脚,层次较丰富。在建筑材料使用上,拱券式外廊建筑的外墙及拱券一般皆由青砖或红砖砌筑。

进入20世纪,宁波建造的西式建筑规模有所增加,从单体建筑的平面格局、体量到建筑立面及细部处理均产生了变化。不同于初时的简单方形平面,建筑平面格局变得灵活多样,根据单体规模的大小出现长条形、"U"字形等多种平面形式,更趋于合理布置,产生了较多变化。建筑的装饰性得到进一步重视,清水砖墙的处理手法广泛采用,殖民地外廊式建筑仍有建造,但主体建筑风格已经向复古主义、折中主义转变。1909年建造的浙海关外勤职员宿舍楼,主立面一层、二层皆为券柱式外廊,楼层间有装饰线脚。每隔两个拱券,承券柱外增加一根中间带凹槽的壁柱,将立面划分为若干单元,左右两侧各有一个单元进行特殊处理,在两个拱券上方分别装饰三角形山花,与楼层线脚连在一起,并雕刻精美的图案,在屋顶的相应位置开老虎窗,形成左右对称格局。拱券为砖砌,柱头、券心石都具有较强的装饰性。位于草马路的中西毓才学堂建立于1903年,平面似"凹"字形,围合中间院落,高三层,硬山顶。一层及二层楼面均有横向线脚。主入

---

① 拱券式外廊建筑及梁柱式外廊建筑皆为殖民地外廊式建筑的早期形式。

第 2 章　近代前期宁波城市建设的初步发展（1840～1927 年）

口略向前凸出，顶部为弧形山墙，以此强调入口处构图中心的地位。建筑靠近院落一侧一、二两层为连续券外廊，三层开方窗。两翼正面有方形壁柱，开方窗，外窗为木百叶窗，一、二两层窗户皆有窗楣。同样隶属于天主教会建筑群的小修道院高两层，平面也似"凹"字形，以入口为中心左右对称，入口上方形成三角形山墙，山墙顶部为弧形，立一十字架。中段十开间，正面为连续券柱式外廊，承券柱外侧有凸出墙体的壁柱，二层设宝瓶栏杆。两翼一、二层处理手法类似，开方窗，外窗为木百叶窗，有窗台，窗上有弧形窗楣。其中二层窗台下方有一略凸出墙面的中式图案装饰。两翼山墙各有一个圆窗。

除了由西方人建造的西式建筑外，中国人建造了一批中西融合的近代建筑，如"西式门面"建筑、石库门里弄民居等。"西式门面"建筑的平面及结构形式、构造细部等仍以中国传统形式为主，但建筑主立面呈现西式风格，如宁波钱业会馆，只在主立面上加上西式拱券、山花等装饰，从而呈现出比较纯正的西式手法。从中国传统民居发展而来的石库门里弄民居建筑，单体平面格局脱胎于中国传统院落形式，但院落大为缩小，采用西方联排住宅的布局方式，在门头、窗楣等位置采用西式元素进行装饰。

综上所述，西式建筑传入宁波，逐渐融入中国元素。无论是西方人建造的西式建筑还是经中国人模仿而发展、变异的各式建筑，均是宁波建筑现代转型过程中的重要组成部分。新建筑形态的植入给传统而封建的宁波古城带来新的力量和冲击，推动城市的现代化进程。江北外人居留地沿江大道的形成及沿江建筑的不断递增，可以看出西方人着眼于对外交往以形成便捷交通的城市发展模式的落实，这与中国传统老城城墙环绕、封闭内向、杂乱无章的发展模式形成了极大反差，也正是西方现代城市规划理念与中国传统城市规划理念的巨大差别。在西方人的管理下，到 20 世纪初，江北外人居留地已逐步发展成为宁波的新兴社区，成为宁波新的城市中心。

2.2.2　典型建筑案例

1. 江北天主教堂（1872 年）

建于清同治十一年（1872 年），地址在江北岸中马路 40 号，一年后建成，名"圣母七苦堂"。占地面积 4380m², 1876 年增建主教公署、藏经楼等，成为主教常驻堂（乐承耀，2009）。1899 年[①]添建钟楼。天主教堂周边还有其他天主教产业，沿甬江岸线分布，西南为本堂区、主教公署及修道院等，东北为修女楼、神父楼和储藏室等。

江北天主堂为青砖砌筑的哥特式教堂，砖木结构，墙体青砖砌筑，间杂红砖饰带，拉丁十字形平面（图 2-17），主体长 50m，宽 24.4m。教堂屋顶为抬梁式木结构，主体部分上覆小青瓦，短臂部分覆筒瓦，圣坛上方则为攒尖顶。屋檐稍微挑出墙面，下由牛腿支撑。室内由工匠模仿哥特教堂做肋架十字拱顶。

---

① 关于钟楼修建年份，哲夫《宁波旧影》46 页提到"1889 年添建钟楼"，但鄞县通志·政教志壬编下·宗教（二）·天主教 1362 页提及"光绪二十五年（西历）1899 年又建钟塔"，本文以鄞县通志的记载为准。

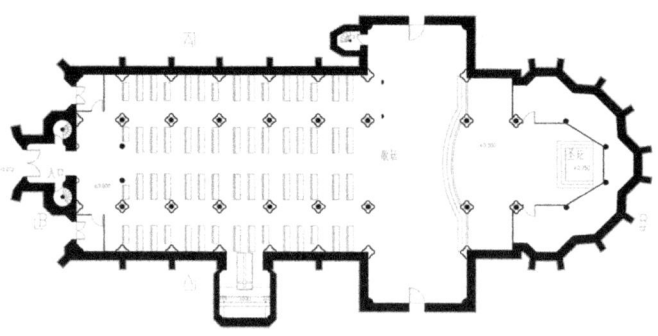

图 2-17　江北天主教堂一层平面图
（资料来源：陈益龙提供）

教堂为东西向，西面是主入口，三通廊巴西利卡，中厅比侧厅高，四分肋骨拱顶。柱子为细柱拼合组成的束柱（图 2-18）。教堂室内入口上方有一个楼座，纵向占据一跨，横向三跨，中间一跨向外凸出。教堂的东端是花瓣形多边形圣坛。短臂伸出约 4.2m，分为两层，一层中部为教堂侧门。位于北面的短臂部分西侧有一个八边形的楼梯间。靠教堂南面侧厅中部还建有一间方形抹角的墓室，为主教赵保禄的墓室，摆放刻有十字架图案的石质遗柩，并设祭台。

图 2-19 所示为 1899 年教堂增建的钟楼，钟楼挺拔高耸，成为整个教堂的构图中心，也成为教堂的主入口，增建钟楼后需穿过钟楼进入教堂。钟楼自上而下用石质线脚分为四层，高约 32m，下部一、二层与教堂主体连接，立面左右对称，两侧各附有一个八边形塔楼，内为楼梯，塔楼楼顶与钟楼的二层石质线脚齐平。中部一层为透视门，门上方装饰有盲券龛带，是由 8 根石质壁柱承三叶拱组成的装饰带，二层为玫瑰窗，"天主堂"三个字位于盲券龛带的上方、圆形玫瑰窗的下方。左右两翼为两层，处理手法与中部基本相同。钟楼上部四面对称，第三层正中为两个尖券窗，券脚立有两根立柱，外窗为木百叶窗，转角处墙体凹入，嵌有简化的科林新柱子。第四层中间部分束柱与三角拱组合

图 2-18　江北天主教堂室内
（资料来源：笔者自摄）

图 2-19　江北天主教堂钟楼
（资料来源：笔者自摄）

在一起,四面均安装大钟,两边尖塔衬托,再往上是石质锥形塔尖,顶端竖立一个金属十字架。

2. 斐迪学校(1907年)

前身为1879年英人阚斐迪创办于和义门的书院。1907年,书院于江北岸泗州塘购买基地建筑新校舍,定名为斐迪学堂。1911年,又建校舍,改称斐迪学校。1907年所建新校舍为长条形平面,两层,硬山顶,屋顶铺小青瓦。一层楼面处及檐口下方均有水平线脚。入口处三开间,略向前凸出,方形壁柱,一层中间一开间形成一凸出的门廊,左右两侧墙体各开一个方形窗。入口左右两侧一、二两层均为外廊,一层为梁柱式外廊,除两端靠墙处的单柱外,其余皆为双柱,有柱础。二层为券柱式外廊,有券心石,且承券柱外侧有方形壁柱。该楼在后期改建,入口处加建为三层,二层窗户改为方窗,三层为三个拱券窗,中间大,两边小,券为尖券。除入口外,两侧屋顶也加建了老虎窗,左右各两个。

3. 和丰纱厂(1905年)

"1905年(清光绪三十一年),戴瑞卿、顾元琛在宁波冰厂弄开办和丰纱厂"(乐承耀,1999)。纱厂现位于宁波江东北路317号,是宁波近代纺织工业的重要代表企业之一,资本150万元。第一次世界大战期间,和丰纱厂获得较大发展,纱锭不断增加,1919年还盘入被焚毁的通久源纺纱厂原基,分设和丰第二厂,合并后占地50亩,有工人1785人。1919年获净利润140余万元,1920年高达152万元,是宁波规模最大的近代企业。

纱厂大门于巴洛克门面中渗入了中式匾额、花饰,正中有一拱券门,门两边有壁柱,壁柱从下至上以横向线脚分为三段,柱身逐渐缩小,柱身中部凹入,壁柱顶端伸出山墙。纱厂办公楼坐北朝南,方形平面,面宽33m,进深15m,高两层,墙身青砖、红砖相间砌筑,复折形屋顶(Gambrel Roof),屋面铺小青瓦(图2-20)。檐口下方和二层楼面处有横向装饰线脚。主立面一、二两层皆为券柱式外廊,拱券的下皮采用磨砖倒圆角的方法砌出线脚,承券柱为方柱,柱头上方有齿状线脚,下刻精美的花草图案,线条流畅舒展,雕工精致,柱身四角用磨砖倒圆角。建筑的细节体现了西式建筑与中国元素的融合,檐口处有镂空的蝙蝠图案,蝙蝠在中国寓意为"福",在西方却不是吉利的象征。纱厂成品车间距离办公楼有一段距离,沿大门一直向西便是。二层楼房,建筑为东西朝向,长条形平面,通面宽106m,进深15m。立面形式简洁大方,正立面有均匀排布的方形壁柱,每两个壁柱间的墙体开一扇门或窗,共有四个门,门上方为拱券,其余均为窗,其中一层窗户上方为扁圆拱券,二层窗则为方窗,只在窗上用红砖砌出假拱券。车间山墙采用观音兜形式(图2-21)。

4. 永耀电力公司(1914年)

开办于1914年,厂址位于北门外北斗河畔,现址为宁波海曙区北郊路1号。由虞洽卿、

图 2-20　和丰纱厂办公楼
（资料来源：笔者自摄）

图 2-21　和丰纱厂成品车间
（资料来源：笔者自摄）

孙衡甫、刘鸿生、张廷和等集资 13 万银元创办，次年 2 月建成，初期占地 11 亩。永耀电力公司是近代宁波电力工业的支柱，为宁波民族实业"三支半烟囱"之一，是宁波近代民族工业最有影响的代表企业之一。从老照片看，建筑立面简洁，有壁柱，开统一的方窗，已经舍弃繁复的装饰，现代感较强（图 2-22）。现存建筑为当时的办公楼，坐北朝南，高三层，风格中西合璧。面宽八开间，一层中部有外廊，柱子为方柱。所有的窗皆为方窗，窗楣和窗台部分都有线脚。复折形屋顶，铺小青瓦，屋顶中部加建有一个方形中式建筑，面宽一开间，中式屋顶，屋角起翘，门窗用中式花格形式。其东面还建有一堵假山墙（图 2-23）。

图 2-22　永耀电力公司老照片
（资料来源：哲夫. 宁波旧影 [M]. 宁波：宁波出版社，2004：151.）

图 2-23　永耀电力公司现状
（资料来源：笔者自摄）

5. 谢氏旧宅（1903～1908 年）

谢氏旧宅位于宁波市江北区白沙路 96 号，原为甬籍煤炭巨商谢恒昌私宅。该宅建于 1903～1908 年间，造型特别，细节丰富，是宁波近代优秀的中西合璧建筑。建筑坐北朝南，

第 2 章 近代前期宁波城市建设的初步发展（1840～1927 年）

面临甬江，占地 450m^2，由两部分组成，主楼的平面布局近似于"凸"字，高三层，副楼紧挨着主楼北面建造，方形平面，高两层。主楼主入口在东面正中，入口处由券廊形成灰空间。入门为一厅堂，其面宽与外廊一致。穿过厅堂是一贯穿南北的走道，沿走道两边布置房间，楼梯位于西北角。走道的两端有通向室外的出入口，两个长方形采光口位于走道上方，采光口装设铁栅栏。二、三层平面布局与一层类似，二层走道上方为玻璃采光顶，形成内庭院。建筑的墙体以青砖、红砖相间砌筑，屋顶铺机瓦。

主楼东立面有横向分层线脚，"凸"字形前部每层皆有四根壁柱，将立面分为三个部分。中间是券柱式凹廊，凹廊为三开间，中间大，两边小，柱子为石柱，有收分，两端的柱子由于紧挨侧墙自然形成倚柱。每一层柱子柱头皆仿科林新式样，45°卷涡，但具体的花饰内容各不相同。二层与三层拱券中央分别刻着"居之安"和"紫气东来"字样。二、三层外廊栏杆扶手为石材，有精致的线脚，铸铁花饰栏杆。两侧开拱券窗，每层的拱券券心石形态各异，窗楣线脚也略有变化，三层的窗高小于一、二层窗，二层窗下方装饰宝瓶栏杆。壁柱上雕刻圆形、菱形等装饰图案，各层花饰不一（图 2-24）。两翼的三层部分出挑一多边形阳台，四根木柱支托上檐，采用了西式铸铁栏杆和中式挂落。

主楼南北立面是东立面的延续，窗户做法与东立面不同，统一为方形洞口，上为砖砌窗楣，一、二层窗楣为弧形，三层则是三角形，雕刻复杂的花饰。三层中部有凸出墙面的浮雕，位于两窗之间，从二层线脚一直延伸至檐口下托石底部（图 2-25）。

图 2-24　谢氏旧宅东立面
（资料来源：作者自摄）

图 2-25　谢氏旧宅南面透视
（资料来源：作者自摄）

副楼西面正中为一拱券门，两根方形壁柱之间由两根仿克林新柱支撑拱券门，壁柱上方雕刻花饰，中部雕刻纹样为老寿星，拱券门上方为一匾额，上有"降福受祉"四个汉字。壁柱上方连着倭柱，承托上方的弧形装饰券。弧形拱券顶上有一宝顶，两侧为一对狮子雕塑。靠近主楼一侧的壁柱柱头部分连接着主体建筑的二层石质线脚，形成自然

045

图 2-26　谢氏旧宅福楼东立面
（资料来源：作者自摄）

的过渡。副楼东面为三开间外廊，采用木拱券窗和门，拱券的形式为平圆拱，铸铁栏杆（图 2-26）。

6.钱业会馆（1924～1926 年）

宁波钱庄业发达，在民国时期达到鼎盛，宁波钱业会馆便是该时期所建。1924 年，鉴于旧钱业会所过于"低下狭小"，于是衍源、敦余等大小钱庄共出资 91910.36 元（银元），于当年动工，1926 年建成当时宁波金融业聚会、交易的场所，也是近代宁波金融业最高决策地——宁波钱业会馆。钱业会馆建筑结构紧凑、中西结合，充分体现了近代中期宁波的建筑水平，具有较高的艺术价值。

建筑坐北朝南，占地面积 1521.2m²，依据地形由南至北收缩呈梯形状，前后分成两大部分：前部依次由门厅、戏台、天井、天井两侧厢房、大厅、后厅、会客室等生活用房、天井组成；后部由花园、议事厅组成。

门楼三开间，为八字门楼。下方有三个石库门，明间的略大，次间的略小。明间呈牌楼式样，门楣雕刻精美的图案，由砖雕及砖线层层向外叠涩，叠涩砖上设重拱，出昂。砖制檐椽飞椽，翼角发戗做法。正门上方匾额书"钱业会馆"四个大字，屋顶铺青色筒瓦，屋顶正中塑有"福禄寿"三星。次间大门上方有砖雕，檐下设重拱，屋顶铺小青瓦。门楼两侧的围墙和围墙两侧的过廊侧门与八字门楼结合成一体。围墙部分两侧各有一条"盘龙"，镶嵌在圆形的砖窗中。过廊的侧门为西式拱券门，刻有精美的西式细部装饰图案，别有特色（图 2-27）。

图 2-27　钱业会馆门楼
（资料来源：笔者自摄）

由门楼明次间石库门可进出门厅，门厅面宽五间，进深三柱五檩，大石板铺地。总面宽 19.2m，明间宽 4.8m，次间宽 3.4m，尽间宽 3.8m，楼梯设于东尽间。戏台与门厅明间相接，平面 4.8m×4.8m，歇山顶。门厅前方两侧为东西厢房，面宽三间，主体进深五檩，大石板铺地。总面宽 11m，明间 3.7m，次间 3.65m。一层为敞厅，二层设挑台，用一层前檐柱牛腿承托，廊柱采用铸铁材质，上承托檐檩。与

第2章 近代前期宁波城市建设的初步发展（1840～1927年）

门厅明间相接的戏台角柱细部，也采用了铸铁柱。

大厅部分2层，硬山顶，面宽五间，进深八檩带前后廊，总面宽19.2m，明间宽4.8m，次间宽3.4m，尽间宽3.8m。中式做法，穿斗抬梁式结合。楼梯设于两尽间后部。后厅与大厅明间后廊连接，单开间，面宽4.5m，1层，屋顶为硬山顶。

议事厅前部三开间，总面宽10.3m，明间3.9m，次间3.2m。有前廊，2层歇山顶建筑。砖混结构，但廊柱与檐柱均采用了木柱。后半部分面宽五间，2层，单檐硬山顶，砖混结构，水泥地面，楼梯位于后部西面尽间。议事厅前部花园正中有一个六角亭（图2-28），钢筋混凝土结构，穹顶为现浇钢筋混凝土结构，铺鱼鳞瓦，柱间设中式美人靠。

图2-28　钱业会馆议事厅前部花园的六角亭
（资料来源：笔者自摄）

7. 华美医院（1926年）

现址位于宁波海曙区永丰路42号。前身是1843年美国基督教浸礼会传教士玛高温医生于城区北门开设的诊所，1874年发展为大美浸会医院，1915年正式启用华美医院为名，隐喻中美合作的意思。1923年，华美医院决定扩大院址，于是购得北门土地一块，在沪甬两地共筹集资金9.99万元建造4层住院大楼和3层护士学校。时正值宁波城里拆除古城墙，由于资金不足，医院院长兰雅谷以医院大楼仿建宁波北城门的样子为前提，在宁波绅士张襄山的帮助下，把宁波市北门一带城墙上拆除下来的砖石都无偿要了下来，因此建造大楼所用的条石、砖块都来自旧城墙的拆除。宁波的古城墙为砖石结构，外墙所用砖都是清道光十五年维修所用的城砖，墙基用的是大块整齐的条石，是良好的建筑材料。

新建的住院大楼坐北朝南，建筑体量高大雄伟，建筑风格中西合璧。大楼东侧朝南墙基有"民国十五年（1926）"字样的碑石。由大楼的设计图纸可以看出，建筑三面围合成"凹"字形，左右基本对称且为横向三段式构图，二层楼面处及三层楼顶处均有横向划分（图2-29）。大楼下部用长条石作为基础，上部以青砖砌筑。中部4层，底层南大门用青石垒砌拱形门洞，顶上有石栏杆。方形壁柱贯通二、三两层，并承托三层顶部的披檐，形成竖向构图。建筑开方窗，形式简洁，没有多余的装饰。屋顶为歇山顶，铺小青瓦。两翼为3层，处理手法相同，二、三两层以窗间墙形成竖向构图，三层窗户下方有矩形线条装饰。

护士学校位于住院大楼西侧，矩形平面，对称式构图，高3层，屋顶为歇山顶，铺小青瓦。入口处有门廊。一层楼面处水平线脚将立面划分为上下两段，二、三层有方形壁柱，开方

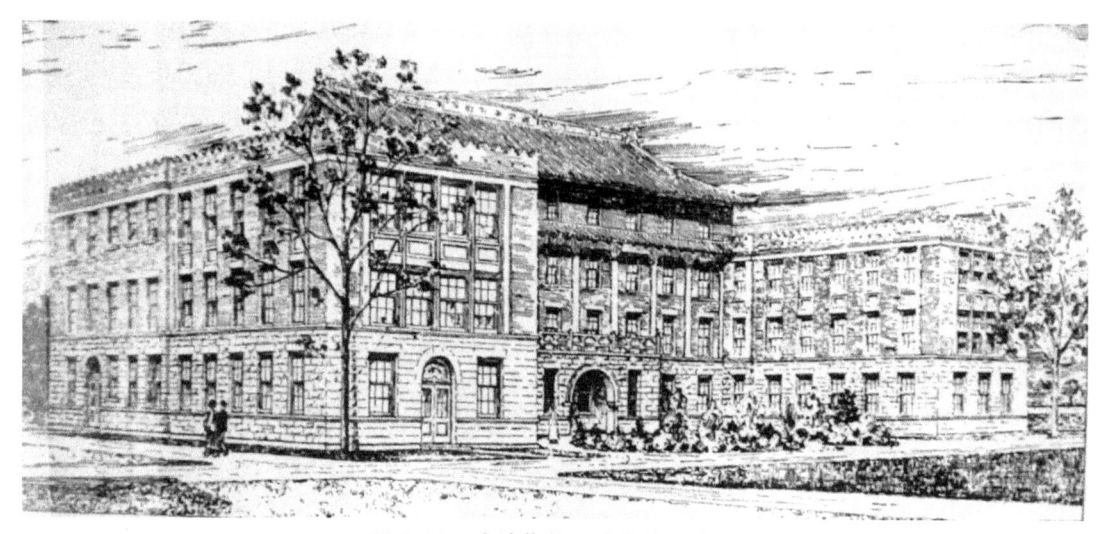

图 2-29 宁波华美医院大楼设计图
（资料来源：宁波市第二医院展览照片）

窗，有窗台，形式简洁（图 2-30）。

在建筑手法上，华美医院住院大楼及护士学校的立面处理已较为简洁，呈现出现代建筑的某些特征。

图 2-30 20 世纪 20 年代宁波华美医院外景
（资料来源：哲夫. 宁波旧影 [M]. 宁波：宁波出版社，2004：66.）

2.3 小结

近代前期，宁波的城市建设以西方人在江北外人居留地的建设为主体，市政建设方面以港口建设最为突出，建筑活动方面，殖民地外廊式建筑建造颇多，复古主义、折中主义建筑不是主流。

第 2 章　近代前期宁波城市建设的初步发展（1840～1927 年）

首先，宁波的城市建设以西方人在江北外人居留地的建设为主体，西方人来到宁波，选择了江北作为其居留地，从而开展了一系列的城市建设。市政建设方面，前期来到宁波的洋行在江北岸修筑了大多数码头，西方人在江北外人居留地成立了现代城市建设管理机构，并主持修建江北外人居留地的道路、排水设施，另外西方人还尝试开凿自流井实现供水，并在江北外人居留地开启了宁波最早的城市公共交通。虽在江北外人居留地的示范作用下中国人在老城区也从 19 世纪末开始局部的市政建设，如 1921 年以后拓宽、修筑了老城区的部分街道，1922 年以后开始在一些主要街道下铺设少量排水管道，创办电灯厂，开通电话、电报线路等，但规模均较小。在建筑活动方面，开埠后，西方人以贸易通商为目的主要在江北外人居留地建造了一批公共建筑、商业建筑及居住建筑，如公共建筑中的领事馆、海关、巡捕房等，全新的建筑类型开始出现。随着教会传教事业的发展，西方人也在江北外人居留地建造教堂、教会学校。总体来看，西方人开启了宁波近代的城市建设，同时他们在江北外人居留地的建设也是近代前期宁波城市建设的主体。

其次，具体针对市政建设而言，宁波的港口建设在宁波江北外人居留地的市政建设中最为突出，现代交通方式的出现是近代城市现代化的重要动力，开埠后的宁波凭借良好的水运基础加强了现代港航设施的建设，以西方人为主体，中国人为辅，共同开始了江北外人居留地的港口建设。随着近代轮船业的兴起，海关和各洋行修建了石磡式码头，1865 年出现了船式浮码头，1874 年轮船招商局建造了铁木结构的江天码头，靠泊能力已达到 1000t 级，之后更是扩充到 3000t 级，宁波船舶的重心从江厦转移至江北，帆船码头转变成轮船码头。进入 20 世纪，宁波港口得到进一步建设，千吨级别的码头增多，大大提高了港口的吞吐能力，宁波江北成为浙东地区的船舶中心。相比较众多港口的建设，江北的道路建设相对缓慢，一开始仅修筑了包括滨江大道在内的少数几条道路，其他道路的工程进展较缓慢。这也体现出宁波近代前期被动的发展模式，西方人更关注获取利益，良好的港口设施是货物运输的重要渠道，因此，西方人对港口的建设较江北外人居留地的其他设施建设更为充分。

最后，建筑活动方面，宁波由于起步早，殖民地外廊式建筑建造颇多，复古主义、折中主义建筑不是主流。宁波近代随着开埠建造了不少领事馆、海关、洋行等建筑，时正值殖民地外廊式建筑在中国大量建造的时期，因此前期宁波随着贸易通商发展起来的公共建筑、居住建筑，包括随着教会传教事业发展起来的教会学校、医院等，不少均为殖民地外廊式建筑。复古主义、折中主义的建筑风格建筑较少建造。

本章参考文献

[1] 哲夫. 宁波旧影 [M]. 宁波：宁波出版社，2004.
[2] 乐承耀. 宁波通史·清代卷 [M]. 宁波：宁波出版社，2009.
[3] 《宁波市地方志》编纂委员会. 宁波市志 [M]. 北京：中华书局，1995.

[4] 苏利冕主编.近代宁波城市变迁与发展[M].宁波：宁波出版社，2010.

[5] 俞福海主编.宁波市志[M].北京：中华书局，1995.

[6] 《宁波海关志》编纂委员会.宁波海关志[M].杭州：浙江科学技术出版社，2000.

[7] 杨晓龙，胥琳，于莉.浙江象山石浦北渔山灯塔研究[J].建筑学报，2012(S1).

[8] 中华人民共和国杭州海关译编，徐蔚葳主编.近代浙江通商口岸经济社会概况——浙海关欧海关杭州关贸易报告集成[M].杭州：浙江人民出版社，2002.

[9] 赵世培，郑云山.浙江通史·清代卷(中)[M].杭州：浙江人民出版社，2005.

[10] 申报.江东市政新气象[N].1923-9-16.

[11] 张传保.鄞县通志[M].宁波：宁波出版社，2006.

[12] 《宁波市土地志》编纂委员会.宁波市土地志[M].上海：上海辞书出版社，1999.

[13] 吴莉.基督教和宁波教育卫生事业研究(1842-1949)[D].宁波：宁波大学.

[14] 陈君静，吴莉.教会教育与近代宁波社会[J].宁波大学学报(教育科学版)，2010，32(5)：12.

[15] 谷雪梅.近代宁波仁泽医院[J].中华医史杂志：2009，39(3)：151.

[16] 彭长歆.现代性·地方性——岭南城市与建筑的近代转型[M].上海：同济大学出版社，2012.

[17] 陈梅龙，景消波议编.近代浙江对外贸易及社会变迁[M].宁波：宁波出版社.2003.

[18] 黄定福.宁波近代建筑研究[M].宁波：宁波出版社，2010.

[19] 黄定福.宁波石库门的前世今生[J].宁波通讯，2007(1)：37.

[20] 张复合.中国近代建筑研究与保护(3)[C].北京：清华大学出版社，2004.

[21] 李海清.中国建筑现代转型[M].南京：东南大学出版社，2004.

[22] 陈益龙，宋吟霞.从宁波江北教堂看西方文化建筑对宁波建筑的影响[J].中外建筑，2010(9)：87.

[23] 杨秉德.中国近代中西建筑文化交融史[M].武汉：湖北教育出版社，2002.

[24] 乐承耀.宁波近代史纲[M].宁波：宁波出版社，1999.

第3章

近代后期宁波城市建设管理制度的建立与改进（1927～1937年）

"浙江是国民党统治初期能够实施有效控制的为数不多的省份之一"（袁成毅，2005），属于国民政府的政治强势地带，这一时期其城市建设管理制度的建立与完善虽然比不上上海、南京等主流地区，但相较于一些边缘省份，浙江仍处于比较领先的位置。1927年南京国民政府成立后，浙江省行政机关的筹建较为迅速，组建了民政、财政、教育、建设、司法、军事、土地7厅，不久司法和土地2厅被撤销，1928年又裁撤了军事厅，另外成立了省防军司令部（后改为省保安处），警察事务划归民政厅管理，浙江省政府组织形式渐趋稳定（袁成毅，2005），即形成了以民政厅、财政厅、教育厅、建设厅及省防军司令部（省保安处）组成的4厅1处，主要管理机构定型。其中建设厅是城市建设与建筑活动的主管部门，土地厅裁撤后成立了土地局管理全省土地事宜。在省政府和建设厅统一管辖下，杭州、宁波设市后成立管理机构专管城市建设，城市现代化进程加快。1927～1937年间，省级、市级现代城市建设管理制度逐步建立，管理机构逐渐完善和清晰，并制定了一些关键的城市建设管理法规，开启了杭州、宁波城市现代化进程的新时期。

3.1 浙江省省级"城市建设管理制度"的建立与改进（1927～1937年）

3.1.1 浙江省省级城市建设管理机构的建立（1927～1937年）

南京国民政府通过城市建设管理机构的成立及建筑立法加强对城市建设的法制化管理。在浙江省政府组织机构中，土地厅（土地局）与建设厅是土地与建设事宜的直接主管机关，其中土地厅主管土地行政事宜（裁撤后由土地局接管），建设厅掌管全省建设事宜。各厅的组织方式、人员构成均学习西方模式，厅下设局，局下设科、股，形成"厅—局—科/股"三级体制。这一时期的城市建设管理机构分工较1927年之前更为细化，组织日趋完善。

3.1.1.1 省土地局

1927年以前，浙江省对土地的管理尚无准确的统计数据及精确的图纸资料作为依据。由于城市建设中伴随着大量的土地开发利用，城市规划及建设又需依据准确的地图及数据进行，1927年南京国民政府成立后，土地的统计整理工作开始得到重视，省政府的职能不再停留在传统的征收赋税及维持秩序上，而是更多地开始涉及城市公共领域，以完成城市开发、建设市政基础设施等，因此，土地管理作为一个独立的职能部门被分离出来。在此背景下，浙江省先后成立了浙江省土地厅及浙江省土地局，其中浙江省土地厅成立后不久便撤销，因此浙江省土地局成为真正意义上的省政府土地主管部门。1927年颁布的《浙江省土地局规程》规定浙江省土地局隶属于省政府，受民政厅、财政厅、建设厅3厅的共同监督指挥，掌管全省土地行政事宜。

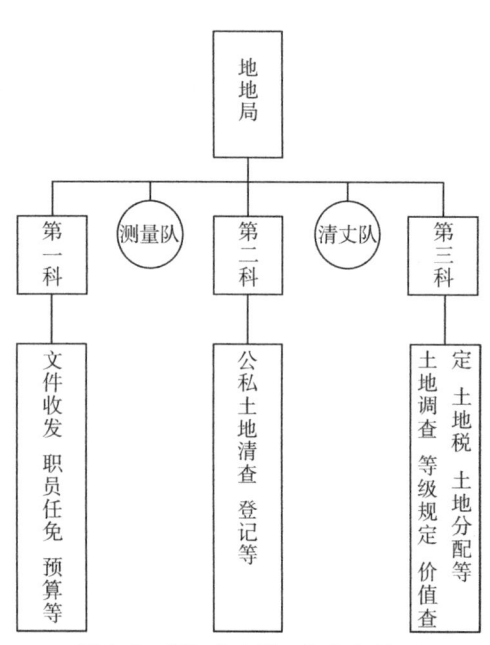

图3-1　浙江省土地局组织机构图
（资料来源：浙江省民政厅第六科.土地法规[M].新新印刷公司，1930：223-225.整理）

土地局局长由省政府任命，下设五个部门，分别为第一科到第三科、测量队及清丈队（图3-1）。其中，第一科至第三科侧重于事务性的工作[①]，关于土地测量等现场实施的基础性工作则由测量队[②]和清丈队[③]负责，采用现代科学方法，将土地的基本状况数据化、图形化。由于采用科学测量及统计方式实施土地调查，测量队及清丈队需配备专门技术人员如技士、技佐、测量员、清丈员、制图员、计算员等若干，以完成各项技术性事务，因此土地局对测绘、测量类专门人才的需求量较大。《浙江省土地局规程》中规定："本局因整理土地之必要得设立附属机关及训练人才之养成所……"

---

① 第一科负责总务，第二科办理包括公私土地权利及其转移登记、公有土地清查、土地裁判委员会设置、土地表册的编制等事项，第三科负责土地调查及统计、地类地目划分及等级规定、土地价值查定、土地税及土地增益税税率的审议、土地分配及使用的审议等事项（参见浙江省民政厅第六科.土地法规[M].新新印刷公司，1930：223-224.）。

② 测量队具体负责事项包括：（1）土地整理期间测量的规划及设计事项；（2）关于测量法式、图式及章则的拟定事项；（3）关于天文三角水准图根等测量实施事项；（4）关于各种测量结果计算事项；（5）关于测量仪器的检察、校正事项。（参见浙江省民政厅第六科.土地法规[M].新新印刷公司，1930：224-225.）。

③ 清丈队具体负责事项包括：（1）关于土地整理期内清丈的规划及设计事项；（2）土地清丈章则的拟定事项；（3）关乎土地清查及户地测图的实施事项；（4）关于地质、地位、地物、地形的调查、图示及补助图根的测定；（5）关于土地区划及疆界的测勘、整正事项；（6）关于户地图的绘制、求积事项；（7）关于各种地图的编制绘制、制版印刷事项；（8）关于各级土地区划、总面积的汇算事项（参见浙江省民政厅第六科.土地法规[M].新新印刷公司，1930：225.）。

第3章 近代后期宁波城市建设管理制度的建立与改进（1927~1937年）

（浙江省民政厅第六科，1930），即土地局根据需要可组织相关培训机构以训练所属人员的技能。

从土地局的机构职能看，土地调查测量、土地产权转移登记、土地价值查定、土地税及土地增益税的审议等为实现现代土地管理中的土地征用、土地开发和财政调控提供了前提条件，表明土地管理已经转变为现代模式。在人员构成上，掌握现代土地管理及测绘技术的专业技术人员成为机构的重要人员构成部分，体现出现代城市土地管理的"专业技术化"特色。

3.1.1.2 省建设厅及其直属机构

1. 建设厅及其委员会

浙江省建设厅受省政府的指挥监督掌管全省建设事务，其组织架构可从两个视角去进行拆分，即"行政及管理"体系架构与"技术及监督"体系架构，"行政及管理"体系处理日常行政事务为主，"技术及监督"体系是技术管理及监督机制。"行政及管理"体系由下设各"科室"组成，"技术及监督"体系主要由其下设各委员会组成。

（1）"行政及管理"体系架构

1927年4月，《浙江省政府建设厅组织条例》公布，规定浙江省建设厅设厅长1人、秘书2人，另设第一科至第五科[①]，各科设科长1人，科员若干（图3-2）。除了固定科室及人员外，建设厅还设有"技正""技士"若干人，负责设计规划各项建设事务。可见，行政人员与技术人员已经有明确的区分，技术人员独立出来，体现了管理的科学性与现代性。建设厅还同时设"视察"若干人，在厅长领导下审查直辖各机关办事状况及成绩。但此时的科室设置还尚未明确指出管辖建筑活动的具体科室。

1928年5月，《修正浙江省政府建设厅办事细则》公布，将各科掌管事项进一步明确，第一科[②]是城市建设最直接的管理部门，负责交通、建筑等建设事项，其余农、林、牧、渔、水利、工商等则由第二科至第四科负责。建设厅下设科室的职能得到进一步细化，明确了建筑活动的管理科室。《修正浙江省政府建设厅办事细则》也在一定程度上体现出建设厅作为现代城市建设管理机构所具有的"技术性"特征，如规定关于工程预算、决算的编制及款项收支审核由第五科掌管，明确了现代工程预决算制度的执行；技正、技士

---

① 其中第一科掌理铁路、省道、长途、汽车、航政、邮电等事项；第二科主管农场造林、蚕桑、畜牧、渔业等事项；第三科主要掌管工艺、商业、采矿、冶金等事项；第四科主管水利、塘工、渔业等事项；第五科掌理会计、庶务、编辑、造报、收发文件、保管印信、案卷等不属于他科之事项（参见政治会议浙江分会议事报告第一号.建设厅组织条例[J].浙江省政府公报，法规，1927（1）：11.）。

② 第一科负责事务包括：（1）关于运输、建筑行业的一般保护及将进事项；（2）关于铁路的计划、建筑、管理、监督事项；（3）关于公路的计划、建筑、管理、监督事项；（4）关于汽车营业及其他陆地运输业的管理、监督事项；（5）关于航业的计划、实施、管理、监督事项；（6）关于造船业的管理、监督事项；（7）关于航空业的计划、实施、管理、监督事项；（8）关于电业、煤气业的计划、实施、管理、监督事项；（9）关于邮电案件的处理事项；（10）关于公有建筑物的计划、实施、管理、事项；（11）关于建筑的取缔事项；（12）关于新市新村的建设事项；（13）关于土地的测量事项；（14）其他关于交通及建筑事项。（参见浙江省政府建设厅.浙江省现行建设法规汇编[M].弘文印刷股份有限公司，1929：2-3.）。

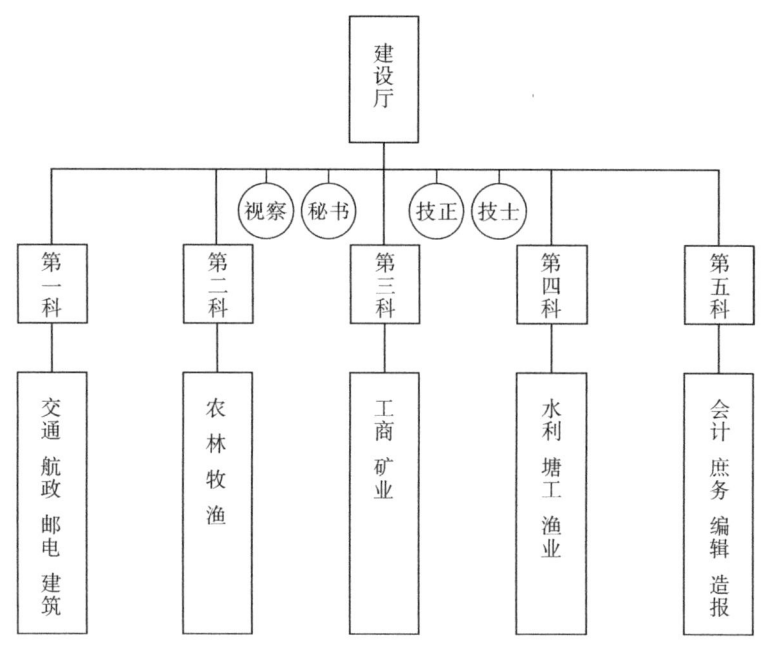

图 3-2 浙江省建设厅组织机构图

（资料来源：根据浙江省政府建设厅．浙江省现行建设法规汇编[M]．弘文印刷股份有限公司，1929：1-2．整理）

等技术人员独立设置，说明工程建设中技术层面的问题得到重视。建设厅的日常行政事务、工作流程主要通过两个"会议"即"厅务会议"①"行政会议"②完成，每周召开会议，讨论过去一周相关建设事宜。

从建设厅的组织机构看，技正、技士等技术人员占有一定地位，技正、技士负责"设计规划各项建设事务"，即"设计"与"规划"成为工程建设的必要环节，包括市政工程、水利设施、建筑工程等。钱海平提出建筑师职业的出现改变了传统中国建筑营造业当事人关系的"业主-承造人"的二元模式，使之转化为"业主-建筑师-承造人"的三元模式，这一模式对市政、水利等其他工程同样适用，从整体看，各类工程都明显加强了"设计"环节。为明确技术人员的职责，浙江省建设厅制定了《浙江省政府建设厅技术室办事细则》，规定技正、技士掌管关于建设事务的设计审核及调查工作，技术室分为土木、水利、电矿、农业、机械各股，掌管各个工种的设计审核事务。

（2）"技术及监督"体系架构

---

① "厅务会议"需有超过半数会员参加方能召开，议案需经出席会议的会员过半数表决才为通过，厅务会议的议决案需由厅长核定后方能执行。由秘书协同主管各科长、科员及视察、技士等分别负责进行，每周召开，必要时由厅长召开临时会议讨论建设厅及附属机关进行事项，厅长、技正、视察、技士、秘书、科长为会议会员（参见浙江省政府建设厅．浙江省现行建设法规汇编[M]．弘文印刷股份有限公司，1929：38．）。

② 讨论建设厅一切行政事宜。该行政会议会员包括厅长、技正、视察、秘书、科长等。每周召开常会，遇必要时可召开临时会议，厅长为会议主席，会员超过半数出席才能达到法定人数。会议需讨论过去一周经办行政事宜，并对下一周及以后应办行政事宜提出讨论，与所讨论事项有关系的技士、科员由主席指定列席陈述意见。会议决议事项由厅长核定执行（参见浙江省政府建设厅．浙江省现行建设法规汇编[M]．弘文印刷股份有限公司，1929：38．）。

第3章 近代后期宁波城市建设管理制度的建立与改进（1927～1937年）

除行政架构外，浙江省政府及建设厅均附设一些委员会，以在行政体系之外管理建设事务。"委员会"成为独立于行政体系之外的常设机构，各委员会根据职能主要可分为3类：第1类，当建设厅"行政及管理"体系不足以有效行使某单项职能时，设相关委员会辅助执行，如为保证建造材料的供应及工程的顺利开展，建设厅下附设"包工购料委员会"[①]以掌管、审查及办理各附属机关一切包工购料事宜；第2类，为解决技术问题而设，即在传统"行政及管理"体系的基础上，将"技术"管理作为一项重要内容予以强调；第3类，具有"监督"机制的委员会，起到监督及管理建设厅各"行政"职能的作用。"技术"及"监督"体系在一定程度上体现出现代城市建设管理机构的"重科学、重技术"的特点，本节着重分析浙江省政府及建设厅设的"技术"及"监督"类委员会。

1）各技术委员会

其一，浙江省政府设计委员会。浙江省政府成立了专门的"浙江省政府设计委员会"负责规划各项建设事业，在行政体系之外，将技术问题专门化。"浙江省政府设计委员会"依据不同技术工种设分组委员会（浙江建设厅月刊，1928），如关于市政建筑、道路桥梁等分组委员会，其主要任务为接受省政府交议案件，如委托调查、考察及设计审查等事件，同时建议各项建设计划[②]。

其二，建设厅公路设计委员会。负责包括全省公路线网的划定、公路各种法规的编制事项、关于公路筹款方法的计划事项及其他关于公路设计事项。"委员会"委员由3部分人员组成，①建设厅厅长，②公路局相关人员（包括局长、副局长、总工程师及设计室主任），此外还有建设厅厅长所指派的委员若干人。厅长任主席，设常务委员3人管理委员会一切事务。从人员组成、运行模式及职能看，委员会的存在体现出技术问题独立化思路，由行政人员领衔但不与行政职能混杂，形成专门化管理，体现了分工的细化。

其三，建设厅审计委员会。除设计外，现代工程技术的进步还体现于工程的审计、验收等程序的完善。预决算制度开始实施，建设厅专门成立了"审计委员会"负责相关审计工作。委员会由建设厅所属技正、视察、秘书、科长等为委员，设常务委员3人。审计事项包括："厅长提交或交复议之件、本厅之经常临时预算决算、本厅之收支账目、各附属机关之经常临时预算决算"[③]。"委员会"每月开常会2次，如遇紧要事件可召开临时会议（浙江省政府建设厅，1929）。"审计委员会"实为建设工程监督部门，由于各类工程实施过程中涉及较多技术、经济问题，工程各方对工程监督均较为重视，"审计委员会"作为政府主管监督机构，通过对工程预决算等的审查，管理工程事务，完善了工

[①] "包工购料委员会"由固定委员与临时委员构成，固定委员由建设厅厅长指派，临时委员为与工程有直接关系的建设厅科长及附属机关主任等人员，设常务委员3人，委员会开会由主席临时定期召集。

[②] 当政府交议或委托案件仅限于某一分组范围则由常务委员交由某一分组解决，若政府交议或委托案件范围不限于某一分组则需由常务委员召集有关分组联合商议解决（参见浙江省政府设计委员会组织大纲[J]. 浙江建设厅月刊，法规，1928（9）：1-2.）。

[③] 分组委员会包括电力电信分组委员会、市政建筑分组委员会、水利港务分组委员会、道路桥梁分组委员会、农林分组委员会、水产分组委员会、蚕桑分组委员会、采矿地质分组委员会、丝造分组委员会、化学工业分组委员会、机械航空分组委员会、医药卫生分组委员会等。（参见浙江省政府建设厅. 浙江省现行建设法规汇编[M]. 弘文印刷股份有限公司，1929：33.）。

程监督的特定环节。

其四，建设厅交通委员会。"交通委员会"将"设计"与"审查"职能一并包揽，其职责范围包括交通设计、审查、交通工程验收等[①]，"交通委员会"与"浙江省政府建设厅公路设计委员会"的职责不同，"浙江省政府建设厅公路设计委员会"主要负责"设计"事项，建设厅"交通委员会"则主要履行审查职能，包括对交通计划的审查及交通工程的验收，但同时也承担部分设计职能。

上述各委员会强化了建设厅独立于行政体系之外的技术指导体系，使得技术问题得到专门化解决，体现出政府管理职能的"现代化"趋势。由此可见，在这一时期的浙江省政府及建设厅管理中，技术问题已经上升至一定的高度，成为主管部门不断强化的部分，体现出政府职能的现代化转变。

2）各监督委员会

作为现代城市建设管理机构，浙江省建设厅及其相关组织是在学习西方管理制度的过程中产生的，科学、法制化的管理使机构本身具有相应的调整职能。建设厅下的"规章委员会""组织委员会""统计委员会""预算委员会"等均为实现机构的自我调节而设。

其一，规章委员会。建设厅各组成科室及成员均需依据建设厅制定的相关条例和法规管理具体事务。建设厅下设"规章委员会"专门厘定并审查规程、章则及一切施行办法。"规章委员会"设委员5～7人，由厅长指派，完成相关的规章制度[②]制定。

其二，组织委员会。"浙江省建设厅组织委员会"可实现对建设厅组织的调整审议。"委员会"奉厅长之命讨论建设厅及其附属各机关的组织事项，设常务委员3人。对于建设厅及其附属机关的组织问题，"委员会"可提出问题、意见及相关方案，经过议决后呈交厅长选择施行。

其三，统计委员会、预算委员会。"浙江省建设厅统计委员会"及"浙江省建设厅预算委员会"负责办理建设厅的建设统计、编制或审核建设厅及其附属机关的预算，该"预算"主要指的是对部门工作计划的预算。"建设厅统计委员会"委员由厅长于本厅及其附属机关职员中指派的7～9人担任，负责指导相关的统计工作、整理相关的统计材料及编制统计报告。"建设厅预算委员会"委员有3～5人，由建设厅厅长指派。建设厅及其附属机关的预算，由建设厅第五科会同主管科室进行初步审查后，需送至"委员会"进行核议。

上述委员会均可视为建设厅在技术问题上的自我监督机构，负责对建设厅厅内及其直属机构开展的工作进行审查。在此基础上，建设厅还通过制定章则实行日常工作审查。《浙江省建设厅临时调查规则》规定建设厅可指派专员调查厅直辖机关，包括各机关职员的服务情形、各机关事务的进行状况、各机关的经济状况、各机关实验营业方法及其效果、

[①] 建设厅交通委员会的具体职能包括：(1) 建设厅交办的交通计划及其审查事项；(2) 建设厅交办的交通技术设计事项；(3) 建设厅交办的交通工程验收事项；(4) 建设厅交办的其他有关交通的事项（参见浙江省建设厅交通委员会简章[J]. 浙江省建设月刊, 法规, 1932, 6 (1): 6.）。

[②] "委员会"议决规章制度时，一般需要有关科室及各机关列席或派员说明情况，或至少提供书面报告，以保证审议的有效性和客观性。

第3章 近代后期宁波城市建设管理制度的建立与改进（1927～1937年）

各机关物产数量及其价格、各机关内部组织等，以便及时对相关组织机构进行调整进而实现对机构本身的科学管理。总而言之，通过独立于行政体系之外的各类监督"委员会"的监督，加之相关章则的约束，建设厅得以实现机构的不断调整与优化。

可见，南京国民政府时期，浙江省建设厅采用了"行政及管理""技术及监督"两套管理体系实现现代化管理，在"行政及管理"体系架构下，建设厅专设各科室管理各类建设事务的同时，还将技术人员独立出来成立各委员会，凸显其现代城市管理机构对"技术"问题的重视；在独立于"行政及管理"体系的"技术及监督"架构下，通过专门委员会的设立，实现对技术问题的专门化管理，突出了"工程设计""工程监督"等内容，同时通过各类"监督"委员会实现机构自身的有效调节。总体而言，行政体系侧重行政组织架构，委员会侧重技术架构，但无论是"行政"体系架构还是"技术监督"体系的架构，"技术"始终为重要考虑因素，凸显了其现代城市建设管理机构的基本特点。

2. 建设厅直属机构

前文提及浙江省建设厅厅内主要以指挥、监督、审核等建设行政事务为主，关于建设工程具体实施、经营管理等事务实际上由建设厅下属各处、局等主管机关具体管辖，其下设直属机关主要有浙江省公路局、浙江省水利局、浙江省长途电话局、浙江省电气局4局。

其一，浙江省公路局。浙江省公路局直隶于浙江省政府建设厅，掌管全省公路建筑及修养、行车等事宜。公路局下设工务处[①]、车务处、总务科[②]、财务科4个部门。修筑具体公路时，公路局可设工程处[③]，同时"公路局办理公路工程应拟订计划预算，呈请省政府建设厅核准后施工，竣工后并须呈请验收之"（浙江省政府建设厅，1929），即各路修筑须有完善的计划、设计、施工及验收阶段。

其二，浙江省水利局。在省建设厅指挥下办理全省水利事宜，设工务处[④]及总务科，人员构成为局长、副局长、工务处处长兼副总工程师、总务科科长各1人[⑤]。除上述人员外，水利局下设工程师、佐理工程师、工程员、佐理工程员、科员、事务员各若干人，由局长委任，分办本处科事务（浙江省政府建设厅，1929）。

其三，浙江省长途电话局。掌管全省长途电话之敷设及管理事宜，设总务课及工务

[①] 主要掌管路线调查、测勘、工程设计、工程预算、工程招标、工程实施等工务事项（参见浙江省政府建设厅. 浙江省现行建设法规汇编[M]. 弘文印刷股份有限公司，1929：10-11.）。

[②] 负责关于各种规章制订、土地收用、房产器具及契据图册清查、保管等事项。

[③] 《浙江省公路局章程》第17条规定："公路局于应筑路线经建设厅之核准，得设区工程处办理筑路事务，其章程另定之"。

[④] 工务处负责包括查勘及编制报告、测量及编制图表、工程设计及预算、工程实施及考核、工程统计、仪器器具保管等工务事项。

[⑤] 水利局局长、副局长、工务处处长兼副总工程师皆由浙江省建设厅荐请省政府任命，局长总理全局事务，总工程师指挥工程人员办理工程事务，工务处处长兼副总工程师督率所属人员办理主管事务，总务科科长由水利局局长呈请省政府建设厅委任，督率所属人员办理主管事务。除上述人员外，水利局下还设工程师、佐理工程师、工程员、佐理工程员、科员、事务员各若干人，由局长委任，分办本处科事务（参见浙江省政府建设厅. 浙江省现行建设法规汇编[M]. 弘文印刷股份有限公司，水利塘工，1929：4-7.）。

课①。在实际管理中，电话局各项工程需拟定详细计划、预算并呈请省政府建设厅核准，工程竣工后需呈请验收。

其四，浙江省电气局。管理全省电气规划及经营事宜。设局长、副局长各1人，下设第一科至第四科。从掌管事务看，第一科相当于总务科②，第二科相当于工务科③，设局长、副局长、各科科长、秘书及工程师、视察员、技术员、事务员各若干人。

综上所述，建设厅作为浙江省建设主管部门，在组织机构及管理方法上已经采用了现代模式。在机构组成上，采用了"局-科"两级管理，下设5个部门，形成"行政及管理"体系以完成日常工作流程。在此基础上，建设厅还专设各类委员会，形成独立于"行政及管理"体系之外的"技术及监督"体系，体现出现代城市建设管理机构对"工程技术"及"工程监督"的重视。建设厅直属机构浙江省公路局、浙江省水利局、浙江省长途电话局、浙江省电气局等的设立有助于对市政等基础设施实现分类管理，是现代性的一种体现，符合近代城市现代化进程中以市政建设为"先导"的发展规律。建设厅及其直属机构的成立加快了浙江省各项建设事业的现代化进程，标志着政府开始对铁路、公路等现代交通及电业、煤气业、邮电等现代公用设施以及建筑业开展有组织、有计划的建设和管理，推动了全省各市、县相关领域的现代化进程。虽并未设专管城市规划与建筑活动的直属机构，但浙江省建设厅已具有管理城市规划与建筑活动的职能，其第一科掌管交通、航政、邮电、建筑等建设事宜，如新市新村建设、公有建筑物的计划实施等均属于建筑范畴，其技术室分为土木、水利、电矿、农业、机械各股，其中土木股与建筑活动管理相对应，浙江省政府设计委员会中也有市政建筑的分组委员会。

3.1.2 浙江省省级城市建设管理法规的初步制定（1927～1937年）

近代以来的社会变迁与转型促成了包括城市建设法律制度在内的制度转型。南京国民政府时期，国内城市建设立法进程加快，以近代主流城市为先导，中国近代城市纷纷展开城市建设法规的立法工作。1927年浙江省政府成立后，组织了建设厅、土地局等专门的城市建设管理部门，开始对浙江省的各项城市建设事业进行管理，并依据国民政府的相关制度制定本省的城市建设管理法规，包括土地法规、市政法规、建筑法规、建筑

---

① 工务课掌管事项包括："（1）关于材料选择、检查、试验及合同条款拟定事项；（2）关于线路机件之试验、修理及管理事项；（3）关于工程设计、实施及考核事项；（4）关于工匠、接线生的训练及考验事项；（5）关于工具及图表等保管事项；（6）关于养线及巡查线路事项；（7）关于材料消耗审核事项；（8）关于稽查话务事项；（9）关于其他一切工务事项。"（浙江省政府建设厅.浙江省现行建设法规汇编[M].弘文印刷股份有限公司，1929：58.）.

② 第一科具体掌管事务包括：（1）章则拟定；（2）文书收发；（3）印信典守；（4）人员任免、考核；（5）统计报告、表册编制；（6）单据、簿册、文契的保管；（7）材料、器具的购置、分派、保管；（8）其他不属于各科事项（参见浙江省政府建设厅.浙江省现行建设法规汇编[M].弘文印刷股份有限公司，1929：（第三类 交通）61）.

③ 管理事项包括：（1）关于本省电气工程的调查、规划、实施及考核事项；（2）关于直辖各厂工程的规划、实施事项；（3）关于直辖各厂工程材料的选择、检验事项；（4）关于其他技术事项。其第三科相当于财务科，第四科相当于取缔科，掌管事项包括：（1）关于直辖各厂组织及各项规章的审核事项；（2）关于直辖各厂事务进行之考核事项；（3）关于民营电气事业的监督事项；（4）关于全省电气事业的调查事项（参见浙江省政府建设厅.浙江省现行建设法规汇编[M].弘文印刷股份有限公司，1929：（第三类 交通）62.）.

第3章 近代后期宁波城市建设管理制度的建立与改进（1927～1937年）

师及营造业管理法规。

3.1.2.1 土地法规

随着19世纪后半叶至20世纪初诞生的欧美早期现代城市规划理论与技术开始向全世界传播，中国近代城市规划也开始了由导入走向发展自立的过程，并在近代城市建设中起到了重要的作用（郭建，2008）。由于城市规划和土地的使用制度之间有不可分割的关系，城市规划不能与城市土地规划分离，土地制度成为影响中国现代化进程的主要因素之一（甘一夫，2013）。1927～1937年间，南京国民政府并未颁布国家层面的城市规划主干法，由于城市现代化进程中伴随着土地的开发利用过程，因此，土地管理作为城市规划和建设的先决条件得到了重视，其相关立法工作取得了一定进展。国家层面土地法规可分为两个层面：（1）土地主干法；（2）土地法配套执行法①。1930年6月，国民政府颁布第一部土地法——《中华民国土地法》，是土地管理层面的主干法。配套法执行方面，国民政府在1928～1936年间均有法规出台，本书仅就与本题相关的《土地征收法》（1928年7月27日）进行简要分析。总体来看，国家层面的土地法规注重总体控制，浙江省省一级的土地法规多为单行法规，以土地整理、陈报规则为主，大部分成形于1930年以前。

1. 国家层面土地法规奠定了基本格局

（1）《土地征收法》（1928年）

1928年公布的《土地征收法》②落实了土地征收的相关规定，为实施城市规划及

---

① 时至今日，国家土地法规仍分为主干法及配套执行法两个层面。《中华人民共和国土地法》是主干法，配套法如《中华人民共和国土地管理法实施条例》《中华人民共和国国有土地征用法》等。

② 《土地征收法》（1928年）共49条，分为总纲、征收之准备、征收之程序、征收审查委员会、损失之补偿、征收之效果、监督强制及罚则、诉愿及诉讼、附则等9章。法条内容参见下表：

法条	法条类别	内容摘要
第1条至第5条	总纲	(1) 适用范围；(2) 名称释义
第6条至第11条	征收之准备	(1) 关于测绘调查的进行；(2) 土地内障碍物的征收核准；(3) 土地征收计划的核准
第12条至第22条	征收之程序	(1) 地方行政官署公告所征收土地的详细清单并通知土地所有人及关系人；(2) 兴办事业人进入征收土地内进行测量绘图及调查；(3) 兴办事业人与土地所有人及关系人进行协议以取得土地的相关权利；(4) 征收审查委员会的组织；(5) 地方行政官署将议定书送达兴办事业人、土地所有人及关系人
第23条至第29条	征收审查委员会	(1) 征收审查委员会的议定事项；(2) 征收审查委员会的职责；(3) 征收审查委员会的人员构成；(4) 征收审查委员会的议定过程及方式；(5) 议定书的规定
第30条至第35条	损失之补偿	(1) 土地征收所受的损失补偿规定；(2) 余地补偿规定；(3) 关于障碍物的补偿规定
第36条至第37条	征收之效果	关于补偿金分发放的规定
第38条至第43条	监督强制及罚则	关于违背规定的罚则
第44条至第46条	诉愿及诉讼	(1) 对审查委员会的越权行为的处罚规定；(2) 义务人拒不履行土地征收法及其补充法令的处罚规定
第47条至第49条	附则	关于法规颁布的补充说明

根据土地征收法 [J]. 杭州市政月刊，法规：1928, 1 (10): 56-61. 整理。

城市建设提供了用地保障，规定国家可征收土地的情形为"兴办公共事业"[①]"调剂土地分配以发展农业""改良农民生活状况"、省市县及其他地方政府"兴办公共事业"、地方自治团体或人民"兴办公共事业"等（《杭州市政月刊第》1卷第10期，1928）。即城市公共设施用地、农业用地、农民生活用地等均可通过征收获得。城市公用建筑及各类基础设施建设均在征收范围之内，保证了城市公共设施的用地来源。通过"收买"或"租用"两种手段实行土地征收，使私有土地得以转变为城市公共设施用地。

土地征收有严格的审批程序，从上至下可分为3个层面：(1)国家及省、市政府政府层面；(2)县及地方政府层面；(3)社会公众层面。国家及省、市政府层面（即南京国民政府直辖中央各机关、省政府、特别市政府）征收土地时由南京国民政府内政部核准；县及地方征收土地时由省政府核准；社会公众层面（即地方自治团体或人民）征收土地时由县或市转呈省政府核准。土地征收办理中还设"征收审查委员会"议定征收土地的范围、补偿金额、收买或租用的期限等，同时委员会可就"兴办事业人"违反土地征收法或其他法令规定的行为进行监督。土地所有人及关系人因为土地征收所受的损失由"事业兴办人"补偿，土地经征收后的余地如不能作为其他用途时可要求一并征收。针对余地的处理措施保证了土地的合理利用，避免造成浪费，同时也保障了土地所有人的合法权益。

从对当时国家《土地征收法》的解读来看，国家鼓励公路、城市道路的建设，并在道路建设的土地征收问题上采取了简化审批程序的做法，如用作扩展公共道路的土地租用年期在10年以内且无需拆让民众房屋的，若为国家、省或特别市事业可直接省略核准手续，由兴办事业之主管机关议定后进行公告并呈报国民政府内政部备案即可（《杭州市政月刊第》1卷第10期，1928），在一定程度上简化了道路用地的审批程序，体现出政府对当时城市道路建设、区域间的公路建设的重视。在国家和城市建设发展中，道路建设是首要的问题，因此南京国民政府在相关政策制定上也向市政道路方面有所倾斜。

(2)《中华民国土地法》(1930年)

1930年，《中华民国土地法》颁布，作为土地类主干法，其内容囊括了土地管理的各个方面，为土地登记、土地征收、土地使用等提供依据，为保证各类建设顺利开展提供先决条件。该法在一定程度上将"城市建设用地"和"农业用地"进行了法律上的区分，既圈定了确切的城市建设用地，也保障了"农村土地拥有者"的一定利益（黄斐寅，2012），为各省市及地方制定相关的土地法规提供基本依据。法规分为总则、土地登记、

[①] "公共事业"包括的范围为"(1)关于创兴或扩充公共建筑物之事业；(2)关于开发交通之事业；(3)关于开辟商港及商埠之事业；(4)关于公共卫生设备之事业；(5)关于改良市村之事业；(6)关于开发水利之事业；(7)关于教育学术及慈善之事业；(8)关于创兴或扩充国营工商业之事业；(9)关于布置国防及其他军备之事业；(10)其他以公用为目的而设施之事业。"参见《土地征收法》第2条（土地征收法[J]. 杭州市政月刊，法规：1928，1(10)：57.）。

第3章 近代后期宁波城市建设管理制度的建立与改进（1927～1937年）

土地使用、土地税、土地征收等5编共397条[①]。从全文内容看，该法延续了1928年《土地征收法》对公共设施用地的重视，突出了对道路等公共设施用地的重视，关注城市公共空间的用地需求。笔者在分析和解读了1930年《中华民国土地法》之后，就与本书密切相关的城市规划与建设层面的内容进行论述。

总则部分第8条规定了不得为私有的土地范畴[②]，可以看出政府对道路用地及水源地等城市公共设施用地的重视。第18条规定"一定区域内之土地，其分段面积不合经济适用者，得由主管地政机关，就该区域内，土地之全部重新划分……"（《宁波市政月刊》1930年第3卷7、8期，1930），即政府有权对不利于使用的用地进行重新划分。由于城市规划和建设中伴随着新开发和再开发的过程[③]，土地重划为实现城市空间的物质性置换和功能变更提供了必要支撑，是制定城市规划的前提条件。第24条规定"未经依法为地籍测量之土地，不得为所有权之登记"（《宁波市政月刊》1930年第3卷7、8期，1930），将土地的精确测量作为城市土地登记的前置条件和必要条件，便于在城市规划及建设中精确掌握土地的各类信息。

土地使用部分第148条规定"市地为市行政区域内之土地，于其使用，分为限制使用区及自由使用区，自由使用区于必要时，得改为限制使用区"，对于限制使用区，第149条规定在进行设计时，应规定下列事项："（1）土地及其建筑物使用之限制；（2）各区段建筑地有规定房屋建筑线之必要时，其房屋建筑线；（3）建筑物之高度层数及其形式；（4）建筑地段之深度及宽度；（5）建筑物所占土地面积及应留余地"（《宁波市政月刊》1930年第3卷7、8期，1930）。上述规定指出了城市建筑控制的部分内容，对建筑控制线、建筑高度、进深等已有规定。对道路与建筑关系，第150条规定"全部或大部分，未建筑之建筑区，因路线通过致其中各地段有面积过小，或形式不整不适于

---

① 《中华民国土地法》法条内容参见下表：

法条	法条类别	内容摘要
第1条至第31条	总则	（1）名称释义；（2）施行机关；（3）土地所有权相关内容；（4）土地重划相关内容；（5）土地测量相关内容；（6）地政机关及土地裁判所
第32条至第140条	土地登记	（1）通则；（2）登记簿册及登记地图；（3）登记程序
第141条至第226条	土地使用	（1）规则；（2）市地使用限制；（3）房屋救济；（4）农地之耕地租用；（5）荒地使用；（6）土地重划程序
第227条至第334条	土地税	（1）通则；（2）地价之申报及估计；（3）改良物价值之估计；（4）地价册；（5）税地区别；（6）土地税征收；（7）改良物征税；（8）欠税；（9）土地税之减免；（10）不在地主税
第335条至第397条	土地征收	（1）通则；（2）征收之准备；（3）征收程序；（4）补偿地价；（5）迁移费；（6）诉愿及公断；（7）罚则

（根据土地法 [J]. 宁波市政月刊，论著；1930，3（7，8）：20-45. 整理）。

② 不得为私有的土地范畴包括：可通运之水道、天然形成之湖泽而为公共需要者、公共交通道路、矿泉地、瀑布地、公共需用之天然水源地、古迹、其他法令禁止私有之土地及市政区域之水道、湖泽其沿岸相当限度内之公有土地。（土地法 [J]. 宁波市政月刊，论著；1930，3（7，8）：20.）。

③ 按照原有土地属性的不同，城市开发分为新开发和再开发。新开发是将土地从其他用途（如农业用途）转化为城市用途的开发过程；再开发是城市空间的物质性置换过程，往往伴随功能变更的过程（参见吴志强，李德华主编. 城市规划原理 [M]. 北京：中国建筑工业出版社，2011-11（第四版）：660.）。

建筑房屋，或其位置不临街道者，市政府得依本法关于土地重划之规定，于路线公布后一定期限内整理之"；第 153 条规定"土地已公布为街道者，虽未公布征收不得为一切建筑……"，保证了充足的道路建设用地。随着商品经济的发展，土地的价值随着区位的不同呈现较大差异，法规规定繁盛区域内的空地，政府斟酌地方需要应规定两年以上的建造期限，如超过期限不建则可征用其全部或一部分，这些规定已与现在的土地管理制度相类似。法规同时指出"空地内建筑地段之划分，未经市政府核准者，不得建筑"(《宁波市政月刊》1930 年第 3 卷 7、8 期，1930)，以此保证城市土地的有效利用和开发。

土地征收部分对土地征收的目的和范围做了规定，第 335 条规定"国家因公共事业之需要，得依本法之规定，征收私有土地"（参见浙江省民政厅第六科，1930）。第 336 条规定为实施国家经济政策、调剂耕地、国防军备、交通事业、公用事业、改良市乡、公共卫生、公安事业、国营事业、教育学校慈善事业、政府机关及地方自治机关等关系国计民生的国家性项目、公共项目都要在国家可控制的征收范围内，保证城市规划的有利实施和正确实行，以按照国家管控的需要进行控制。

综上所述，到 1930 年，南京国民政府颁布了土地主干法及相关配套法规，其中关于土地征收、土地使用等规定体现了现代城市土地开发利用的相关内容，保障了公共设施的用地需求，1928 年《土地征收法》、1930 年《中国民国土地法》都体现出对城市公共设施、城市道路及地区间的公路建设的土地征收及管理上的政策倾斜。《中国民国土地法》还出现了对城市规划及建筑管理的一些详细规定，明确了城市规划及建筑层面的内容与土地管理的关系，为城市建设提供依据。除此之外，国家层面的法规还对土地管理的各个程序进行了明确的阐释，已基本形成有序的适应城市现代化进程的土地使用与管理制度，奠定了各省土地管理的基本格局。

2. 以土地整理陈报为侧重的浙江省土地法规

1927～1937 年，浙江省共颁布了 8 个土地法规（表 3-1），颁布时间多集中在 1928 年及 1929 年，即在国家主干法颁布之前已经出台。从内容上看，浙江省涉及的土地法规

1927～1937 年浙江省土地法规一览表　　表 3-1

法规类别	法规、条例名称	颁布时间	颁布单位
土地征收类法规	《浙江省公路收用土地条例》	1928 年	浙江省政府
土地整理、调查、登记及测量、陈报类法规	《浙江省土地整理条例》	1928 年	浙江省政府
	《浙江省土地测量登记程序》	1928 年	浙江省政府
	《浙江省土地整理条例施行细则》	1928 年	浙江省政府
	《浙江省土地陈报办法大纲》	1929 年	浙江省政府
	《浙江省土地陈报施行细则》	1929 年	浙江省政府
	《浙江省土地调查规则》	不详，约 1930 年前	浙江省政府
	《浙江省土地登记施行细则》	1936 年	浙江省政府

资料来源：根据浙江省政府建设厅. 浙江省现行法规汇编 [M]. 弘文印刷股份有限公司，1929（第六类 附录）：4-6. 浙江省民政厅第六科. 土地法规 [M]. 新新印刷公司，1930：176-211. 整理。

第3章 近代后期宁波城市建设管理制度的建立与改进（1927～1937年）

可分为两类：(1) 土地征收类法规；(2) 土地整理、登记、测量及陈报类法规。从数量上看，土地整理、登记、测量及陈报为这一时期浙江省土地法规的管理侧重点，土地征收法规仅有《浙江省公路收用土地条例》1项，以下就土地整理、调查、测量及登记、陈报类法规进行简要分析。

(1) 土地整理类法规

1928年，浙江省政府颁布《浙江省土地整理条例》①，规定省内无论公有、私有土地均需依照条例进行整理。土地分为6类②，其中第1类及第6类土地主要为建筑用地、公用设施用地，如公园地、操场地、铁路地、铁道线地、水管线地等。条例对土地整理的程序及诉愿、诉讼问题进行了阐释和规定。土地整理分区域进行，设土地审判委员会负责裁决相关争议。针对道路两旁的土地整理，条例规定，"凡道路向由两旁业户承量者经整理后一律免征，其街村之繁盛通衢应行放宽者由所辖官厅审定应留丈尺、注明档册并于实行让进时免其量额"（浙江省民政厅第六科，1930）。即在土地整理的同时应将道路用地让出，也即预留城市道路用地，已是现代城市用地的概念。道路两旁业主配合整理、丈量便可免收相关费用，体现出政府对道路用地的重视。

《浙江省土地整理条例》（1928年）颁布后，浙江省政府紧接着颁布了《浙江省土地整理条例施行细则》（1928年），对《浙江省土地整理条例》的相关规定进行详细说明及补充。土地类别如"房屋地"需注明是住宅、官署、工厂或寺庙等，即将土地的用地性质进行说明。法规同时还强调关于土地的一切变更信息均应调查和登记在案③，强调了现代土地管理注重对土地所有权变更及其使用情况的翔实记录。

① 《浙江省土地整理条例》内容如下：

条例	条例类别	条例内容摘要
第1条至第3条	条例适用范围及名称释义	(1) 本省土地无论公有私有均需依照条例整理；(2) 土地整理程序依照本省土地测量登记程序进行；(3) 土地分类详目
第4条至第15条	土地调查测量程序及诉愿诉讼	(1) 土地测量分区单位、度量标准；(2) 测量及调查争执解决方式；(3) 土地信息陈报内容；(4) 相关损失赔偿；(5) 诉愿及诉讼
第16条至第18条	土地清册编制、地图籍登记及测绘费用、执照发放	(1) 土地局需编制土地清册及地图籍并登记核定事项；(2) 测量费用规定；(3) 执照发放规定
第19条至第23条	罚则	(1) 占有公有土地的处理；(2) 对陈报虚假的处理；(3) 测量调查人员违规行为处理
第24条至第25条	关于条例生效的规定	(1) 条例未尽事宜由省政府修正；(2) 条例自公布之日开始施行

（根据浙江省民政厅第六科. 土地法规[M]. 新新印刷公司：186-190. 整理）。

② 第一类为房屋地、炮台地、灯塔地、公园地、操场地、船坞地、码头地、坟墓地、其他建筑地及无建筑宅地；第二类为耕地、林地等种植地，包括旱田、水田、森林地、场圃地、园林地、柴山、草山等；第三类为畜牧类土地，包括牧场地、蚶地、鱼荡等；第四类为矿场地，包括矿山、盐地等；第五类为无收益地，如荒山、荒地、水荡、水沙等；第六类为公共使用地，包括道路、河川、沟渠、堤堰、海塘、城堞、铁路地、铁道线地、水管线地等（参见浙江省民政厅第六科. 土地法规[M]. 新新印刷公司：186-187.）。

③ 土地陈报或通知后未经核定前，业主或主管部门需呈报或通知土地局的事项包括土地所有权的转移、私有土地变为公有土地或公有土地变成私有土地、业主住址姓名等信息更改、地块分割或合并、地目变更等，当土地变更是由于道路修改或新筑时，应将修筑事实陈报或通知土地局，土地局调查后进行整理（浙江省民政厅第六科. 土地法规[M]. 新新印刷公司：191.）。

(2) 土地调查类法规

《浙江省土地调查规则》(约1930年以前，具体时间不详)是浙江省土地整理法规的补充条例，规则内容共7章[①]，规定土地调查分为预查、实地清查、复查、地位等则调查及地价调查5种(浙江省民政厅第六科，1930)，土地调查的机构为土地局。土地预查事项包括各地方区划之名称及其疆界、地方习惯及经济事项、土地陈报单的检查，完成预查后可实行实地清查。地位等则调查包括田地地位等则调查、城市地位等则调查、宅地地位等则调查三种。地价调查只针对土地而不包括人工改良及地面上的一切建筑物(浙江省民政厅第六科，1930)。

(3) 土地测量及登记类法规

同在1928年颁布的《浙江省土地测量登记程序》规定了土地测量登记的程序为：1) 测量；2) 调查；3) 求积及制图；4) 登记；5) 编制及统计[②]。条例的出台使土地的测量登记开始有严格的程序和参照标准，规定采用三角测量等较为精确的现代测量方法进行土地测量。土地测量登记后，变更地事项、土地图表、土地册籍等应被编制、统计并记录在案，以便清查。

(4) 土地陈报类法规

1929年，《浙江省土地陈报办法大纲》颁布，规定本省私有公有土地均应按照该办法陈报，并详细规定了土地陈报的程序[③]。土地陈报单[④]包含土地的详细信息，如土地所在、

[①] 《浙江省土地调查规则》法条内容如下

条例	条例类别	条例内容摘要
第1条至第6条	通则	(1) 土地调查种类；(2) 土地整理实施单位；(3) 土地调查后相关记录规定
第7条	预查	预查事项
第8条至第9条	实地清查	(1) 实地清查在预查后进行；(2) 复查依据；(3) 审查完竣后审查书送交土地审判委员会；(4) 审核结果通知
第10条至第13条	复查	(1) 复查事项；(2) 对陈报虚假的处理；(3) 测量调查人员违规行为处理
第14条	地位等则调查	地位等则调查种类
第15条	地价调查	地价调查标准
第16条至第17条	附则	(1) 条例未尽事宜由省政府修正；(2) 条例自公布之日开始施行

根据浙江省民政厅第六科. 土地法规 [M]. 新新印刷公司：202-205. 整理。

[②] 测量事项包括三角测量、图根测量、地形测图、户地测图等；调查可分为预查、实地清查、复查、地位等则调查、地价调查等部分；求积及制图事项包括面积计算、地形图模制、户地图誊写、地籍图调制等(参见浙江省民政厅第六科. 土地法规 [M]. 新新印刷公司：192.)。

[③] 具体程序包括：(1) 由民政厅颁发土地陈报单式样令全市县政府印发村里委员会按户发给；(2) 业主接到土地陈报单后应将自管土地照单开事项填写陈报，但须每地一纸，并于接到陈报单后两个月内送交土地所在地村里委员会审查；(3) 村里委员会接到业主交送土地陈报单后应审查其所报事项并按丘编列字号分别整理；(4) 村里委员会应自颁到土地陈报单之日起五个月内将所管区域内陈报单汇集齐全，分别区段造土地清册，陈报市县政府汇造总册，陈送民政厅审核(参见浙江省民政厅第六科. 土地法规 [M]. 新新印刷公司：176-177.)。

[④] 土地陈报单包含下述内容：(1) 业主姓名、住址、籍贯、职业；(2) 土地所在地地名及其坐落；(3) 土地四至；(4) 土地面积；(5) 土地地目及现何用途；(6) 土地原价及现值；(7) 土地每年收获量(指种植地而言)；(8) 证明文件种类、件数或其他人证之姓名、籍贯、职业、住址；(9) 佃户或其他使用人之姓名、住址及租金足额并使用期间；(10) 地图；(11) 陈报者为代理人时其姓名、住址及其受托为代理人之缘由(参见浙江省民政厅第六科. 土地法规 [M]. 新新印刷公司：177-178.)。

第3章 近代后期宁波城市建设管理制度的建立与改进（1927～1937年）

面积、用途、土地所有人的相关信息等，可见土地陈报是对土地基本情况较为全面的调查。

此后，《浙江省土地陈报施行细则》（1929年）又对《浙江省土地陈报办法大纲》（1929年）进行了补充和细化说明。如对"土地"一词作出解释，详细说明了公有土地、私有土地所包含的范畴（浙江省民政厅第六科，1930）。土地的陈报人如公有土地为管理人、私有土地为业主或公共团体的代表人，荒地则由村里委员会陈报（浙江省民政厅第六科，1930）。细则对整个陈报程序做出详细规定，包括业主应处理的事项、业主因故不能陈报时的处理方式、土地陈报单的具体填写规定、村里委员会的处理事项、土地陈报诉讼等（浙江省民政厅第六科，1930）。同时针对土地陈报的特殊情形如土地被道路、河流间隔及土地陈报后的移转变更等处理进行说明（浙江省民政厅第六科，1930）。

土地整理、调查、测量及登记、陈报旨在掌握土地基本数据及使用情况，是现代土地管理的基础内容，浙江省属土地法规以上述内容为侧重点，这与当时新旧更替的社会背景息息相关，在从传统土地管理过渡到现代土地管理的这一土地管理的现代化进程中，全面建立起一整套土地基础数据至关重要，因此，浙江省土地法规的制定旨在推行一套现代测量、登记方法及程序以施行精确的土地管理，形成了一整套体系与程序流程。通过法规的制定，浙江省落实了土地整理、调查、测量登记及陈报的基本程序和步骤，得以对全省土地实行全面的整理、调查和登记，掌握完整的土地基础数据和资料，为合理利用与开发土地提供了前提条件。

国家级及浙江省土地管理法规的颁布，形成了南京国民政府时期浙江省的土地法规总体框架。在土地类主干法《中国民国土地法》（1930年）颁布以前，浙江省已经制定部分土地管理法规，如1928年颁布的《浙江省土地整理条例》明确了对全省公有、私有土地进行整理调查及登记的准则，其后颁布的《浙江省土地整理条例施行细则》（1928年）、《浙江省土地调查规则》（约1930年以前，具体时间不详）、《浙江省土地陈报办法大纲》（1929年）、《浙江省土地陈报施行细则》（1929年）等均是对土地整理具体步骤的详细规定。因此国家层面土地法规与浙江省土地法规的制定并不完全同步，省级部分法规的颁布时间要略早于国家级法规。这一时期，由于省级法规所涉及内容并不全面，因此除了土地整理、调查、测量及登记、陈报法规及公路土地征收法规外，其余公共设施所涉及土地征收及土地使用均以国家法律为施行标准，国家层面的土地法规奠定了基本格局。国家层面及省级土地法规的颁布，使浙江省具备了实施现代土地管理的制度基础，通过对全省土地的整理，政府部门得以明确私有及公有土地的详情，并将所有权不清晰的土地进行整理统计，明确了土地的使用状况，为接下来的各项建设提供保证。

3.1.2.2 市政法规

在城市建设的现代化进程中，城市市政设施的发展占据重要比例，是城市建设的先决性要素。南京国民政府时期，浙江省政府制定了不少市政法规，有效推动了全省市政基础设施尤其是城市道路、公路的建设。限于资料的收集范围，本节主要以道路建设方面的市政法规为例详述。浙江省所颁道路建设法规主要可分为两类：(1) 前期筹备类法规，主要指设计规定，如《浙江省各县修筑道路暂行章程》(1929年)与《浙江省各县修筑街道规则》(1929年)是道路修筑的主要参照法规，适用于1931年以后的宁波(1931年以后宁波废市并县，在行政区划上由市调整为县城)；(2)后期实施类法规，包括筹款、工程招工、招商及组织技术力量等，具体法规如《浙江省公路招商承筑规则》①(1929年)、《浙江省公路征工规则》②(1932年)、《浙江省公路征工规程施行细则》③(1932年)等(表3-2)。上述法规的颁布使政府得以对省内道路建设实行从前期设计规范到后期实施一以贯之的控制。以下主要就前期筹备类法规进行简要分析。

1927～1937年浙江省市政法规一览表   表3-2

法规类别	法规、条例名称	颁布时间	颁布单位
前期筹备类（所涉及的内容：设计等）	《浙江省各县修筑道路暂行章程》	1929年	浙江省政府
	《浙江省各县修筑街道规则》	1929年	浙江省政府
后期实施类（所涉及的内容：筹款、招工、招商、组织技术性力量）	《浙江省公路招商承筑规则》	1929年	浙江省政府
	《浙江省公路征工规则》	1932年	浙江省政府
	《浙江省公路征工规程施行细则》	1932年	浙江省政府

资料来源：笔者根据各类史料整理。

前期筹备类法规主要指工程设计规定。《浙江省各县修筑道路暂行章程》④(1929年)中确定了县道等级、路面种类等规范。各县道路分为两级，即干路和支路，其中干路宽度不小于6m，支路宽度不小于4m。路面有土路、石子路、煤屑路、三合土路等种类，"须经滚筒压实并须安设适当之桥梁、涵洞、水沟"，即道路应有排水等设施，采用现代筑路

---

① 《浙江省公路招商承筑规则》规定私人或公司可呈请承筑公路干线或支线，并取得营业专利权。规则对创办人的资格、申请方法及工程管理等均进行了严格的规定。创办人呈请承筑公路时应具备"殷实铺保"并填写申请书，获得许可证后准予承办。承办人领取许可证后应在6个月内实测所承筑路线并列详细计划书及图纸呈请立案。从呈交内容看，承办人不仅需要具备殷实的资本，还需组织一定的技术力量，对工程测绘、工程方法、程序等进行把握。法规还详细规定了许可证及执照获取、吊销的情况，承办人变更或违反呈准之工程方法、程序的处理规则，同时规定工程完工后需经主管部门验收，确立了工程的监督机制，体现出现代市政工程施工管理的规范性(参见浙江省公路招商承筑规则[J].浙江建设，法规：1929，30：5-8.)。
② 《浙江省公路征工规则》，共34条，对征工程序、工人工资、工具、管理、奖惩、抚恤等进行了详细规定。规则加强了浙江省政府对于道路施工过程的控制与管理，于道路所经路线就近征收工人，保证了工程所需工人数量，同时对工人进行单位管理，保证工程的有序性(参见浙江省公路征工规则[J].浙江建设月刊，法规：1932，5(11)：15-19.)。
③ 《浙江省公路征工规程施行细则》颁布，全文38条，规定了征工的方法、程序、工程进行中对工人的管理等，是对《浙江省公路征工规则》的补充和细化说明(参见浙江省公路征工规程施行细则[J].浙江建设月刊，法规：1932，6(5)：18-22.)。
④ 《浙江省各县修筑道路暂行章程》具体内容包括各县道路等级、路面种类、筹款方式、施工管理规程、考核指标及方式等方面的规定，除本文提到的道路等级、路面种类、筹款方式等内容外，对考核指标有如下规定：省政府对各县道路修筑进行考核，各县应完成相应的指标，其中一等县每年至少修筑干路、支路各100里(50km)，二等县各75里(37.5km)，三等县各50里(25km)，并由建设厅于年终考核一次(参见浙江省省政府建设厅.浙江省现行建设法规汇编[M].弘文印刷股份有限公司，1929：(第二类，交通)：17-18.)。

第3章 近代后期宁波城市建设管理制度的建立与改进（1927~1937年）

方法。《浙江省各县修筑街道规则》①（1929年4月）也对县城或市县街道等级、建筑后退道路红线、建筑许可证、排水沟及路面等作出规定。街道宽度及等级应与县城人口规模相对应，根据道路承担功能的不同，其宽度、等级不同。街道共分为7等②，其中一等街道只适用于人口规模达到10万人以上的区域，随着人口规模的递减，街道等级依次下降③。建筑应统一缩让，并以建筑许可证申领的方式形成严格控制④。在道路施工方面，规定街道需设排水沟，"街道阴沟须用无裂痕之水泥瓦筒或砖沟并于底脚填石灰三合土"，街道路面种类由工程处商定并由县政府核准。

可见，这一时期浙江省各县的道路修筑已有一定的规范，其中干路、支路的分级及根据人口规模确定道路等级和宽度的规定已经体现出现代城市规划的思想。从颁布的规则看，道路修筑已有统一的规划，采用现代施工方法。而城镇街道两旁建筑的退让及许

---

① 《浙江省各县修筑街道规则》就各县街道修筑区域确定方法及程序、道路等级及宽度确定、道路中心线确定、道路两旁建筑许可证领取、建筑缩让、街道阴沟及路面做法、修筑经费等内容作出规定，为浙江省各县县城及市镇改修或新筑街道提供依据。

② 街道宽度表：

等级	车道	人行道	共计宽度	说明
一	六十八尺（22.67m）	二十尺（6.67m）	八十八尺（29.34m）	六车并行电车二道人行道每边各十尺（3.33m）
二	四十二尺（14m）	二十尺（6.67m）	六十二尺（20.67m）	四车并行电车一道人行道每边各十尺（3.33m）
三	三十二尺（10.67m）	十六尺（5.33m）	四十八尺（16m）	四车并行人道每边各八尺（2.67m）
四	二十四尺（8m）	十二尺（4m）	三十六尺（12m）	两车并行一车停靠人行道每边各八尺（2.67m）
五	十八尺（6m）	十尺（3.33m）	二十八尺（9.33m）	两车并行人行道每边各五尺（1.67m）
六	二十尺（6.67m）		二十尺（6.67m）	两车并行
七	十六尺（5.33m）		十六尺（5.33m）	两车并行

参见浙江省政府建设厅．浙江省现行建设法规汇编[M]．弘文印刷股份有限公司，1929：（第二类，交通）：28．

③ 凡人口在10万人以上之区域适用表格一~四等的街道宽度（衖道宽度至多十二尺）（4m）；凡人口在5万人以上未满10万人之区域适用表格二~五等的街道宽度（衖道宽度至少十二尺）（4m）；凡人口在1万人以上未满5万人之区域适用表格三~六等的街道宽度（衖道宽度至少十尺）（3.33m）；凡人口在5000人以上未满1万人之区域适用表格四~七等的街道宽度（衖道宽度至少十尺）（3.33m）；凡人口在1000人以上未满5000人之区域适用表格五~七等的街道宽度（衖道宽度至少八尺）（2.67m）；凡人口未满1000人之区域适用表格六~七等的街道宽度（衖道宽度至少八尺）（2.67m），人口规模与道路等级、宽度对应如下表：

人口规模	道路等级	道路宽度
10万人以上	一~四等	12~29.34m
5万~10万人	二~五等	9.33~20.67m
1万~5万人	三~六等	6.67~16m
5000~1万人	四~七等	5.33~12m
1000~5000人	五~七等	5.33~9.33m
小于1000人	六~七等	5.33~6.67m

参见浙江省省政府建设厅．浙江省现行建设法规汇编[M]．弘文印刷股份有限公司，1929-6：（第二类，交通）：26-27．

④ 街道宽度及两旁建筑地应让尺寸经公告后凡公私建筑不论新建、改造或翻修均应填具建筑报告书，请工程处签订缩让街道界限，发给建筑许可证方得动工（参见浙江省政府建设厅．浙江省现行建设法规汇编[M]．弘文印刷股份有限公司，1929：（第二类，交通）：28．）。

可证制度，也体现出了基于城市总体控制的现代城市规划思想。规则的制定有助于规范道路工程建设的各项程序，形成规范化管理。

3.1.2.3 建筑管理法规

中国传统营建体系中建筑设计与施工没有分工，工程项目统一由工匠承担。开埠后，西方建筑师、营造商、工程师等进入中国建筑市场，尤其是在上海、天津、广州等近代主流城市中，西方建筑管理运作体系初步建立起来，逐渐建立起现代工程建设制度和程序，推动了城市的现代化进程。受到主流城市的影响，一些边缘地区（如浙江省）的建筑法规也有所发展，尤其在南京国民政府成立后，各地政府加快了地方性建筑法规的制定进程，各省、市《建筑规则》的制订与颁布，使中国近代城市规划及建筑活动开始进入制度化进程，各地的实践为全国性的城市规划及建筑制度的制定进行了探索性的基础工作（高介华，2008）。作为南京国民政府统治的强势地带，浙江省杭州、宁波设市后也颁布了建筑管理法规。除杭州、宁波各自颁发建筑规则外，浙江省政府还颁布了主要针对各县城厢实行的《浙江省各县城厢建筑取缔暂行规则》（1934年），以对杭州市、宁波市之外的县城形成总体控制，该规则也同样适用于1931年废市并县后的宁波。

《浙江省各县城厢建筑取缔暂行规则》（1934年）适用于"各县城厢之公私建筑及一切土木工程"，内容共有七章54条⑤（表3-3）。总体来看，法规内容可分为"行政管理规定""技术准则规定"两大部分，总则、罚则、附则均属于行政管理规定，其余部分则为

《浙江省各县城厢建筑取缔暂行规则》法条内容一览表　　表3-3

法条范围	法条数量	法条类别	内容摘要
第1条至第6条	6	总则	（1）适用范围；（2）主管机关；（3）建筑工程所包含内容；（4）拆除改建修理或禁止使用限制的建筑范围规定
第7条至第11条	5	建筑物与街道河岸之关系	（1）不同道路宽度沿街建筑的突出物设置；（2）沿街建筑的高度规定
第12条至第22条	11	建筑物之缩让	（1）缩让建筑的范围；（2）不同情况下建筑缩让的相关规定
第23条至第36条	14	构造与设备	（1）建筑物的构造与高度的关系；（2）建筑物与基地高差设置规定；（3）不同部位的墙体构造；（4）烟囱构造；（5）排水设施的规定；（6）屋面做法；（7）建筑防火规定；（8）建筑内部设施的设置规定；（9）室内最低高度规定；（10）窗地比规定
第37条至第45条	9	请领许可证手续及建筑应注意之事项	（1）建造者为领取建筑许可证需准备事项；（2）建筑许可证领取的程序及相关规定；（3）建造中改动图纸等内容的申请及审核程序；（4）建筑建造过程中致使相邻建筑及路面损坏后修复相关规定；（5）关于建筑手续费的规定
第46条至第51条	6	罚则	关于违背规定的罚则
第52条至第54条	3	附则	法规颁布的官方说明

资料来源：根据张传保. 鄞县通志·工程志[M]. 宁波：宁波出版社，2006：37-44. 整理。

---

⑤ 包括总则、建筑物与街道河岸之关系、建筑物之缩让、构造与设备、请领许可证手续及建筑应注意之事项、罚则及附则等7个部分。

第3章 近代后期宁波城市建设管理制度的建立与改进（1927～1937年）

技术准则规定。从具体内容看，"行政管理规定""技术准则规定"两部分内容又可进一步从城市规划及建筑角度进行解读，以体现其作为现代建筑法规的主要特点，主要体现在3个方面：（1）城市规划层面的总体控制；（2）建筑细节措施的规定；（3）建筑审批制度的阐释。

1. 城市规划层面的总体控制

城市规划层面，法规对（1）建筑突出物；（2）建筑高度与街道宽度的关系；（3）沿河建筑修建；（4）建筑物缩让等进行了制度性的规定。

其一，建筑突出物。针对建筑突出物如披水板、阳台、屋檐、临时性建筑、建筑物上突出的装饰等皆以详细的数据进行了界定[①]，以保证行人安全。

其二，建筑高度与街道宽度的关系。法规指出沿街建筑的高度依据建筑临街的立面数量及街道宽度计算，如临街一面建筑高度不得高于街道宽度的2倍，在转角处的建筑，临街2面不得高于较小街道宽度2倍，但一面临巷弄的不受限制；当建筑高度超过街道宽度2倍时，应将上层建筑依照1∶2的比例逐层收进。法规还针对道路宽度对建筑各层高度做了规定[②]，依据《浙江省各县修筑街道规则》第5条的规定，分别对一等、二等、三等、四等、五等及六等以下的街道临街建筑各层高度作出规定[③]。依据不同的道路宽度对建筑高度进行控制，已经体现出现代城市规划的理念。

其三，沿河建筑修建。关于沿河建筑物，法规指出"河面上除公共桥梁外不准建搭水阁楼、桥等建筑物""沿河建筑房屋须筑帮岸""沿河房屋及河埠不得伸出帮岸之外""河之中心未得县政府许可不准有任何建筑"等，旨在实现对河道界面的控制。

其四，建筑物缩让。无论新建或添筑、拆造沿街墙垣、翻造或重修旧建筑物、改筑或新筑马路均需依照规定街道宽度进行缩让。建筑物的缩让一般以原有中心为中心线确定

---

① 针对建筑突出物第7条指出建筑物不得突出街面，但道路宽度在36m以上时要装设披水板及阳台，伸出路面不得超过一边人行道的宽度；屋檐不能凸出路面超过二尺（0.67m），阳台上屋檐不能超出一尺（0.33m）；沿街石不能伸出路面侵占街道；临时性建筑要求凸出路面不超过三尺（1m）；除（太平门）安全出口外，沿道路的门窗离路面不到七尺（2.33m）的一概不准向外开窗户；建筑物上突出的装饰最低部分须离路面九尺（3m）；对于帐篷、凉棚、招牌等能随时收放的构筑物，规定其凸出街面与人行道相等，如果没有人行道，则突出街面不能超过三尺（1m），且底面须高于人行道或者路面六尺（2m）以上。（参见张传保. 鄞县通志·工程志[M]. 宁波：宁波出版社，2006：38.）。
② 参见《浙江省各县城厢建筑取缔暂行规则》第9条。（张传保. 鄞县通志·工程志[M]. 宁波：宁波出版社，2006：39.）。
③ 临街建筑各层高度如下：

街道等级	一层	二层	三层	四层
一等街道	十二尺（4m）	九尺（3m）	七尺（2.33m）	四层以上任意
二等街道	十一尺半（3.83m）	八尺半（2.83m）	七尺（2.33m）	四层以上任意
三等街道	十一尺（3.67m）	八尺（2.67m）	三层以上任意	
四等街道	十尺半（3.5m）	八尺（2.67m）	三层以上任意	
五等街道	十尺半（3.5m）	八尺（2.67m）	三层以上任意	
六等及以下街道	九尺（3m）	二层以上任意		

根据张传保. 鄞县通志·工程志[M]. 宁波：宁波出版社，2006：39. 整理。

依据，两旁建筑物应平均缩让（张传保，2006）。当一列建筑前后均临街道，两街均须放宽时，建筑缩让的深度应达到两街需增加宽度的 1/3，其余 2/3 则由其前后相对的建筑平均缩让。规则还对缩让后余地处理进行了规定①，由于在城市规划与建设过程中涉及较多道路拓宽及改造问题，尤其对于老城区的改造而言，建筑缩让规定为此类规划建设提供了依据。

总之，基于城市道路、河岸界面的严格控制，为实现统一规划和建设提供了规范和标准。法规已从城市规划层面进行总体的控制，而不仅局限于建筑，体现出现代城市规划及市政建设理念，具有一定的先进性。

2. 建筑细节措施规定

关于建筑细节措施②的规定是现代建筑建造体系区别于传统建筑体系的重要特点之一，新的结构方式和技术细节措施的采用奠定了现代建筑的构造体系。以下对（1）建筑高度与结构采用；（2）墙基构造及墙身厚度；（3）建筑防火疏散；（4）建筑内部排水及卫生设施；（5）建筑窗地比等内容进行简要分析。

其一，建筑高度与结构。就建筑结构而言，法规规定"钢筋混凝土造、钢造、石造等视其位置与用途而定"③，钢筋混凝土结构、钢结构均为现代结构技术，法规的强调表明此类结构技术在 20 世纪 30 年代的城市建设实践应用中已较为普遍。由于木结构建筑对建造高度有一定的限制，因此法规规定"木造不得超过二层"。

其二，墙基构造及墙身厚度。现代建造体系根据墙体的功能与承重需求区分墙体的材料及厚度，规则根据墙体的不同部位（墙基、墙角、墙身等）及功能（外墙、界墙、内墙、风火墙）对墙体构造及厚度④进行限定，体现出现代建造体系的科学性及合理性。

其三，建筑防火疏散。墙体构造中关于风火墙的规定同时也是建筑防火规定的一部分，除此之外，法规详细列出了应由耐火材料建造的部分，如烟囱、屋顶，公共建筑的主体部分（墙身、楼梯等）、3 层以上的工厂及商场墙身、楼梯、过道及楼井四围的墙体等（张传保，2006），即保证建筑的易燃部分及建筑主体部分均采用耐火材料建造。建筑安全疏散问题也成为法规强调的内容之一，如法规指出房屋沿街须有后门与出路与道路连接（如果单幢房屋高度不超过 2 层、深度不超过 27 尺即 9m 可予以变通）⑤，即建筑不止一

---

① 条例 22 条指出因缩让导致基地深度过小不足 7 尺（2.33m）时，可出卖他基于邻近业主，地价为当地最高地价的 2 倍核算，也可卖给政府。当变更街道、河道的中心线导致业主基地缩进多于邻近应业主的，多出部分可依据面积由公家补偿。（参见张传保. 鄞县通志·工程志 [M]. 宁波：宁波出版社，2006：40.）。

② 法规第四章构造与设备章节对建筑技术措施进行了详细的规定，内容达到 14 条，是法条数量最多的一章。法规对建筑高度与结构采用、建筑室内外高差、墙基构造、墙身厚度、烟囱构造、建筑防火疏散、建筑内部排水及卫生设施、窗地比等建筑具体构造进行了规定。

③ 参见《浙江省各县城厢建筑取缔暂行规则》第 23 条.（张传保. 鄞县通志·工程志 [M]. 宁波：宁波出版社，2006：40-41.）。

④ 外墙及界墙厚度需在 7 寸 5 分（0.25m）以上、内墙至少要 3 寸（0.1m）厚；风火墙每隔 60 尺（20m）左右砌筑一道，采用实叠的方式，厚度需在 1 尺（0.33m）以上，且应高出屋顶 2 尺（0.67m）以上，墙上不得开关门窗或开凿孔洞；墙体基础应用坚实材料建造，其宽度、深度以及地基承载力及其荷载为准，宽度应较墙脚每边加宽 4 寸（0.13m）[转引自张传保. 鄞县通志·工程志 [M]. 宁波：宁波出版社，2006：41.（《浙江省各县城厢建筑取缔暂行规则》第 26、27 条.）]。

⑤ 参见《浙江省各县城厢建筑取缔暂行规则》第 34 条（张传保. 鄞县通志·工程志 [M]. 宁波：宁波出版社，2006：42.）。

第3章 近代后期宁波城市建设管理制度的建立与改进（1927～1937年）

个出入口。

其四，建筑内部排水及卫生设施。相对完善的卫生设施也是现代建筑区别于传统建筑的特点之一，规则就建筑给水排水及卫生设施配备提出了具体的要求，规定房屋内应设阴沟，并且对排水沟管的管径进行控制，总沟需大于支沟[①]，同时为保证有效排水，沟管接合角度不得大于60°，阴沟每隔90尺（30m）及转弯处应设阴井及入孔，需要处每隔30尺（约10m）须设灯孔，入孔须盖以厚板，灯孔须盖以筛状板等[②]，同时规定屋檐需设落水管并接至地面阴沟。工厂、商铺人数在20人以上及学校、医院、茶楼、酒肆、剧场、影戏院和其他公众场所均需设相当规模的厕所[③]。

其五，建筑窗地比。对建筑采光以窗地比进行规定，指出房屋的平均层高应该在8尺（约2.64m）以上，"采光面积须与室内面积为1/12或1/10比例"，保证充足的采光。

从上述内容看，法规对建筑使用安全、卫生等从构造上进行了较严格的制约，在一定程度上表明了《浙江省各县城厢建筑取缔暂行规则》（1934年）所具有的"现代性"特点。

3. 建筑审批制度的阐释

通过建筑审批制度实现对建筑活动的管理是现代建筑法规的作用之一，通过发放建筑许可证，政府得以对建筑活动形成监督。《浙江省各县城厢建筑取缔暂行规则》（1934年）就领取建筑许可证的准备材料、程序及费用等作出说明。

关于建筑许可证的领取情形，规则规定不论新建、改造、添建还是修缮建筑物均须向县政府领取建筑申请书[④]。请领申请书时应递交包括建筑配置图、各层平面图、主要立面图、主要剖面图等材料。其中建筑配置图等同于现在的总平面图，需要表示建筑方位、出入口、邻近土地及与其他建筑物的关系；各层平面图需表示房间的大小、功能、墙体厚度、门窗、楼梯、烟囱的位置及大小等；主要立面图需表示建筑正面、背面及侧面的形状、烟囱高度等；主要剖面图表达建筑内部重要构造、建筑各层高度及室内外高差，同时基础、楼梯、阴井位置、出水沟渠等也应同时注明。可见，相关图纸要求与现在的设计图纸要求已非常接近。显然，普通人无法掌握上述图纸绘制及设计要求，须由掌握专业技术知识的建筑师（工程师）来承担设计绘图工作，因此建筑审批制度事实上促进了专业设计人员的职业认定，从而加快建筑师（工程师）群体的壮大，由此推动了建筑建造过程中"三元模式"的产生。

《浙江省各县城厢建筑取缔暂行规则》是南京国民政府时期浙江省政府颁布的唯一一个较为全面的建筑管理法规，其对总体控制、建筑细节措施、建筑审批制度等的规定体现出了现代建筑法规的基本内容范畴。法规通过对建筑与道路、河道的退让关系及建筑高度的规定对城市道路形成界面控制，同时以精确的数据对建筑技术及构造进行说明，

[①] 接入街道总沟内的阴沟内径不得少于4寸5分（0.15m），内部支沟内径不得小于3寸（0.1m）。
[②] 参见《浙江省各县城厢建筑取缔暂行规则》第29条.（张传保.鄞县通志·工程志[M].宁波：宁波出版社，2006：41.）
[③] 参见《浙江省各县城厢建筑取缔暂行规则》第33条.（张传保.鄞县通志·工程志[M].宁波：宁波出版社，2006：42.）
[④] 参见《浙江省各县城厢建筑取缔暂行规则》第37条.（张传保.鄞县通志·工程志[M].宁波：宁波出版社，2006：42.）

体现出法规的"技术性"含量，建筑审批制度的实行则从一个侧面印证了建筑活动已从传统"二元模式"转型为"三元模式"，即建筑师（工程师）参与到建筑活动中来。法规已经具备现代建筑法规的基本特点，有助于推动浙江省各县城建筑活动的现代化进程。

3.1.2.4 技师管理法规

建筑活动从"业主-承造人"二元模式到"业主-建筑师（工程师）-承造人"三元模式的转变，是传统营建模式到现代建筑营建模式的重要转折，成为建筑现代转型的重要特点。从建筑师（工程师）出现到国家及地方以立法形式确定其为建筑活动的重要组成部分，经历了较长时间的探索。南京国民政府时期，浙江省政府并未颁布独立的建筑师（工程师）登记法规，而是以国家层面的技师登记相关法规作为基本参照。在国家法规的基础上，浙江省建设厅根据省内实际情形颁布了一些工程技术人员的管理规则，如技术专员管理规则、工程师薪酬等级划定标准等，逐渐完善工程技术人员的管理制度。

1. 国家层面技师管理法规的颁布

南京国民政府从1928年起将土工科与建筑科专业人员列入工业技师范畴，颁布了《工业技师登记暂行条例》，紧接着又于1929年颁布《技师登记法》，规定工业技师的登记包含土木科的工程人员，但并未将建筑科再次单独列出，土木工程师与建筑师一同归并为土木科技师。从《工业技师登记暂行条例》到《技师登记法》，登记范围有所扩大。此后，《技师登记法施行规则》（1929年）颁布，对《技师登记法》的条文进行补充说明，并统一了全国的技师登记方式，形成了从上至下的统一管理。

《工业技师登记暂行条例》（1928年6月28日）是南京国民政府第一次颁布对各类工程技术人员的管理规则，土木科、建筑科、机械科、电工科、应用化学科、冶金科、造船科、纺织科等工程各科均在工业技师之列。登记成为工业技师需具备一定的资格[①]，规则对各从业工程技术人员提出了较高的要求，强调了科班出身及掌握专业技术知识的重要性，虽并未完全将非科班技术人员排除在外，但"能改良制造或发明或有著作"且对"国家及社会有特殊利益"的要求并非一般人能够达到。登记后的技师可接受委托办理工业设计、制造、化验、建筑及其指导、改良等事务。技师接受委托办理各项工程事务可向委托人订立合同并获得相当报酬，同时未经登记而擅自接受委托办理相关工业事务者一经告发或被查出，将被勒令停业并处罚金，保证了工业技师从业资格的有效性。《工业技师登记暂行条例》(1928年)将工程技术人员从工程各方中独立出来，就建筑领域而言，土木工程师、建筑师从"承造人"中分离出来，改变了中国古代建筑业的"业主-承造人"模式，开启了"业主-建筑师（工程师）-承造人"的三元模式。

1929年，南京国民政府颁布《技师登记法》，登记范围较此前《工业技师登记暂行条

---

① 登记成为工业技师需具备一定的条件：(1) 在国内外大学或高等专门学校学习工业专门学科3年以上且取得文凭，并证明具有2年以上的实习经验者；(2) 受中等教育，并办理工业场所、技术事项共计10年以上取得一定成绩者；(3) 办理工业各厂所、技术事项而能改良、制造或发明或有著作，认为对国家及社会有特殊利益者（参见工业技师登记暂行条例[J]. 中华工程师学会会报，1929，5-6：21.）。

第3章　近代后期宁波城市建设管理制度的建立与改进（1927～1937年）

例》（1928年）有所拓展。除工业技师外，将农业技师、矿业技师纳入法规管理范围。其工业技师的包含范畴有6类，即应用化学科、土木科、电气科、机械科、纺织科及其他关于工业各科，与《工业技师登记暂行条例》（1928年）相比，少了建筑科、造船科与冶金科，建筑师、工程师一同归并为土木科技师。规则同样对技师登记资格进行了规定①，与《工业技师登记暂行条例》的登记条件相比，技师登记法增加了"考试合格者"一项，在执行中更具有灵活性，为非科班出身但掌握足够工程技术知识的人员提供便利，即只要通过考试就可进行登记申报。法规强调技师如有违规情形（如因业务上玩忽职守、技术不精使他人受损或有违法行为而证据确凿的）便不得申请登记，已经登记者需注销登记并上缴技师证书，建立了有关技师执业资格、执业业绩的监督及惩罚机制。技师审查合格者由各主管部门颁发技师证书并刊登政府公报、陈报考试院，技师领取技师证书后可开设事务所执行业务。

《技师登记法施行规则》（1929年）紧接着《技师登记法》颁布，对《技师登记法》的条文进行补充说明，进一步明确了技师登记的相关程序。法规指出技师可接受包含国营、公营与民营各事业②。在该法规中，国民政府统一了全国的技师登记施行法规，指出"自技师登记法施行之日起，所有以前中央或地方颁布之技师登记条例及一切章程、规定一律废止"③，条例同时指出"技师登记法施行之日起，各地方政府于各种技师登记事项应即停止"④，但"技师登记法施行前，其依国民政府颁布工业技师登记执行条例取得登记证书一律有效"⑤。此后，全国上下开始实行统一的技师登记法规，各地均应以国家法规为准。这一举措统一了国内技术人员的从业资格管理，使工程技术人员可在全国范围内开展工程技术服务，就营造业和建筑业来看，工程师及建筑师的业务范围增大，不局限于主流城市，有助于各地城市建设与建筑活动的开展。规则还对外国技师的从业资格进行了规定，指出"外国技师在中华民国境内充当技师者，均应依技师登记法申请登记"，这在之前的相关法规中并未出现过，体现出政府对于规范化管理的重视。

2. 浙江省工程技术人员管理规则的颁布

根据《技师登记法施行规则》（1929年）的规定，浙江省对技师的登记和管理皆以国家层面法规为准，浙江省政府并未颁布相关的技师（工程师、建筑师）管理规则，只在国家法规基础上根据省内实际情形制定了一些工程技术人员的管理规则，如《浙江省

---

① 技师登记资格规定如下：（1）在国内外大学或高等专门学校学习工业专门学科3年以上获得毕业文凭，并证明有2年以上的实习经验者；（2）曾经考试合格者；（3）有办理农工矿各厂所、技术事项而能改良制造或发明的成绩，或有关于专门学科的著作并经审查合格者（参见技师登记法[J].浙江省建设月刊，法规：1929，21：14-15.）。
② 参见《技师登记法施行规则》（1929年）第7条.（国民政府主计处.主计法令汇编[M].国民政府主计处，1936：311.）。
③ 参见《技师登记法施行规则》（1929年）第10条.（国民政府主计处.主计法令汇编[M].国民政府主计处，1936：312.）。
④ 参见《技师登记法施行规则》（1929年）第11条.（国民政府主计处.主计法令汇编[M].国民政府主计处，1936：312.）。
⑤ 参见《技师登记法施行规则》（1929年）第12条.（国民政府主计处.主计法令汇编[M].国民政府主计处，1936：312.）。

各区技术专员办事细则》(1933年)、《浙江省建设厅公路督工专员办事规则》(1933年)等，同时还将技术人员的技能高低划分等级，并与相应的工资俸禄挂钩。

首先，《浙江省各区技术专员办事细则》①（1933年）规定各区设技术专员指导各县建设事业，直接向建设厅汇报工作②，技术专员还可对区内各县建设科科长的奖惩做出一定建议，随时呈送建设厅核查。

其次，《浙江省建设厅公路督工专员办事规则》(1933年）规定分区设置公路督工专员，负责督促指导各区公路进行及一切工程实施事宜，是建设厅为管理省内公路建设而制定的管理规则。督工专员在各自管辖区内巡回视察各公路建设进展状况并随时督促指导各工程处办理工程事务。督工专员主要进行技术指导和监督，需负责解决工程疑难问题，如公路土方、涵洞、水管等工程，随时进行检查并商同县政府督促指导③。

最后，省政府还将技术人员的技能高低划分等级，制定了浙江省工程技术特种人员俸给表，细分工程技术人员的等级，共分为17级，并形成了技术等级的专业称谓，如"总工程师""顾问工程师""佐理工程师""技佐""工程员""技术员"等④，已经是现代工

---

① 依据浙江省遴委技术专员分区指导督促各县建设事业办法制定。各区技术专员承建设厅之命并商承各区行政督察专员，同时会商各区各县长，巡回督促指导各区建设事宜。技术专员负责管辖各类建设事业，在各自管辖区域内对建设事业进行实地考察并会商区内各县县长后，分别拟定各县建设计划大纲呈送建设厅核定。

② "各区技术专员于每月月终缮具工作报告书，呈报建设厅备查，如遇临时发生特别事项，须随时呈报。"参见浙江省各区技术专员办事细则第7条．(浙江省各区技术专员办事细则 [J]. 浙江省建设月刊，法规，1933，7 (3)：26.)

③ 除了随时检查工程外，专员接到公路管理局或县政府书面通知时应及时解决工程疑难事件。督工专员在巡回检查中认为工程有应改善之处时应书面通知公路管理局或县政府商同办理并呈报建设厅查核。督工专员同时还负责验收工程及材料事宜，但工程总验收不由督工专员进行，需由公路管理局或县政府呈报建设厅核办。督工专员同时还可接受各路承造商及民工代表正式请求，会同公路管理局或县政府人员处理工程疑难问题。

④ 浙江工程技术特种人员俸给表：

职务					级次	金额（单位：元）
				总工程师、顾问工程师	一级	500
					二级	450
					三级	400
					四级	360
					五级	320
					六级	280
			工程师、技师		七级	240
					八级	200
		佐理工程师、技佐			九级	180
					十级	160
	工程员、技术员				十一级	140
					十二级	120
					十三级	100
					十四级	80
助理员					十五级	60
					十六级	50
					十七级	40

程技术人员的专门划分。

综上所述，南京国民政府时期，浙江省对工程师（建筑师）管理以国家技师管理相关法规为依据，并未设置省属专门法规，但浙江省根据省内建设情形分别设置技术专员管理各项建设事宜，并颁布技术人员的管理规则，依据技术人员的技能高低划分了详细的等级（17级）并与相应的工资俸禄挂钩，形成了工程技术人员的"职称"体系，表明省内技师（工程师）的管理已经形成一定的标准与规范，并初具现代管理模式的雏形。

3.2 宁波近代后期市级城市建设管理制度的建立与改进（1927～1937年）

3.2.1 宁波近代后期城市建设发展的推动因素

与杭州类似，宁波也是南京国民政府时期浙江省的重点城市。南京国民政府政治中心的东迁和蒋介石的个人因素影响，使南京国民政府也加强了对宁波的统治。1927～1937年，宁波经历了城市建设发展的"黄金十年"，南京国民政府的新政起到了较大的推动作用。

根据南京国民政府《市组织法》的规定，1927年宁波市政府成立，下设一处5局，分管工务、公安、教育、卫生、财政等事务。1927年9月，《宁波市暂行条例》正式颁布，规定了宁波市的行政区域，同时对政府相关职能进行界定，城市建设为其重要职能之一。经过多次调整，市政府组织机构逐渐定型，除了工务局、卫生局等5局外，土地登记处也成为组织机构之一。政府职能的完善为各类制度的制定和实施提供了前提条件，而相关制度的制定又为城市建设提供了保障。如工务局负责城市建设管理各类事务，土地管理部门落实了土地测量、登记，为城市规划和建设提供前提条件。《宁波通史》中提到"宁波市政府的建立有利于宁波城市的建设发展和市民精神的培育。市政府在市政工程建设、市政管理和收回江河沿岸码头管理权等方面也有所建树"（傅璇琮，2009），可见宁波市政府的管理有效促进了城市建设和发展。

1931年宁波废市并县后，城市建设有所减缓，但是城市市政建设及建筑活动仍持续进行。市政府各项管理职能均并入鄞县政府，由鄞县政府建设科主管城市建设各类事务。因此此前南京国民政府对县一级政府职能的完善和管理为这一时期宁波城市建设奠定了一定的基础。南京国民政府成立后，县政府下设公安局和总务、财政、教育、民治、建设等科。1929年，县政机关进行改组，鄞县设秘书处及公安、财政、教育、建设4局。可见，城市建设管理机构建设科（建设局）始终是县政府的重要机构。其建设科（建设局）还设置了建设委员会以更好管理城市建设相关事宜。因此从一定意义上说，南京国民政府从设立之初开始的县一级行政管理也为废市并县后的宁波城市建设提供了初始的城市建设管理制度，制定了局部的城市规划，城市市政设施及建筑活动均有了一定程度的发展，在1931年废市并县后，其相关的建设活动也并未停止，鄞县县政府继续推进各项建设，在一定程度上推动了城市的现代化进程。

3.2.2 宁波城市建设管理机构及其沿革（1927～1937年）

1927年，宁波设市，第一任市长为第一批庚子赔款留美学生罗惠侨（1888～1972）[①]，1927年6月宁波市政府发布《宁波市暂行条例（草案）》，设秘书处、工务局、公安局、教育局、卫生局、财政局。1927年9月修正《宁波市暂行条例》，保留公安局、工务局两局，其他改为科。《宁波市暂行条例》规定的宁波市行政范围与杭州市相同，14条事务中有11项与城市建设直接或间接相关，开展城市建设也成为宁波建市后的首要任务。直至1931年初废市并县前，宁波市政府兴办各项事业，调查户口，实测市区，拆除城墙，浚填河道港湾，兴建公园和公共体育场，筹设自来水厂，改良消防队，设立小菜场，改善卫生设备等，推动了城市建设的现代化进程。（中国人民政治协商会议宁波市委员会文史资料研究委员会，1985）1931年之后宁波市废除，并入鄞县，其城市建设相关事宜由鄞县县政府接管。

3.2.2.1 宁波市工务局及建设委员会

设市后，宁波市政府专设工务局管理城市建设，其职责包括"掌理规划市街道建设及修理，道路、桥梁、码头、沟渠、水道、港湾测量，全市公有、私有土地经理，公园并各种公共建筑整理；市交通、电力、电话、自来水、煤气及其他公用事业取缔，各种房屋之建筑及其他关于市土木工程事项"（《宁波市政月刊》第1卷第1期，1927）。在组织架构上，宁波市工务局与省建设厅、杭州市工务局一样具有"行政及管理"与"技术及监督"两套体系，行政划分与省建设厅、杭州市工务局类似，但其"技术及监督"职能仅由唯一的"建设委员会"承担。

1927年，《宁波市工务局暂行章程》颁布，规定宁波市工务局设第一科到第三科[②]。从职能看，城市建设与建筑活动属于第二科管辖范畴，市政工程、建筑工程及公用事业均包含在内。第三科主要是负责建筑取缔，管理工程审批事项及取缔违反相关规则的行为。

1928年，宁波市工务局调整为四科：第一科仍为总务科；第二科为建筑科，其职能包括原第二科所掌管的大部分事务，但公共事业被划出管辖范围；第三科为取缔科，负

[①] 南京国民政府时期宁波第一任市长，鄞县人，1909年以首批庚子赔款留美生进入麻省理工学院，1915年获得博士学位后回国，先后在北京大学和教育行政部门任职。

[②] 第一科掌管总务；第二科掌管"关于规划及建筑街道、沟渠、堤岸、码头、水道、公园、公墓、市场、菜场及其他土木工程事项，关于测量、制图、印制及保管仪器、图籍、标本事项，关于修理及保管已建各种市有工程事项，关于监造市有建筑工程及保管工具机械事项，关于各种工程估价及设计事项，关于测量全市公有私有土地事项，关于经营公园并各种公共建筑及整理市交通、电力、电话、自来水、煤气及其他公用事项，关于检点及保管材料事项"；第三科掌管"关于取缔公私各项建筑工程及发给许可证事项、关于取缔妨碍交通及拆除危险建筑并侵犯公地之建筑及堆积物事项、关于取缔商办各种公用事业之有碍公务事项、关于保管古迹及在美术上历史上有价值之建筑事项、关于市内花木树艺及公园管理事项、关于取缔其他土木工程事项。"（宁波市工务局暂行章程[J]. 宁波市政月刊，会议录：1927，1（4）：43-44.）。

第 3 章　近代后期宁波城市建设管理制度的建立与改进（1927～1937 年）

责稽查及取缔妨碍交通或公益之建筑物事项、审核一切公私建筑图样及说明书并发给建筑物或修缮遵照事项及管理古迹树艺园林事项；第四科为新设的公用科，负责各类公用事业的管理①。调整后的工务局科室职能分工更加明确、更有针对性（图 3-3）。

在人员构成上，初期工务局设局长 1 人、科长 3 人、科员若干、技师技佐若干。调整后，在人员设置上，增设了技正、技士若干人。可见，在行政体系之内，技术人员也已专门独立出来，体现出现代城市建设管理机构对技术问题的重视。

除了工务局，宁波市政府为筹议全市建设事宜，专门成立了"建设委员会"，建设委员会还于上海设立驻沪办事处，称为"宁波驻沪建设委员会"。近代，作为边缘城市的宁波、杭州均受到主流城市上海的影响，而宁波由于旅沪商人较多，在民间渠道上与上海的联系甚至较

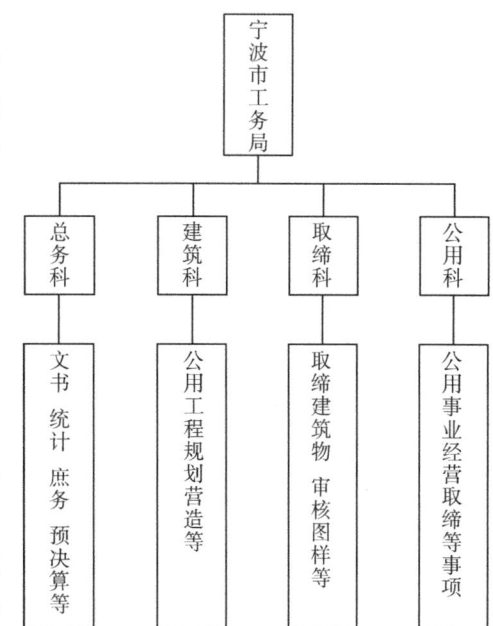

图 3-3　1928 年宁波市工务局组织机构图
（资料来源：根据宁波市政府工务局组织细则 [J]. 宁波市政月刊，计划：1928，2（2）：55. 整理）

杭州与上海的联系更加紧密，"宁波驻沪建设委员会"的成立验证了这一点。此外，杭州作为省会城市集中了全省最先进的技术力量，宁波则相对薄弱，因此不得不依靠主流城市上海的技术支撑以完成各类大型工程。作为技术及监督体系的"建设委员会"独立于行政体系之外，以行政人员领衔，通过定期会议讨论宁波城市各类建设问题，偏重技术指导与监督。"建设委员会"之外，宁波市政府及工务局并未设置其他专门委员会，因此其"技术监督"架构较简单。相比较杭州而言，其"技术及监督"力度较弱。

3.2.2.2　鄞县建设科及建设委员会

鄞县县政府在宁波设市后依据县政府组织条例设置建设科②，办理全县建设事宜。1929 年，《浙江省县政府建设局规程》公布，规定各县建设局掌管土地、交通、水利工程、

---

① 公用科具体管理事项为：掌管电力、电话、煤气、自来水及其他公用事业的经营取缔及监督事项，各种车辆及其他交通用具之管理及取缔事项，船政仓栈、码头及其他港务的管理事项，度量衡及其他公用器具的检验及取缔事项，关于路灯的整理管理及路牌的编订事项及公共广告场所的管理指导事项（参见宁波市政府工务局组织细则 [J]. 宁波市政月刊，计划：1928，2（2）：55.）。

② 建设科的主要管理内容包括：（1）关于修治全县道路、航路等一切交通事项；（2）关于农林、蚕桑、畜牧、水产的提倡及监督事项；（3）关于全县农村组织事项；（4）全县农田、水利的计划及工程事项；（5）关于全县农工商矿各业的发展及承转注册事项；（6）关于办理县、市、乡各项公共建筑事项；（7）关于县立各建设机关的筹备管理及视察指导事项；（8）关于县、市、乡建设经费的筹集、支配及编制预决算事项；（9）关于全县建设事业之统计及建议事项；（10）其他一切建设事项（参见浙江省政府建设厅. 浙江省现行建设法规汇编 [M]. 弘文印刷股份有限公司，1929：16-17.）。

077

农矿、工商及其他公共事业。各县建设局设局长一人，另设有第一课至第四课①。鄞县县政府依照规章改设建设局，原建设科取消，该年10月正式改组，分设三课，原属于建设科的管理事务皆由建设局接手管理，包括城市规划与建筑设计相关管理事务，具体的负责机构是建设局下第二课，《浙江省县政府建设局规程》关于机构职责规定中明确指出第二课的管辖范围包括建筑事项、新市新村的建筑及土木工程事项。

1931年1月，宁波市政府撤销，鄞县县政府接收管理，于是建设局接办前市工务局全部事宜，建设局下附设临时工务处，负责办理市区的工务事宜。县政府建设科发展为废市并县后的建设局，所管辖事务范围扩大②。1931年9月，临时工务处也奉令裁撤，相关事务转而由建设局第二课办理。

1932年，省政府发布决议，各县建设局一律改称科，并另设各个区的技术专员，因此鄞县建设局再次改为鄞县建设科。鄞县建设科下设股办理事务，其中第一股为总务，第二股主管交通水利市政，第三股掌管农矿工商（鄞县政府建设科，1934）。

在行政架构之外，鄞县县政府同样设置有专门的委员会主管技术事宜。1928年3月，鄞县成立"建设委员会"，其职责包括审议县政府交议事件及建议关于县建设事业之方针及计划、筹划县建设经费、审查县建设预算及决算等3项内容。委员会对县建设事业开展具有一定的决定作用，《浙江省县政府建设委员会简章》（1927年）明确指出"县建设经费非经县建设委员会议决不得提用，"③说明县建设委员会对建设经费具有绝对的控制权。废市并县后，建设委员会也随着一并改组，原宁波市政府下设的建设委员会则随着市府的裁撤而撤销，只是驻沪建设委员会为便利旅沪同乡讨论建设事业及接洽而仍然存在，附设于宁波旅沪同乡会。

从市政府时期的工务局到鄞县县政府的建设科（建设局），宁波城市建设管理机构的发展经历了较大的调整。在市政府时期，工务局作为专门的城市建设管理机构，形成了一定的分工，并逐步细化，初步形成了城市建设各类工程专业化管理的雏形，有利于现代城市建设管理制度的发展与完善，使城市规划及建设走向专业化，符合技术化、专门化的发展趋势。废市并县后，城市建设管理职能并入原鄞县建设局（建设科），机构所有缩减，但其职能范围却有所增加，除城市建设各类工程管理外，农、林、牧、渔、矿各

---

① 第一课负责管理事项包括：（1）关于文书收发、缮校及信印、卷宗、图书的保管等；（2）职员任免、考核、奖惩等事项；（3）关于建设经费的支配、领发、审核及其预算决算编制等事项；（4）统计表册及月报的编造事项；（5）建设局会计及庶务事项；（6）其他不属于各科事项。第二课管理事项包括：（1）关于道路、桥梁的修筑及管理；（2）关于航业的管理及取缔事项；（3）关于电业的保护及管理事项；（4）关于水利工程之规划及设施事项；（5）土地测量及建筑等事项；（6）关于新市新村之建筑及其他土木工程事项；（7）关于运输业团体的管理事项。第三课管理事项主要为农业、林业、畜牧、渔业、矿业等，包括：（1）关于农林、蚕桑、畜牧、渔业、矿冶业的规划及将进行保护管理事项；（2）取缔狩猎；（3）植物病虫害防治；（4）农村改良事项；（5）农民银行及合作社的管理；（6）关于地质及土壤的调查事项；（7）关于佃夫地主间争议的处理事项；（8）关于农矿等业团体的管理事项。第四课掌管事项主要为工商事业，包括：（1）关于工商业之提倡、将进行保护管理等事项；（2）关于商品的检查、征集事项；（3）关于权度的检验事项；（4）工商业注册事项；（5）工商业团体的管理。

② 工商事宜也一并交由建设局管辖。

③ 参见《浙江省县政府建设委员会简章》（1927年）第5条．（浙江省政府建设厅．浙江省现行建设法规汇编[M]．弘文印刷股份有限公司，1929：24．）。

第3章 近代后期宁波城市建设管理制度的建立与改进（1927~1937年）

业及工商事务也成为建设局（建设科）的管辖范围。伴随着行政级别降低及职能范围的扩大，鄞县建设局（建设科）分管城市建设管理的力量被削弱。

3.2.2.3 土地管理机构

宁波市土地登记处成立于1927年12月，是南京国民政府时期宁波市最早的土地管理机构。土地登记处分为三科①，土地登记处设处长一人、科长三人、科员若干人、技士若干人。

宁波土地登记处成立后对全市土地展开了登记，并多次进行城市地形测绘，1928年绘制了1∶10000的《宁波市图》，1929年编绘了1916年测量的《宁波市图》，1932年6月由浙江省陆地测量局出版，1936年又测量编绘了1∶5000的《鄞县城厢图》和房地产图（俞福海，1995），这些地图成为城市规划和城市管理的基础资料。

废市并县后，鄞县成立整理土地委员会，制定整理土地五年计划，继续办理原宁波市区土地清丈登记发证等业务。到1934年10月，设立鄞县政府清丈处，土地相关事项即归并办理。1936年4月，清丈处改组为鄞县地政处，对测量完成地区，凡与登记规定相符合者，继续发放土地所有权证书（《宁波市土地志》编纂委员会，1999）。

3.2.3 宁波城市建设管理法规的建立与改进（1927~1937年）

宁波设市后城市建设管理机构的成立促进了城市建设管理法规的制定，在1927~1937年间，宁波依据南京国民政府及浙江省相关制度相继制定了各类城市建设管理法规，包括土地法规、市政法规、建筑法规、建筑师及营造业管理法规等。由于宁波的市政建设主要以省颁法规作为施行标准，只在1928年颁布了鼓励市民出资的《宁波市市民修筑道路及奖励章程》，并未形成宁波市自身的道路修筑规范及具体的道路工程施工管理法规，因此以下仅就土地法规、建筑法规、建筑师及营造业管理法规进行分析。

3.2.3.1 土地法规

1927~1937年间，在国家法规及省级法规的总体框架下，宁波市颁布了土地征收法规及土地登记法规，在时间上比南京国民政府和浙江省政府相关土地法规略早。1928年4月，"市政府颁布《宁波市收用土地暂行条例》及《宁波市收用土地暂行规程》"（《宁波市土地志》编纂委员会，1999）为土地征收类法规。《宁波市土地登记暂行条例》也于1928年颁布，《宁波市土地志》记载："1928年制发土地登记条例和土地清

---

① 第一科掌管撰拟文书及章程、会议记录、统计编辑、评估土地价格等事项；第二科办理土地登记、滩地升科及调查市有土地、查核旧单与实地亩分之异同、续给土地登记、滩地升科及民产转移之凭证、编制表籍表册及保管一切单契事项；第三科掌管测量全市民有市有之土地及滩地、复核测量编册及抽查已交户地、制给全市区域及地形地籍等图标、保管各种地图表册事项（参见宁波市政府土地登记处组织细则[J].宁波市政月刊，计划：1928，2（2）：57.）。

丈细则，开始清丈和登记城市土地，以及发证、划分地价"（《宁波市土地志》编纂委员会，1999）（表3-4）。

南京国民政府时期宁波土地法规一览表 表3-4

序号	法规类别	法规、条例名称	颁布时间	颁布单位
1	土地征用类法规	《宁波市收用土地暂行条例》	1928年4月	宁波市政府
2		《宁波市收用土地暂行规程》	1928年4月	宁波市政府
3	土地整理、调查、登记及测量、陈报类法规	《宁波市土地登记暂行条例》	1928年	宁波市政府

资料来源：根据沈谋达，周心明，陈显琴．宁波市土地志[M]．上海：上海辞书出版社，1999：306-307.整理。

1. 土地征收法规

1928年4月，《宁波市收用土地暂行条例》《宁波市收用土地暂行规程》公布实行。其中《宁波市收用土地暂行条例》共12条，与杭州市土地征收法规一样，对征收土地的范围、征收的方法及价格等内容进行了规定。首先，关于土地征收范围，法规第1条明确指出宁波市"为开辟或放宽街道及建设公有场所，必须收用土地时"可由市政府工务局规定范围。其次，关于土地征收的方法及价格，条例指出"凡改宽原有街道，其两旁之土地及建筑物，须遵照工务局规定之宽度让进或拆除，概不给价"，但开辟新路及建筑公共场所时政府给予一定的征地地价赔偿，"属于民有者，每亩给原有地价八成，属于公有者，每亩给原有地价六成"，"应给之地价以市政府登记处登记之价格为标准"（《宁波市政月刊》第1卷第9期，1927）。除对地价进行补偿外，政府应给拆让费，根据不同的建筑采用不同的计算方法[①]。对于收用后剩余部分的土地利用，条例第11条规定"凡收用之民有、公有土地，其剩余部分阔度在四公尺以内，不能应用者，由工务局得酌定价格，令该处邻地业主互让"（《宁波市政月刊》第1卷第9期，1927），保证了土地利用的效率。

《宁波市收用土地暂行规程》对《宁波市收用土地暂行条例》进行了补充和完善，条例共分为17条。在征收土地地价补偿上，条例第3条规定"凡开辟或改宽道路或建设市有公共场所应收用之土地，在繁盛区者，每平方公尺给价两元，在次繁盛区者，每平方公尺给价一元，在住户区者，每平方公尺给价五角，田地每平方公尺给价一角"（《宁波市政月刊》第2卷第3期，1929），对所征用土地进行了更具体的划分，更加科学合理，另外在土地地价补偿及拆迁补偿价格上也有略微调整。对拆让剩余地块的规定更加具体，指出"业主领款之民地辟路后，所余深度在二公尺以内不能应用者，于限定时期内准该接连前后两业主互相让渡，如逾期仍无办法，即由工务局将前后两业主土地收归公有"（《宁波市政月刊》第2卷第3期，1929）。

[①] 一般建筑以椽计算，"平屋每椽五元，二层楼房七元五角，三层楼房十元，西式平房则按地板面积计算，每平方公尺三元，楼房每加一级，加给平房半数"，其余草屋、泥房、厕所、木棚等，"每间给拆让费三元，砖墙每平方公尺给拆让费二角，瓦片墙每平方公尺给拆让费一角。"（参见宁波收用土地暂行条例[J]．宁波市政月刊，法规：1927，1（9）：20.）。

第3章　近代后期宁波城市建设管理制度的建立与改进（1927～1937年）

2. 土地登记法规

宁波是较早颁布土地登记法规的城市之一，1928年，《宁波市土地登记暂行条例》[①]颁布，早于南京市1933年颁布的《南京市府公布土地登记暂行规则》5年。

《宁波市土地登记暂行条例》规定宁波市区内一切公有及私有土地均需一律登记，市区内所有土地需依据该条例进行登记后方受法律保障。第一次鲜明地提出了土地的类别，将各类土地按照使用范围及使用目的分为建筑用地、耕种用地、畜牧用地、矿产用地、杂地。

---

① 《宁波市土地登记暂行条例》内容如下：

条例编号	条例类别	条例内容摘要
第1条至第2条	条例目的及适用范围	(1) 目的：保障本市各种土地权利； (2) 适用范围：本市区内公有及私有之土地
第3条	土地类别及详目	(1) 建筑用地；(2) 耕种用地；(3) 畜牧用地；(4) 矿产用地；(5) 杂地
第4条	登记后土地相关权利	(1) 所有权；(2) 典质权、永租权、永佃权、抵貲权、长期租佃权；(3) 地上权、地役权；(4) 公有土地之有保管权者、共有土地之有保管者
第5条至第6条	土地登记部门及土地登记法律	(1) 由市财务局附设土地登记处办理。(2) 土地登记后方能受法律保障
第7条至第11条	登记事项、登记期限及公示监督	(1) 登记事项包括土地所在地名及坐落四至、土地地类地目、面积、地价、有无地图等。 (2) 于规定登记期限内自行申请登记，登记期限自市政府布告之日起二个月为限。 (3) 有疑义或争执时应于公告起二个月内声请市政府附设之土地审查委员会分别解释审理。 (4) 申请登记人或异议声请人不服市政府附设之土地审查委员会裁决时得声请省政府为终审之裁决
第12条至第16条	权利变更及各类土地法定代表人的相关规定	(1) 土地权利有设定或移转、遇自然或人事致有分合或消减添附等情况需一个月内申请登记。 (2) 国家或地方所有之土地以直辖主管机关为法定代理人；社团法人或财团法人及各种公司与学校或另立堂名者等由该社团学校等法定代理人公司经理人或另立堂名者代表人申请登记。 (3) 凡国有土地变卖证明书或土地收用证明书于土地登记处分别声请消减或移转登记
第17条至第32条	土地登记的具体操作及相关费用、责任等认定	(1) 土地登记处应派员分区清丈调查。 (2) 土地业主申请登记俟每区清丈调查完竣后给正式等级证书。 (3) 登记清丈有出入者应核正、无权源面占有者由土地审查委员会查确定勒令补缴地价呈由省政府核给营业执照后再发给登记证书。 (4) 如有伪造证据或其他虚伪行为者依法治罪。 (5) 测量调查人员如有勒索事宜、业主若有行使贿赂依法治罪。 (6) 凡申请登记者依照各区别缴纳登记费。 (7) 政府自用地、有关公益或慈善事业所用地、经国民政府或省政府特行核准者免费登记或酌量减免费用。 (8) 逾期办理登记、如发现登记权利者所声报有隐匿不符情事时处罚金
第33条至第35条	关于条例生效的规定	(1) 本条例施行细则由市政府拟订呈省政府核定之。 (2) 本条例在省政府全省土地登记条例未经颁布以前暂时适用之。 (3) 本条例自省政府核准后公布后施行

（资料来源：根据宁波市土地登记暂行条例[J].宁波市政月刊，法规；1927，1 (3)：3-7.整理）

081

尤其是建筑用地（相当于现代城市规划的城市建设用地）一项，顺应现代城市的建设，将铁道用地、公路用地、水管用地等单独划出，其中铁路是现代交通形式，而水管用地则满足了现代给水排水设施铺设的需要。除上述土地类别外，教堂地、公园地、场厂地等都是新的类型。这些分类与现代城市规划中城市用地性质的概念已较类似。在古代，土地的面积没有精确的丈量和登记，即使有一些数据，也是模糊粗略的，加之土地私有，政府对土地的利用无从管理。通过土地登记，政府得以了解及掌握土地基础数据，为土地开发提供前提条件。

《宁波市土地登记暂行条例》详细列出土地登记的事项[①]，登记内容全面，这对政府有序管理城市土地具有较大意义。条例第12条至第16条是对土地权利变更登记及各类土地法定代理人的规定，第17条至第32条则是对土地登记具体流程、相关权责、费用等方面的规定，可看出土地登记已经纳入现代法制化管理的范畴，做到惩戒均有法可依。

土地征收及登记法规的颁布为近代宁波制定城市规划、开展城市建设提供了前提条件，通过征收的方式保障了城市公共设施用地，有助于政府统筹安排，实现了土地使用权的再分配，解决了土地属性与城市发展之间的矛盾，在一定程度上对近代宁波的城市建设现代化进程起推动作用。

3.2.3.2 建筑管理法规

设市后，宁波建筑管理法规的制定进程加快。1927～1937年间，宁波的建筑管理法规历经三次调整，市政府时期进行了两轮修订，废市并县后又专门制定了鄞县建筑管理法规，经历了酝酿期、形成期及维续期三个阶段（表3-5）。宁波第一个真正意义上的建筑法规是发布于设市初期的《宁波市建筑条例》（1927年），这是宁波近代第一个建筑法规。接着，1930年宁波市政府发布《宁波市建筑规则》，条例参采广州、上海等市政建筑规则，条款严密翔实，对宁波建筑活动施行严格管理。废市并县后，《宁波市建筑规则》（1930年）改订为《鄞县建筑暂行规则》。1934年1月省政府颁布《浙江省各县城厢建筑取缔暂行规则》，于是《鄞县建筑暂行规则》作废，鄞县政府同时针对本地情形制定补充细则，呈省政府核准后实施，即《建筑取缔暂行规则鄞县补充细则》，于1934年4月21日正式施行。

南京国民政府时期宁波主要建筑法规一览表　　表3-5

序号	法规颁布时间		法规名称	法条数量
1	设市初期（酝酿期）	1927年	《宁波市建筑条例》	不详
2	1930年代初期（形成期）	1930年	《宁波市建筑规则》	88
3	1930年代中期（维续期）	1934年	《建筑取缔暂行规则鄞县补充细则》	31

资料来源：笔者根据相关史料整理。

[①] 包括"土地所在之地名及坐落四至、土地之地类、地目及安作何用、面积、地价、收益、租值、证明文件或其他人证之姓名、籍贯、职业、住址、登记之目的、有无负担及债务、有无地图、登记权利人之姓名年岁籍贯性别职业住址"参见宁波市土地登记暂行条例第7条（宁波市土地登记暂行条例[J]. 宁波市政月刊, 法规: 1927, 1 (3): 4.).

第3章 近代后期宁波城市建设管理制度的建立与改进（1927～1937年）

1. 酝酿期（第1阶段）——设市初期法规的酝酿及制定

在正式建筑法规颁布之前，宁波已有建筑管理的雏形，主要涉及（1）建筑取缔；（2）建筑朝向及建筑日照；（3）建筑设计及建筑营造；（4）城市规划层面的总体控制等内容。

其一，建筑取缔。童爱楼在《改良建屋合乎市制问题》一文中，提出改良宁波房屋的条例，其中第1条指出应对危险房屋勒令翻造，第2条提出应对马路两侧建筑予以控制，"不许建筑高而且长之墙垣"，使市面兴盛。

其二，建筑朝向及建筑日照。童爱楼指出除了马路旁建筑随道路分布外，住屋"可专建南向之屋，使冬暖夏凉，有益卫生"，考虑建筑朝向及日照问题。

其三，建筑设计及建筑营造。《改良建屋合乎市制问题》一文中还强调应对所造建筑进行设计，认为建屋应"令美术家打样，钩心门角，各出心裁，适合其地之位置"，避免千篇一律。同时应设"建筑公司"代建屋主无力承建的房屋，建成后由建筑公司收取由于建造而增加的房租，限定20～30年，之后将房屋归还原主[①]。

其四，城市规划层面的总体控制。关于城市界面控制，童爱楼于《建筑马路连带之事》一文中阐述了规定的雏形，分为"筑路前"与"筑路后"两个部分。筑路前需对建筑退让道路作规定（《宁波市政月刊》第1卷第3期，1927），道路两旁建筑应统一缩让、统一建造。筑路后对道路两旁新建建筑也有规定，即"既筑马路以后两旁只准建造店屋，不许建筑高而且长之黑墙头"（《宁波市政月刊》第1卷第3期，1927）。"只准建造店屋"是从振兴市面的角度提出，而"不许建筑高而且长之黑墙头"则有建筑高度控制的意味。对筑路后原有建筑修建及改造侵占马路一事，文中提到"既筑马路以后，两旁居户凡欲修筑改造，在马路占地搭架等事必须事先关照工务局，限定时日拆去，领得照会后方能动工"，可见当时已将超出马路界限的房屋搭建物视为"违章"并予以取缔。此外，文中还从环境的角度提出应预留排水设施的位置，"未建马路以前阴沟、阳沟先须安置妥当，马路下如欲埋葬水管等亦需事先规划妥当"（《宁波市政月刊》第1卷第3期，1927）。为杜绝乱堆乱放现象，规定"既筑马路以后凡各种杂货摊及木石等各种杂物均不许堆置，粪坑均须移入屋内，或用遮蔽之物或埋置地中"。

上述观点已经体现出现代建筑管理的雏形，对危险建筑进行取缔、考虑建筑朝向及建筑日照问题、强调建筑应进行专门设计并由专门建筑公司建造，同时从城市规划角度对城市道路及两旁建筑进行控制，从建筑安全及卫生使用的角度提出相关措施，虽不是完整的建筑规范，但已经初具规范的雏形。这些观点在宁波之后的建筑法规中均有所体现。

1927年11月，《宁波市建筑条例》在第17次市务会议上修正通过。笔者尚未能收集到史料全文，但从会议记录上可窥一斑。条例全文34条（《宁波市政月刊》第1卷第3期，1927），内容涉及建筑与道路关系、建筑防火要求、建筑界面控制、建筑墙体规范、

[①] 文章指出"未建马路以前必须由工务局通知旧路旁铺户、住户缩进，规定马路丈尺之界址后，然后一例动工不致参差不齐"，"未建马路以前若遇有歪斜欲倒之房屋，工务局有权勒令翻造，马路两旁有整齐划一气象一新之观"（参见改良建屋合乎市制问题[J].宁波市政月刊，论着；1927，1（10）：9.）。

建筑排水设施等方面。作为现代建筑法规，已经具备以下基本内容：（1）城市规划层面的总体控制；（2）建筑细节措施的规定；（3）建筑消防措施规定。限于史料，笔者无法得知所有法条的具体内容，因此以下仅简要分析城市规划层面的总体控制内容。

《宁波市建筑条例》第2条规定"凡在本市内之各种建筑物应具有市街之美观及其他危险预防之条件"（《宁波市政月刊》第1卷第1期，1927），对建筑形体及立面设计提出了要求，同时规定建筑应具有一定的强度，能够预防危险。关于建筑后退，《宁波市建筑条例》对建筑应退让道路的距离做出规定，新建筑与旧建筑根据其与道路、河道的关系后退距离各不相同①，这就保证了城市道路宽度可按照规划预留，对城市界面的控制具有较大意义。

《宁波市建筑条例》（1927年）的颁布对宁波近代建筑控制来说具有较大的意义，开创了建筑管理的新局面，使建筑活动有法可依。

2. 形成期（第2阶段）——20世纪30年代初期法规的修订

1930年，《宁波市建筑规则》颁布，共有7章88条，法条数量是《宁波市建筑条例》（1927年）的2倍多，在内容上有所增加。"对于本市区范围内之公私建筑及一切土木工程均适用之"（《宁波市政月刊》第3卷第5、6期，1930），规定市内各建筑应具备"美观及防止危险等之要件"，规定"公安上有危险""卫生或交通上有妨碍""违背本规则及根据本规则所产生之命令而任意建筑"的建筑物，工务局可命令拆除、改建修理或禁止、限制使用。规则对建筑主管机关、街道与建筑关系、建筑高度、建筑构造、建筑许

《宁波市建筑规则》法条内容一览表　　　表3-6

法条	法条类别	内容摘要
第1条至第7条	总纲	（1）适用范围；（2）建筑基本要求；（3）主管机关；（4）名称释义
第8条至第12条	街道与建筑关系	（1）不同道路宽度沿街建筑的突出物设置；（2）沿街建筑的高度规定
第13条至第41条	构造及设备	（1）建筑物之构造与高度的关系；（2）建筑物与基地高差设置规定；（3）不同部位的墙体构造；（4）烟囱构造；（5）屋面及排水构造；（6）门窗开法；（7）建筑防火规定；（8）对安全疏散措施的规定；（9）建筑卫生设施的设置规定；（10）室内最低高度规定；（11）窗地比规定
第42条至第59条	请领许可证手续及建筑时之各事项	（1）建造者为领取建筑许可证需准备事项；（2）建筑许可证领取的程序及相关规定；（3）建造中改动图纸等内容的申请及审核程序；（4）建筑连接周边卫生设施等事项的规定；（5）关于建筑手续费的规定
第60条至第84条	设计准则及关于钢骨混凝土施工上之注意	（1）建筑各部本身重量列表；（2）建筑物内部各层楼面载重列表；（3）各种建筑材料需达到的载重量列表；（4）钢筋混凝土成分及相关规定；（5）结构体系的力学规定；（6）钢筋混凝土的施工工艺说明
第85条至第86条	罚则	关于违背规定的罚则
第87条至第88条	附则	关于法规的颁布的官方说明

根据宁波市建筑规则[J]. 宁波市政月刊，法规：1930，3（5、6）：20-37.整理。

---

① 规定"两方均有房屋之街道，其一方建筑一方仍旧时量计，原有街道以应让之数折衷缩让，但沿河或临江之处一律单方让足，其地偏僻小街一端或两端可通出入面供公众通行者酌量减让，以六尺为度，至仅为该弄内住户通行者得酌量情形办理"（参见第十七次市务会议会议录[J]. 宁波市政月刊，会议录：1927，1（3）：37.）。

第3章　近代后期宁波城市建设管理制度的建立与改进（1927～1937年）

可、建筑结构及技术等方面进行了详细规定（表3-6），体现了其作为现代建筑法规的特点，主要有4个方面：(1) 城市规划层面的总体控制；(2) 建筑审批制度的阐释、(3) 建筑细节措施规定；(4) 结构设计准则的规定。法规并未将建筑消防措施列专门章节，而是将相关内容包含在建筑细节措施中统一进行规定。

(1) 城市规划层面的总体控制

城市规划层面的总体控制方面，法规第二章对建筑与街道关系进行规定，指出建筑的突出物设置、建筑高度、层数、门窗等皆应根据道路宽度改变做相应变化，体现出规则基于城市规划角度的总体把控，也隐含着现代建筑容积率、建筑密度等概念。以下主要从2个方面进行简要分析：建筑退让及建筑高度、建筑突出物。

其一，建筑退让及建筑高度。对于新建及添建的建筑与道路关系，要按照规定道路宽度让足；对临街建筑高度，规定面对街道的"不得过街宽之两倍"，位于两街相交的转角建筑，"不得以较宽之街道为标准"。如果建筑高度超过上述规定，"应将上层建筑依一与二之比例，逐层收进之"[①]。规则还对沿街建筑各层高度进行规定：当道路宽度在9.6m以上时，第一层高3.6m，第二层为2.7m，第三层以上任意；当道路宽度为7m以上，第一层3.4m，第二层2.7m，第三层以上任意；道路宽度为7m以下，第一层高3m，第二层以上任意[②]。关于坊弄内建筑，规定3.6m以内的坊弄里"不得建造三层楼"，除沿街门楼外，坊弄内不能建造跨街建筑，"门楼之深度不得过三、六公尺（或十二尺），并须用耐火构造"[③]。根据道路宽度限定建筑的高度和层数，在一定程度上对建筑的容积率进行了控制，体现出现代城市规划理念。

其二，建筑突出物。法规第8条对建筑突出物进行了规定，以道路宽度9.6m为界线，当道路宽度在9.6m以上时，需装设披水板及阳台[④]，当临街道路宽度在9.6m以下则不允许装设披水板及阳台。对屋檐也有规定，"不得凸出路面，六十公分（或二尺）以上阳台上屋檐，则以三十公分（或一尺）为限"。沿街建筑的门窗，除了太平门，"离路面不及二点五公尺（或八尺）高者，概不得向外开。"同时规定建筑物上突出装饰品的最低部分"须离路面三公尺（或十尺）"。上述规定不仅从安全角度对建筑外立面突出物进行了控制，保证了行人行走的安全，也对建筑界面的统一性提出了一定的要求。

(2) 建筑审批制度的阐释

建筑审批制度是现代建筑管理的主要组成部分，规则对建筑许可证及相关审批手续进行了详细规定。建造者领取许可证之后方能动工，申请许可证有一套严格的程序，包括领取建筑申请书、呈送建筑图纸、审核等步骤。不论新建、改造、添筑及修缮建筑均需向工务局领取建筑申请书。呈送的建筑图纸应包括"建筑物配置图"，比例（缩尺）不小于1/500，"各层平面图""主要立面图"、主要剖面图，（缩尺）比例不少于1/200[⑤]。

---

① 参见宁波市建筑规则第9条．(宁波市建筑规则[J]．宁波市政月刊，法规：1930，3 (5、6)：22.)。
② 参见宁波市建筑规则第11条．(宁波市建筑规则[J]．宁波市政月刊，法规：1930，3 (5、6)：22.)。
③ 参见宁波市建筑规则第12条．(宁波市建筑规则[J]．宁波市政月刊，法规：1930，3 (5、6)：22-23.)。
④ 伸出路面不能超过1m，阳台须三面露空，高度自路面起要在3.6m以上。
⑤ 参见宁波市建筑规则第42条．(宁波市建筑规则[J]．宁波市政月刊，法规：1930，3 (5、6)：27-28.)。

如果建筑结构为钢筋混凝土或者钢结构，重要工程需要同时附有各部分详细构造图。对于图纸法规有具体的要求，如配置图"须明示各室建筑物之方位，通路，临近土地，及与他种建筑物之关系"，平面图"须明示各室之大小、位置、用途、墙壁之厚薄，火炉、梯、门窗，及窗口之位置大小等"（《宁波市政月刊》第3卷第5、6期，1930）。从上述要求看，当时的规定已经基本等同于现代建筑设计图纸的要求，图纸比例、制图规范等都需要达到一定的标准。工务局接到建造者的申请书并审核图纸后方能发放许可证。

为保证建筑许可制度的实行，与杭州类似，宁波也制定了一系列措施，以保证"按图施工"及"按时施工"。为保证工程质量，要求业主按图施工，经过工务局核准后的建筑图纸，在施工时不能随意更改，如果必须改动，申请人需要填写"更正图样申请单"，经工务局审核合格之后才能依据更改的图纸施工。同时项目须在规定时间内动工、竣工。不仅如此，法规还指出工务局可"随时派员携带稽查证到工作场所查勘工程业主"，对工程进行监督。这些规定完善了建筑施工管理，表明当时已经有一套建筑设计、审批及施工的程序。

（3）建筑细节措施规定

建筑细节措施体的规定直接体现了现代建筑构造与传统建筑构造体系的区别，主要包括建筑结构、墙体、基础、屋面及排水、防火及疏散等内容。对建筑细节措施的规定体现出现代建筑法规的2个特点：对公共卫生问题的考虑、对建筑安全问题的重视。

其一，对公共卫生问题的考虑。法规对建筑室内外高差、排水设施等规定体现了对公共卫生问题考虑。如室内外高差，法规规定建筑物基地需比前面人行道高出8cm以上，室内地面（地盘）至少高出前面人行道15cm。除了考虑卫生问题外，也体现出现代城市市政关于道路及场地高程设计的内容。

其二，对建筑安全问题的重视。对建筑结构强度的考虑、防火疏散等问题的规定均体现出对建筑安全问题的重视。如建筑结构规定"钢筋混凝土造、钢造、砖石造等，视其位置与用途而定"，"木造不得超过三层"。建筑墙体不同部位厚度不同，如外墙厚度至少25cm，内墙至少厚8cm以上，界墙厚度须在25cm以上，风火墙厚度至少在38cm以上。建筑主要承重部分规定应用强度较大的材料，如墙基"应用灰浆三和土、水泥三和土，或其他石料"，为保证强度，墙基宽度至少较墙角"每边加阔十三公分"。建筑防火及疏散要求是现代建筑规范的重要内容，规则第25条规定"普通三层楼以上建筑物，其外墙须用耐火构造，如面积在七百平方公尺以上者，其楼梯及主要构造部亦须施行耐火构造"；26条又有"凡旅馆、公寓、医院、校舍、酒楼、茶肆等公众住居饮食房屋三层以上者，其墙身楼梯等主要部分，须用防火材料构造"（《宁波市政月刊》第3卷第5、6期，1930）的规定，27～29条分别对剧场、影戏院、演讲厅等公众娱乐建筑、工厂、商场、货站等作业场所的防火要求做出规定。安全疏散方面，法规强调了安全出入口及疏散楼梯的设置，尤其对公共建筑的安全疏散作了较严格的规定。

（4）结构设计准则的规定

建筑结构设计准则部分，规则对钢筋混凝土等现代建筑结构施工注意事项给出说明。

第 3 章　近代后期宁波城市建设管理制度的建立与改进（1927～1937 年）

作为新的建筑结构技术，钢筋混凝土结构在当时已较频繁采用，规则规定了各种材料本身的重量、不同类别建筑的单位面积载重量及风荷载、砖石木料及"水泥三合土"等单位面积需能承受的载重量等，同时对钢筋混凝土的成分及施工工艺进行说明。

总体而言，《宁波市建筑规则》（1930 年）已经包含现代建筑法规关注的卫生、安全、防火及疏散等内容，建筑技术措施及结构设计准则确立了现代建筑施工的基本规范，工务局通过建筑审批制度得以对转型期的建筑活动进行一定的控制。法规的颁布确定了南京国民政府时期宁波市建筑管理法规的总体框架，有效推动了建筑活动的现代化进程。该规则亦成为宁波市政府时期建筑管理法规的最终版本。

3. 维续期（第 3 阶段）——20 世纪 30 年代中期的建筑管理法规

1931 年，宁波废市并县，此前市政府时期颁布的《宁波市建筑规则》（1930 年）改订为《鄞县建筑规则》，仍旧沿用。1934 年，《浙江省各县城厢建筑取缔暂行规则》开始施行，《鄞县建筑暂行规则》废除，鄞县政府又颁布了《建筑取缔暂行规则鄞县补充细则》，于 1934 年 4 月施行，主要针对鄞县实际情形对《浙江省各县城厢建筑取缔暂行规则》做补充。

如前文所述，《浙江省各县城厢建筑取缔暂行规则》（1934 年）已就城市规划层面的总体控制、建筑细节措施、建筑审批制度等现代建筑规范的基本内容进行规定，但并未提及建筑结构技术的相关内容。《建筑取缔暂行规则鄞县补充细则》（1934 年）法条内容共 34 条，法规占据最大篇幅的是建筑结构设计准则内容，对建筑各部自身重量、建筑物内部各层楼面载重、各种建筑材料的载重量、钢筋混凝土成分、结构体系的力学规定、钢筋混凝土的施工工艺等内容进行说明（表3-7）。除主要对建筑结构设计准则进行规定外，《建筑取缔暂行规则鄞县补充细则》（1934 年）还就省颁规则第 12 条关于建筑缩让条文做进一步说明，规定："拆造沿街墙垣者，指旧墙由顶至脚大部分拆造，不论墙脚拆造或改移与否均须缩让，若仅将墙之半截或小部分拆修认为修理毋须缩让"，"重修旧建筑物者指更换沿街柱子或屋内抬力梁均须缩让，若仅换屋内柱子或搁栅搁楣等则应认为修理，毋庸缩让"（张传保，2006）。对于领取建筑许可证的费用，也参照鄞县之前所收取的手续费及实际情形在省颁规则上有些许调整，相比较而言，鄞县细则更具体[①]。

废市并县后的宁波建筑管理法规并未得到显著的发展。从条文内容上看，20 世纪 30 年代中期宁波的建筑管理法规并未超越此前市政府时期的施行规则。鄞县县政府时期虽然实行了省属法规及鄞县补充规则，但法条数量并未超过市政府时期的《宁波市建筑规则》（1930 年），其中《建筑取缔暂行规则鄞县补充细则》（1934 年）关于建筑结构技术准则的规定与《宁波市建筑规则》（1930 年）第五章内容基本相同。在法规重点内容上，省属法规及鄞县补充规则的叠加与《宁波市建筑规则》（1930 年）基本相同。可见，废市并县后的宁波建筑法规是市政府时期法规的延续。

---

① 如鄞县规则规定新建、添造房屋住宅按照每平方公尺纳银 6 分计算，由各层面积总和计算总费用，而省颁规则规定"新建添筑市房每纸纳银二元至二十元，住宅每纸纳银一元至十元"。

《浙江省各县城厢建筑取缔暂行规则》《建筑取缔暂行规则鄞县补充细则》法条内容一览表　　表3-7

《浙江省各县城厢建筑取缔暂行规则》			《建筑取缔暂行规则鄞县补充细则》		
法条类别	法条范围	法条数量	法条类别	法条范围	法条数量
总则	第1条至第6条	6	总则	第1条至第2条	2
建筑物与街道河岸之关系	第7条至第11条	5			
建筑物之缩让	第12条至第22条	11	建筑物之缩让	第3条	1
构造与设备	第23条至第36条	14			
请领许可证手续及建筑应注意之事项	第37条至第45条	9	请领许可证手续及建筑应注意之事项	第4条	1
			设计准则及关于钢骨混凝土施工上之注意	第5条至第29条	25
罚则	第46条至第51条	6	罚则	第30条	1
附则	第52条至第54条	3	附则	第31条	1

资料来源：笔者根据张传保．鄞县通志·工程志[M]．宁波：宁波出版社，2006：33-44．整理。

3.2.3.3　建筑师（工程师）及营造业管理法规

建筑师（工程师）登上历史舞台成为建筑活动的重要组成部分以及传统营造业向现代营造业转化是现代建筑转型的重要特点，因此对建筑师（工程师）及营造业的管理也成为现代建筑活动管理的重要组成部分。《宁波市土木建筑工程师暂行注册章程》于1928年颁布，其营造业登记规则《宁波市营造厂所及泥水石作注册章程》则颁布于1927年设市之初。因此，南京国民政府时期，宁波已开始对建筑师（工程师）及营造业实行管理。

1．建筑师（工程师）管理法规

在中国近代城市的现代化进程中，工程师早于建筑师出现，早期由政府派往国外学习工程技术的留学人员较多，国内早期建筑教育也以培养土木工程师为重点，因此，最早从事建筑设计工作的多是工程师而非建筑师。鉴于上述背景，国内城市早期对建筑设计人员的执业资格登记最早也从工程师开始，一些城市的职业资格登记在整个近代时期始终未将工程师与建筑师严格区分开来，宁波便是其中之一。1928年，宁波市工务局鉴于《宁波市建筑条例》发布后，市民申请建筑许可时呈验的图样合格率较低，而"各种土木建筑工程之良否其关系全在设计绘图及监工诸端"（《宁波市政月刊》第1卷第8期，1927），提出限制设计绘图者资格，于是发布《宁波土木建筑工程师暂行注册章程》，将建筑师与工程师一起登记注册。

章程规定"凡在宁波市内以从事各项建筑或土木工程之设计绘图及监工为业务者均应遵照本章程至本市工务局注册"①。关于建筑师及工程师的资格，章程规定需具备下列

---

①　参见《宁波土木建筑工程师暂行注册章程》第1条．(林局长提议宁波市土木工程师暂行注册章程案[J]．宁波市政月刊，会议录：1927，1(8)：36．)．

第3章 近代后期宁波城市建设管理制度的建立与改进（1927～1937年）

条件之一：甲，大学或同等学校建筑科或土木科毕业；乙，中等工业学校建筑科或土木科毕业有二年以上经验；丙，有切实建筑或土木工程经验在十年以上能设计绘图者；丁，匠目等具有充分经验能绘图及略知计算者①。这些规定对建筑师、工程师的从业资格进行规定，需从专业学校毕业，强调了科班出身的建筑师及工程师的执业资格。具有丰富从业经验者也可申请资格，但需具有充分的专业知识，"十年以上"经验、能设计绘图，对非科班出身人员进行了比较严格的限制。非科班出身人员在注册时须有严格的审查，需携带亲自绘制的图样两份，图纸需有正面、平面及剖面等，"具有充分经验能绘图及略知计算者"也需呈验亲自绘制的简明图样两份。建筑师（工程师）的资格分为4种，符合甲、乙、丙项规定的人员分别发给甲种、乙种、丙种工程师证书，符合丁项规定的人员只注册不发给证书，进一步严格限制非科班出身人员的从业资格。在执行一段时间后，工务局又给符合丁项规定的人员颁发了营造司证书。持有上述证书的工程师，可参与设计的项目有较大的差别，"学校、病院、戏馆、会堂并其他有相当规模之工场、公共建筑物及经工务局认为重要之土木工程非甲种工程师不得担任"，"丁"项资格者只准许承担"中国旧式二层楼房及其他各种建筑土木之简单工程或修缮工程"（《宁波市政月刊》第1卷第8期，1927）。注册人违规将予以处罚②，工务局视情节可暂行注销注册3个月至1年不等，情节较重的可吊销证书。

章程对建筑师或工程师的设计收费标准也有所规定（表3-8），共分成3大类：（1）重要工程③；（2）普通工程④；（3）简单工程⑤，收费标准各不相同，依据不同的比例进行。设计、绘图、编制施工细则及预算等设计费用占据全部报酬的60%，施工现场监工占全部报酬的40%⑥。对建筑师（工程师）的设计收费标准制定有助于规范建筑行业收费管理，同时也是对建筑师（工程师）作为第三方从业人员的劳动价值、技术能力或技术价值的

暂行工程师酬金标准表　　表3-8

酬金 工费	第一类 对于工费之百分率	第二类 对于工费之百分率	第三类 对于工费之百分率
5000元	2.55	2.56	4.42
10000元	2.40	2.16	1.20
2万元	2.03	1.85	1.03
3万元	1.55	1.68	0.94
4万元	1.77	1.60	0.88
5万元	1.6	1.52	0.85
10万元	1.45	1.34	0.74
20万元	1.32	1.19	0.66
30万元	1.24	1.12	2.62
40万元	1.20	1.05	0.60
50万元	1.16	1.04	0.53
100万元	1.06	0.06	0.53

资料来源：林局长提议宁波市土木工程师暂行注册章程案[J].宁波市政月刊，会议录：1927，1（8）：38。

---

① 参见《宁波土木建筑工程师暂行注册章程》第2条.（林局长提议宁波市土木工程师暂行注册章程案[J].宁波市政月刊，会议录：1927，1（8）：36-37.）。
② 违规情形包括：以注册号数或所领证书私自顶替托名使用者、违犯工务局定章历经通知仍不遵照者、注册后发现注册人之资格与本章程不合者、未经工程委托人同意取报酬金标准表以外之不正当金钱者。（参见林局长提议宁波市土木工程师暂行注册章程案[J].宁波市政月刊，会议录：1927，1（8）：37.）。
③ 住宅、商店、别庄、旅馆、菜馆、俱乐部、戏馆、寺院及重要的土木工程。
④ 学校、公署、病院、博物馆、图书馆、银行公司等及普通土木工程。
⑤ 栈房、工场及临时建筑物与简单土木工程。
⑥ 如果工程师与业主双方自愿增减设计费则不在表格规定之列。

一种肯定。

2. 营造业管理法规

宁波对营造业的管理始于1927年《宁波市营造厂所及泥水石作注册章程》的颁布。章程规定"凡在宁波市区内呈报一切大小工程或作工之营造厂所及泥水木作等均须遵照本章程来局注册领取营业执照"（《宁波市政月刊》第1卷第4期，1927），领取执照需缴纳执照费，营业执照每年更换一次，未经注册的营造厂所及泥水石木作等不准在市区内私自承包一切大小工程。章程同时指出各营造厂所及泥水木石作等承包一切大小工程或工作之前应将市政府颁布的建筑条例各条之规定详细通知其委办人以便遵照办理，并须通知其委办人先行呈报工务局，待工务局核准后方可动工，即建筑动工前应申请建筑许可证。转型期的宁波近代营造业新旧混杂，既有已经具备现代建筑施工与管理能力的营造厂也有传统营造业遗留的泥水石作，宁波市政府虽已实现了营造业管理，但并未对各类营造业企业实行登记区分。

建筑师（工程师）及营造业管理法规的颁布标志着南京国民政府时期宁波已经形成了现代建筑业分工，建筑师（工程师）成为建筑活动的重要参与者，传统营造业也逐步向现代营造业转变，对形成新的建筑行业运行体系意义重大。与此同时，转型期的宁波近代建筑业及营造业存在着人员与技术水平良莠不齐的现象，政府对从业人员及相关资格的审查也带有一定的模糊性，如对建筑师（工程师）的注册始终未严格区分建筑师及工程师，对营造业的登记也并未进行等级区分，体现出管理的局限性。

3.3 宁波市工程项目建设程序的初步形成（1927～1937年）

建设法规的颁布保证了建筑活动的有法可依，但工程项目的建设是一个复杂的过程，逐步建立起一套规范化的建设及管理程序对城市建设的现代转型尤为重要。而由传统的"业主—承揽人"的二元模式向"业主—建筑师（工程师）—营造商"三元模式转化的近代建筑业发展过程中，必然涉及各方的权责关系，这些都一并在工程项目建设程序中体现出来。现代工程建设一般包括策划决策、勘察设计、建筑准备、施工、生产准备、竣工验收、考核评价等阶段。策划决策阶段包括编报项目建议书及可行性研究两个阶段。勘察设计阶段则可分为勘察过程和设计过程，其中设计过程又包括初步设计和施工图设计，业主可委托相关单位对项目进行设计或组织设计招标，设计方案完成后，需编制工程总概算。建筑准备阶段主要是做好施工前的一切准备工作，如组建项目法人、征地、拆迁、组织材料、设备订货、办理建设工程质量监督手续、委托工程监理、准备必要的施工图纸、组织施工招标投标、办理施工许可证等。做好建筑施工准备并具备开工条件后，施工方在获得许可的前提下可开工建设，进入施工阶段。施工过程中，需对工程进行分阶段验收，施工结束后需进行工程全面验收，即全面考核建设成果、检验设计和施工质量，验收合

第3章 近代后期宁波城市建设管理制度的建立与改进（1927～1937年）

格后需编制竣工决算。在工程项目竣工验收营运一段时间后，对项目的立项决策、设计施工、竣工、运营等全过程进行系统评价则是考核评价阶段。南京国民政府时期，浙江省及各市逐步建立起一套规范化的建设及管理程序，虽然处于现代转型中的工程项目建设程序较现代工程项目的建设程序略为简化，但基本步骤已较接近，建设过程中的工程策划及设计、工程准备、施工、竣工验收等阶段接近现代建设程序中的策划决策、勘察设计、建筑准备、施工、竣工验收等阶段。本节从当时留存的相关工程文件如工程项目计划书、投标章程、设计图纸、施工细则等史料剖析南京国民政府时期宁波的工程建设程序概况，解读城市建设主管部门如何对各项工程从策划、设计到施工、验收等过程加以控制。

3.3.1 工程策划及设计

3.3.1.1 工程策划

近代转型期的工程策划阶段包含了现代工程建设中的策划决策阶段及勘察设计的勘察阶段，一般先成立"工程筹备委员会"，负责相关工程的策划及经费落实等前期事务，工程前期的实地勘察、测量及计划书拟定并上报审批也应在策划阶段完成。根据工程种类不同，工程策划阶段的各个步骤并没有统一的先后次序，视项目的情况而定，一些工程先拟定工程计划书，上报审批之后才进行调查统计工作，一些工程必须通过充分的调查统计才能确定工程计划书，则调查统计为首要步骤，也有一些大型工程在获得许可之后才进行工程筹备及计划。但总体来看，各基本步骤已经具备，初具现代工程策划及管理的雏形。下列工程策划的相关步骤并不严格区分前后顺序。

1. "工程筹备委员会"或"（专项）工程局"的成立

在宁波近代城市建设中，工务局作为政府主管部门管理监督各项建设，除了工务局外，重要的公共建筑项目及市政等关系城市重要设施的工程均成立筹备委员会以具体管辖和统筹工程建设，一个大型工程即成立一个筹备委员会。在职能上，工程筹备委员会是工程的组织者，负责所有工程的总务，包括筹集款项、组织设计、施工等。

宁波改建老江桥工程成立了筹备委员会管理其工程承揽、合同签订等事项。其《筹备委员会章程》指出"筹备委员会以改建老江桥，工程完竣之日为终了日期"，即该委员会只为老江桥工程而设。筹备处设总务股、募捐股、设计股、工程股、宣传股五股，其中设计股管理一切规划事项，工程股管理一切桥工事项，可见工程设计、审核及监察事项均由该委员会管理。由于工程牵涉费用较巨，难度较大，其筹备过程中筹备委员会积极筹集经费，并在上海成立了沪上改建宁波老江桥沪筹备处，对老江桥建设选址、设计方案及工程费用方面积极谋划。

从组织构成看，各工程筹备委员会一般下设处、股，采用两级管理体制，其中工程事务均专门独立出来，由工程处、设计股专门负责，工程师、建筑师、技师等专业设人员成为委员会人员构成的重要组成部分,在一定程度上体现出现代工程策划阶段对工程技术问题的重视。除上述工程外,近代省内不少公用工程均曾成立了筹备机构,如宁波中山公园筹备处设立于1927年,设有工务科,并由工务科长负责绘制图案并制定工程标准,宁波整治城河工程也成立了整治城河委员会,负责工程各项事务。

2. "工程计划书"的拟定、立项

从所颁布的各项建筑法规看,近代宁波一般的民众自建工程并不需要拟定工程计划书,但由于省市建筑规则均要求业主申报建筑许可证,因此需要第三方即建筑师(工程师)的介入,以便完成设计图纸进而获得建筑审批。工程计划书的拟定、上报审批主要针对公用工程,成立了"工程筹备委员会"的大型工程,一般而言,"工程计划书"即由"工程筹备委员会"来牵头或组织相关技术人员拟定。此外对于大量性的中小型公共工程项目(区别于私人建设项目)而言,即使没有成立"工程筹备委员会",也仍需在前期拟定"工程计划书"。以下就工程计划书拟定的方式、计划书的具体内容及项目立项审批情形进行分析。

(1)工程计划书拟定方式

计划书的拟定主体主要有两类:其一为政府机构,其二为民间组织或个人。1)由政府主管部门(如工务局、卫生局、教育局)或该工程的"工程筹备委员会"拟定一计划草案[①]交由市务会议讨论并呈请省政府核准;2)民间组织拟定计划书呈交政府相关部门核准。在近代浙江省各类公用工程中,由政府主管部门拟定工程计划书的占据多数,如《宁波市市立图书馆计划草案》及《公共体育场计划草案》皆由宁波市教育局提出。在宁波近代城市建设中,民间力量也起到较积极的作用,一些工程由社会热心人士发起并草拟工程计划。如在宁波改建老江桥工程中,热心人士陈树棠曾于老江桥工程正式启动的前十年(1922年)就草拟工程计划,并呈交给宁波当局,《鄞县通志》载"实为改建江桥,有具体计划之嚆矢"(张传保,2006),计划并附有设计图纸及说明书。陈树棠其事,是民间团体或个人对公共建设积极策划、参与的代表事件。老江桥最后的设计由上海工程师担任,但陈树棠的工程计划书也起到一定的作用。

(2)工程计划书的内容

从省市近代各项公用建设工程来看,工程计划书一般应包含下列内容:1)工程实施的目的;2)经费;3)项目执行方案;4)功能安排等。

1927年,宁波市教育局提出《市立图书馆计划草案》及《筹办公共体育场计划草案》,从内容看,计划主要从功能预设方面提出费用估计及实施事项,包括计划大纲、开办费、经常费几个部分,筹建建筑的目的也在计划中说明。宁波《市立图书馆计划草案》提到因原有"薛楼旧址改设之市立图书馆,规模狭小,陈列无多……兹拟将原有市立图书馆作为第一分馆而另觅适当地点建筑总馆一所,购备图书以供研究"(《宁波市政月刊》第

[①] 公共工程的计划草案拟定有两种情况,一种为主管部门如卫生局、教育局等先提出计划,再成立工程筹备委员会;另一种是先成立工程的筹备委员会,由工程筹备委员会负责组织草拟工程的相关计划。

第3章 近代后期宁波城市建设管理制度的建立与改进（1927～1937年）

1卷第2期，1927）。拟"建筑二十个窗位、百人可容之图书室两大间，图书陈列室两间，办公室一间，接待室一间，门房一间，其费用及图样由工务局估定之"（《宁波市政月刊》第1卷第2期，1927），即规定了建筑的功能、面积，同时指定工务局作为设计方。计划还详列了购置箱橱桌椅等用具及图书的费用并估算了运营图书馆的各项费用。《筹办公共体育场计划草案》同样包含计划大纲和开办费、经常费三个部分[①]，详细列出了体育场所需场地、费用等。

（3）工程立项审批

政府主管部门草拟计划后需提交市务会议讨论，经由决议通过者方能正式开展，项目还需经省政府核准备案。宁波《市立图书馆计划草案》在1927年8月进行讨论，决议暂时先整顿原有图书馆，待经费充足再行扩充。《筹办公共体育场计划草案》讨论后决议保留。因市务会议上并未通过，上述两个计划在当年都并未即刻实施，但也未否决。此后图书馆在1928年11月动工，1929年9月完工，"位于中山公园内，傍府桥街，坐北向南，全部建筑为钢骨水泥，二层平顶式，平面如工字形"（张传保，2006）。由《鄞县通志》工程志记载的1931年《鄞县县立体育场扩充场地计划》（张传保，2006），可知体育场建于1927～1931年间。体育场为旧府学射圃改建，占地面积二十亩（约为133333.3m^2），设有足球场、篮球场、网球场、排球场、300m跑道。

从现存工程史料看，一些工程由于涉及职能部门较多，除了需经市务会议讨论通过外，还需多个部门审批。如《鄞县县立体育场扩充场地计划》提到宁波旧有体育场扩充中"由前宁波市政府转呈省教育厅核准，将旧府学地址全部划充体育场"（张传保，2006），即计划除需经市务委员会通过外，还需经教育厅审批。可见，工程的审批部门有多个，其一是市务委员会，其二是工程的发起部门或直属的管辖部门（如学校建筑之于教育局，卫生医疗建筑之于卫生局）。又如宁波鼓楼前菜市场工程，市政府计划将鼓楼前附近浙海关监督公署改筑菜市场，于是将计划呈交省政府，《呈省政府拟拨税关公署建筑菜场文》提到"钧府鉴核准予移拨以便饬由工务局详细测勘绘成小菜场图样，克日兴工建筑，是否有当仰祈调示祇遵，谨呈浙江省政府"，可见该改建计划还需经省政府批准执行。宁波整治城河计划也曾呈交第五特区行政督察专员转奉省府及民、财、建三厅核准。可见，南京国民政府时期浙江省内各类工程的审批均需经过一个或多个相关主管部门共同逐级审批，该审批过程与现代审批制度已经比较接近。

3. 现状调研

现状调研工作是工程策划及筹备的重要环节。古代城市虽有对人口、土地等进行管理的部门，但统计粗略、调查并不系统，谎报、瞒报的情况较多，其数据并不可信。在

[①] 《筹办公共体育场计划草案》分为计划大纲和开办费、经常费三个部分，计划大纲对体育场所需场地及所需功能做了规定，即"在市内购定适当之场基，其面积除可划定四百码圆周以外，并须留相当隙地（离圆周约五十码）以资建筑左列各种之房舍（子）体育馆三间；（丑）办公室二间；（寅）储藏室三间；（卯）医务室三间；（辰）公役室二间；（巳）厕所二间（男女各一）"。场内须包含有足球场、网球场、篮球场、铁球场、铁饼场、跳高场、跳远场、铁杠、平台、木马、天桥、浪桥、浪椅、游木等设施，建设费用同样由工务局斟酌估定。经常费一项也在计划中——详细列出（筹办公共体育场计划草案[J]. 宁波市政月刊，计划及提议：1927，1（2）：13-14.）。

近代，相关部门对各种事业的调查统计尽管并不充分，但已经开始重视相关工作。朱家骅先生在杭州自来水筹备特刊序论中讲到："……原来我国兴办任何事业，比不得在欧美各国，在欧美各国，对于调查统计，平时很是注重，一到要兴办某种事业的时候，只要参考各行政机关或学术团体平时对于某种事业有关的调查统计资料加以综合及分析，就助成一精密的计划，在我国情形可就不同，平时对于调查统计，绝少预备，一到要兴办一件事业的时候，就须临渴掘井，先忙着做调查的工作，找设计的资料，因此无论什么事业，要想办得好，初始不得不在这方面多费时间……"（鄞县政府建设科，1934）。可见，当时政府部门已经认识到统计调查工作的重要性，也已意识到国内对于这项工作的缺失。南京国民政府时期，宁波关于城市各项数据统计的管理逐渐趋于正规化，其准确性大大提高。在市政工程中，现状调研主要体现为设计之前及设计过程中的数据采集、地形测绘以及设计中的比较试验等，建筑工程则主要是对场地环境的调查和了解，现场调研主要可概括为两个主要方面，即：（1）调查及测量测绘；（2）数据图表统计。

对基础数据的测量及地形的测绘是工程实施的必要条件。宁波整治城河工程中，1933年8月先着手对河道进行测勘并绘制成表，各河道的长度、宽度、深度、交通情形、淤塞的状况等均记录在册，接着考察应凿自流井的位置，根据勘察资料拟具整治城河计划。在调查勘测后，分别得出全县河流应疏浚及填埋的长度及土方量，同时计算下水道的铺设长度①。这些数据为城河整治工作奠定了坚实的基础。又如改建老江桥工程，在进行设计招标之前，筹备委员会邀请工程师多次前往实地考察，确定改造的桥梁是否仍旧于原址建造，同时进行打椿（打桩）测试实验以确定桥梁结构方案。在打椿（打桩）测验中，通过6次实验得到的数据才得出江底"泥性能甚好、底脚亦坚固"的判断。工程师依据勘测的结果得以制定出考样章程（投标章程），为工程接下来的设计及施工提供了保障。

3.3.1.2 工程设计

1. 设计承揽方式

宁波近代已经产生建筑师（工程师）、营造商的分工，建筑、道路、桥梁等工程项目的设计已经由专门的建筑师、工程师承担，设计已符合现代工程设计的基本程序。从留存的文件看，工程设计的一般流程是设计人员根据工程策划过程所列计划绘制设计图纸、编制工程预算及编写施工细则。设计承揽的方式主要有三种：（1）政府部门直接指定主管部门（工务局）设计师设计；（2）业主委托设计师或设计机构设计；（3）业主向社会公开招标。

从现存史料看，宁波近代公共设施及工程设计均以政府直接指定工务局设计为主。宁波市的图书馆、体育场、菜市场、屠宰场、鄞县飞机场等公共项目，皆由工务局或者

---

① "应浚者计长七千零七十七公尺（7077m），估计浚河土方一万八千三百（18300）公方。应填者计长四千一百五十七公尺（4157m），估计填河土方二万九千六百八十（29680）公方。缓浚缓填及不浚不填者计长二千八百四十七公尺（20847m）。装设下水道三千二百四十尺"（鄞县政府建设科. 鄞县建设[M]. 宁波：宁波印刷公司，1934：（计划调查）17.）。

第3章　近代后期宁波城市建设管理制度的建立与改进（1927～1937年）

建设科设计及监造。而委托设计一般是大型公共项目，由于工程技术复杂，必须借助国内外专家或主流城市的设计机构进行设计，如杭州自来水工程以合同聘任的形式委托天津北洋大学水利工程卫生工程学教授美国人裴特森（H•A•Pettson）为总工程师。除此之外，还有不少重点工程委托上海的设计机构完成工程设计，如上文述及的宁波华美医院住院大楼工程。设计招标的方式则源于政府对一些公用工程的重点把握，当有多个机构能完成大型项目时，也可进行设计招标。

设计招标投标一般包括：(1) 业主招标；(2) 设计者投标；(3) 评委审核评定3个阶段。

招标阶段。由业主拟定投标章程并向社会发布招标公告。投标章程一般应包括项目基本情况介绍、设计要求、经费预算数额、图纸绘制要求、奖项设置、评选事宜、投标要求、招标日期、地点等内容。宁波重建老江桥工程中，改建老江桥沪筹备处主席乐振葆在1931年6月提议进行设计招标，上海"工部局工程师茄姆生列席讨论招考设计图样，请其评定第一名及及格者"（甬、沪筹备委员会，1936）。在确定采用招标方式征集设计方案后，首先由茄姆生派遣人员进行实地测勘，并由其本人拟定考样章程（投标章程）于筹备处会议上讨论修改通过。茄姆生所拟章程共计15条，第1条规定所建新桥的位置，"计划中拟建之桥，即以替换现有之旧桥"。第2、3条规定桥面设计要求，如人行道、车行道的宽度，桥面各个部分的载重能力、桥面斜坡度、桥台至路面的高度、桥拱的半径等。第4～9条规定桥下通行要求并提供勘测基本数据，通行方面"须能行驶十尺以上之船只。两边桥台之间，须净距三百二十尺""建造期中，该处需常川留出，同时可行两只沙船之水道，以利交通"（甬、沪筹备委员会，1936）。章程第10、11条规定投标的图纸及相关文件要求，第12～14条规定评定标准、奖项等事宜，15条为投标截止日期及投标递交方式及地点。章程指出评选结果以"工程适用与标价相宜者"得标，评判标准需以"工程稳固持久，于将来查验及养桥需费愈少"为要旨。奖项设置一、二两名，第一名得标并给银币5000元奖金，第二名给银币3000元奖金。投标截止日期为1931年10月31日，应征者需在此日期之前将图纸寄送至上海汉口路15号工务处由总工程师签收。可见章程明确提出了设计要求、投标过程、工程基本勘测数据等内容，便于应征者以此为依据完成工程设计。

投标章程完成后，业主便向社会发布公告进行设计招标，招标公告一般应包括项目基本情况、招标要求、设立奖项、招标日期、地点等信息。招标公告可视为投标章程的简缩版本，两者在内容上极为相似。投标阶段，各设计单位通过报刊公告等途径了解到招标信息后，可根据业主需求及工程特点绘制图纸及编制预算书等参与投标，设计单位可根据投标要求及工程情况前往基地查勘和调研，并在规定日期前将设计图纸、预算书等送往指定地点。根据记载，宁波老江桥改建工程共有10家单位投标。

评标阶段。业主组织专家进行公开评审以确定中标单位。宁波改建老江桥工程设计招标的评审阶段笔者尚未发现详细的史料记载，只在《重建灵桥纪念册》1931年11月6日会议记录中有"工程顾问茄姆生工程师列席、共同开标及讨论审查图样"，"俟茄工程师审查后再行开会定夺"（甬、沪筹备委员会，1936）及第14次会议"茄工程师来函,请本委员会通函付以投标及对外之全权"等记录,可知是以茹姆生为主要评审专家对各投标文件进行审核并最后确定中标单位。又根据《重建灵桥纪念册》工程概况部分构造说明中"桥为三轴钢筋环桥(Three HingeP Solid Rib Steelarch bridge),系由上海工部局英工程师茹姆生及新仁记营造厂经理竺泉通两先生测量设计"(甬、沪筹备委员会,1936)的记载,推测当时设计中标单位应该是新仁记营造厂。上述记载虽只有只字片语,但已可表明此次工程设计招标评审的基本情况,茹姆生为外籍专业设计人员,时任职于上海工部局,由他作为主要评审专家保证了评审的专业性,同时筹备委员会的委员参与了评审讨论,且评审结果历经几次会议讨论后方得出,说明其开标评审的过程是较为正规和专业的。

无论是由主管部门直接指定(建筑师)工程师进行设计还是业主委托设计师及机构进行设计,抑或是业主通过社会招标投标征求设计方案,近代宁波工程项目的设计已经由专门的建筑师、工程师承担并形成较为完善的设计程序,设计招标投标的流程也都参照上海等主流城市的模式,已经基本符合现代工程设计招标投标的基本程序和要求,形成比较完备的机制。

2. 设计内容

宁波近代各项工程的设计已经采用现代设计方法,从留存的工程设计文件看,建筑、市政工程设计图纸、施工细则、施工预算等内容均已较完备。

(1) 设计图纸

从查阅的建筑工程资料看,1927～1937年间宁波不少公共建筑如宁波菜市场、体育场、地方法院看守所等均有不少工程图纸及资料留存,包括建筑及结构图纸、细部详图等。近代中文文献中"施工图"的提法较早见之于1933年8月《中国建筑》第一卷第二期刊登的杨肇辉的论文《说制施工图》,按杨肇辉的说法,20世纪30年代国内的施工图已可按性质分为"建筑图"及"机械图",其中"建筑图"包括"地盘图""正视图""侧视图""平面图""剖面图""基础图""屋架图""梁、柱、桁与其他关于结构各图""扶梯、门、窗图"等,"机械图"则是给水排水、建筑电气、供暖、通风、室外管线工程等建筑设备及其他方面的工程图,即已形成各工种的专业分工(李海清,2004)。从留存的图纸看,当时浙江省内建筑设计图纸虽未明确区分专业工种,但不少图纸已经达到现代施工图的深度。

宁波地方法院看守所项目始于1933年8月,设计图纸包括"地盘尺寸图"、监房大楼"剖面图"和"侧面图"、民事管收所及女监"剖面图"和"前后立面图"、病监厨房及瞭望台"详细图"(包括病监剖面、厨房剖面、瞭望台剖面图及二层楼面图)、监房坑厕、墙脚、楼梯及铁门"详细图"。图纸内容已经囊括杨肇辉所称"建筑图"的相关内容,且整套图纸已经采用现代建筑图纸的表示方法。其中"地盘尺寸图"相当于现代设计图纸的总平面图及底层平面图。"地盘尺寸图"包含有周围环境设计及建筑各组成部分设计,各房间功能已一一标出,墙体尺寸及做法也分别注明。门窗做法以标号表示,如窗有三种做

第 3 章　近代后期宁波城市建设管理制度的建立与改进（1927～1937年）

法，分别用数字①、②、③表示，门开启方向也已标示。剖面上可以清楚看出基础、墙体、楼板及屋架的层次，尺寸及做法也已经在图上一一标出。细部详图以剖切的方式表示墙脚等做法，门窗等画有细部大样，楼梯平面单独画出并附有栏杆大样。整套图纸已接近现代施工图的深度。设计中强调功能因素，建筑平面分区明确，组合较为自由，厨房及厕所单独成为一个区域。建筑内部已经有卫生设施，以井水为用水来源，设置浴室、落水管、厕所及下水设施。建筑采用砖混结构，屋顶采用三角形屋架支撑。建筑室内为水泥地面，局部采用钢筋混凝土楼板及柱子、门、栏杆等局部采用铁艺，为现代建筑材料及工艺做法。立面设计已相当简洁，下部为水泥勒脚，采用坡屋顶形式，开简洁的方窗，一、二层之间有水平线脚，二层墙面有方形壁柱。可见无论是图纸表达还是设计手法均已经采用现代方法。

市政工程方面：

一些市政工程中道路、河道工程的设计采用图表相结合的形式，图纸内容一般表达标准单元或特殊部分的详细设计，如桥梁、涵洞、路面标准设计图。以宁波城河整治工程为例，设计内容包括浚填河道、道路工程、瓦筒工程等部分。对浚填河道部分，设计以表格形式详细列出各浚填河道的地点、长度，计算浚填河道总长度、总土方数，作为施工依据。道路工程部分，也将各施工路段的长度、宽度、路面种类等分别绘制表格，并以筑路法标准图、水管涵洞杂项工程设计图样、路面标准图、桥面标准图等表达详细设计部分。筑路法标准图以剖面图表示路面的施工步骤，图纸上标注尺寸、坡度及材料做法等，均与现代图纸类似。单孔涵洞标准图则有平面图、正面图、剖面图等图样，其中材料做法及参数在图中标出，虽未将计算过程及方法详细标注，但通过图中表格给出了计算结果，采用了现代设计方法与图纸表达方式。

（2）工程预算

宁波近代工程设计一般通过工程预算估计项目的各项费用，通常采用分项列表的方式以单价及工程量计算出工程所需建设费用，按照建设单项分多个部分编制预算，作为工程实施的依据。工程预算书通过列表的方式计算工程各部分的费用，分为类别、数量、单价、总价四项分别计算，并在表格最后列出总额。一些工程列有标准投标单作为投标的依据，其作用等同于预算表，如地方法院看守所瞭望台部分的投标单（图3-4），详

标準投標單
（二）瞭望臺

類別	數量	單位	單價	總價	備考
洋松	一二〇·〇	呎	元 三〇	三六〇〇元	
十六吋企口板	一·六	方	三二〇	一九二〇	
水泥樓板	一·二	方	八〇	九六〇	
八吋厚水泥地	八一·〇	方	一五〇	一二一五〇	
3號窗	六·〇	樘	一三〇〇	七八〇〇	
B號門	二·〇	樘	三三〇〇	六六〇〇	
扶梯	三·〇	座		九九〇〇	

图3-4　地方法院看守所瞭望台投标单
（资料来源：张传保.鄞县通志·工程志[M].宁波：宁波出版社，2006：471.）

细列出各工程单项的预算值,包括水泥楼板、门窗、扶梯、墙体等,相比现代工程预算而言,近代工程预算虽较简单,但已通过设计尺寸较准确估计工程费用,为之后工程的施工提供翔实的依据。

(3) 施工细则

除了工程设计图纸及工程预算外,施工细则也是设计内容的组成部分。需要指出的是,现代工程设计的施工图设计可套用各种工程图册,但近代并没有类似的出版物,因此当时除设计图纸已经明确表达的内容外,所有的工程做法都需在施工细则中一一详细说明,因此施工细则条目众多,极为细致,对设计图样无法说明的材料选择、工艺做法等具体问题作出解释,可作为施工的直接依据,对施工的重要性可见一斑。在20世纪30年代,宁波建筑、市政工程项目的施工细则编写已经较为成熟,作为工程设计的重要组成部分,其编写一般有较固定的格式,内容详细全面。

1) 建筑工程施工细则

近代宁波的建筑工程施工细则主要内容可分为两大部分,第一部分为总纲(总则)及附则,一般为工程基本概况、业主、设计师或监工与承包人之间的权责说明;第二部分则是各部分工程的建筑构造方式、材料及施工工艺的详细说明,为承包人提供施工的详细参照和技术指导。

宁波地方法院看守所的施工细则,共十章(表3-9)。第一章总则,交代工程的地址位于宁波城内小校场,工程的范围包括"办公楼五间,民事管收所楼房四间,女监楼房四间,监房大楼二十一间,病监四间,三层瞭望台一座,守卫室等平房六间,炊场平房六间,滤水池一个,纪念碑一座,浴室厕所各二间,及四周围墙、铁门、水泥路、煤屑路、阴沟、明沟、阴井等",而"房屋内所有一切电气、卫生、自来水等工程均不在此包工范围以内"(张传保,2006)。细则第二章至第八章对建筑各组成部分的施工做法一一详细进行说明,

宁波地方法院看守所施工细则内容一览表　　　表3-9

施工细则的章节名称		施工细则的具体内容
第一章	总则	地址、工程范围
第二章	基础	墙沟、碎砖、石灰、黄沙、碎砖三和土、水泥、石子、钢条、水泥三和土
第三章	砖墙工程	砖、石灰胶泥、水泥灰胶、大方脚、接缝、木砖、烟囱、压顶、灰缝、围墙
第四章	地坪工程	水泥路、水泥地板、煤屑路、踢脚线及水泥台度
第五章	粉刷工程	水泥黄沙、白石子、沙石子、石灰粉刷、平顶角线
第六章	木作工程	粗木工程:木作、搁栅、桁条及梁、垫头木;细木工程:木料、门及门樘、画锦线、扶梯
第七章	泄水工程	明沟、阴沟、阴井
第八章	金属工程	窗栅、落水管、铁器零件、玻璃
第九章	油漆工程	油漆材料、各室油漆
第十章	附则	承包人与监工职责

资料来源:根据张传保.鄞县通志·工程志[M].宁波:宁波出版社,2006:495-498.整理。

第3章 近代后期宁波城市建设管理制度的建立与改进（1927～1937年）

同样规定了施工材料应指定相关品牌或规定产地及尺寸，如水泥"用象牌、马牌或其他著名国货（指定用桶水泥）"，黄沙"须用本地产，质地清洁，而无有机等杂物，粗细以经过一分或一分半方眼为合格"。规定所用水泥三合土在建筑不同部位采用不同的配比。对各道工序有明确规定，如砌墙时，"墙身厚度须照图样，用石灰胶泥砌之砖柱、砖拱、烟囱及砖墙，与钢骨水泥或木料相接之处均用水泥灰胶砌之，每砖未砌前须在水浸5min，灰缝阔度不得过三分，均用满刀灰泥（其横直接缝随时用绳矫正之），务使紧相连合，四周中央均须括足，不得稍留空隙，并用灰浆灌满到顶，以期坚实"（张传保，2006）。

从宁波地方法院看守所施工细则看，南京国民政府时期，杭州、宁波建筑设计表达的内容较全面，所用建筑材料如水泥、钢材、玻璃等，已经是现代建筑材料，施工细则按工程工种分类，已经是现代施工分类方法。笔者查阅同一时期省内其他建筑工程的施工细则，发现当时的施工细则编写均较规范，所用格式、术语比较一致，各个工序有一套较成熟的做法，如钢筋混凝土的施工，墙面粉刷、地面做法等，已经是现代施工方法。从内容与编写规范上看，宁波近代的工程施工细则与同一时期上海的建筑工程说明书比较接近。当时上海的建筑说明书大多包括两部分内容："第一部分为总纲（General Conditions），其中多为说明工程概况、设计图样的解读要求，以及建筑师、承揽人和业主间的相互关系等内容"，"第二部分内容是单项施工中各种建筑构造方式、施工工艺、材料要求等具体问题的详细说明，为承揽人开展工作提出具体要求和技术指导"（钱海平，2011）。杨锡镠将建筑说明书的两部分命名为建筑章程和施工细则。表3-10为杨锡镠事

杨锡镠事务所的工程说明书内容 表3-10

章节名称		具体内容
第一章	底脚桩头	房屋界限、底脚沟、抽水机、平水、桩头、打桩、碎砖、钉壳子、底脚、三和土、搭脚手
第二章	钢骨凝土	水门汀、黄沙、石子、钢条、木壳子撑头、拆壳子、和凝土、拌合、浇捣、浇水、天寒、门窗过梁
第三章	墙垣木料	青砖、空心砖、浇水、水电管、窗磐石、法圈、油毛毡、满堂三和土、石踏步、镶火砖、屋顶、平屋面、明沟、水落管、屋面保证、地坑
第四章	木料装修	木料、板条墙、门樘、五层板、窗头线、橱窗、门、楼梯、柜台、台度、分间、小吊车、地板、踢脚板、画镜线、扶手
第五章	粉刷装饰	外墙粉刷、面砖、人造石、石灰粉刷、磨石子、台度、水砂粉刷、糊花纸、钢丝网、人造石、云石、陶瓷锦砖、砌砖台度、花平顶、样子
第六章	铜铁五金	橱窗、栏杆、天篷、篱笆、花栏杆、钢条、扯门
第七章	门窗五金	排门、铰链、插销、弹簧铰链、门锁
第八章	油漆玻璃	金漆、泡立水、红丹、白漆、净片、厚白片
第九章	沟渠杂项及补遗	明沟、阴沟、阴井、排门
其他	说明书修改条文	签订合同时，双方同意修改的条目

资料来源：钱海平．以《中国建筑》与《建筑月刊》为资料源的中国建筑现代化进程研究[D]．杭州：浙江大学博士学位论文，2011：120．

务所的说明书内容，可以看出，说明书的内容与杭州自来水办公室房屋及宁波地方法院看守所的施工细则较类似。杜彦耿在《建筑说明书之重要》一文中指出"建筑说明书用以说明需用材料及施工情形，以辅建筑图样之不足，故其重要性初不减于建筑图样之本身也"[①]，这段话同样适用于杭州、宁波近代的各工程施工细则。

2）市政工程施工细则

市政工程的施工细则内容构成与建筑工程类似，以筑路工程施工细则为例，第一部分为总则，规定承包人、监工员等权责及工程相关规定，第二部分为工程构造及工艺做法的详细解说。

宁波某筑路工程施工细则内容一览表　　　　　表3-11

施工细则的章节名称		施工细则的具体内容
第一章	总则	业主、承包人与监工员权责、工程标准使用材料品牌规定
第二章	阴井及阴沟	总沟排设、沟槽做法、填土要求、支沟排设、总沟阴井做法、支沟阴井做法、阴井盖
第三章	路面	路面施工工序及要求
第四章	水泥侧石及水道石	施工工序、水道石及侧石转角处做法、伸缩缝做法、工程检验
第五章	水泥人行道	泥基规定、泥土夯实与碎砖混凝土铺设、水泥混凝土及水泥黄沙粉铺设、升缩缝、人行道坡度

资料来源：根据张传保. 鄞县通志·工程志[M]. 宁波：宁波出版社，2006：118-122. 整理。

表3-11为宁波一筑路工程的施工细则，总则规定"工程建筑式样、使用材料承包人须遵照本图样及施工细则办理，不得稍有参差"，即规定了施工细则是工程的直接依据和技术准则。监工对工程具有直接监督权，"本工程各项工事须经本会监工员许可后方可着手进行"，监工为除了业主、承包人之外的第三方人员，具有一定的专业知识，是设计师与承包人之间沟通的桥梁，同时监督工程的质量和进度。对工程所用材料，总则中规定"承包人所供给之一切材料均须经本会派员查验，认为合格后方得施用，如有未经查验而擅自使用者，一经察觉，除予以严厉之处罚外，并须将该项材料如数撤换"（张传保，2006）。条例对水泥、石子、黄沙等材料进行了具体规定，如水泥以"启新马牌或象牌之未受潮湿者为合格"，石子"一·二·四混凝土用二公分至三公分（0.2～0.3m），在一·三·六混凝土用三公分至四公分（0.3～0.4m），均须坚硬而多棱角，在使用前须以清水洗净之"，黄沙"以粗粒而无杂质混杂者为合格"。施工细则第二章～第五章分别就阴井阴沟、路面、水泥侧石、水道石、人行道做法作出一一规定。如阴沟分为总沟和支沟，总沟"沟漕之阔度排六十公分瓦筒处最狭不得少于一公尺三十公分（1.3m），排四十五公分（0.45m）瓦筒处最狭不得少于一公尺（1m），排三十公分（0.3m）瓦筒处最狭不得少于六十公分（0.6m）"，支沟"用十五公分（0.15m）瓦筒接做其底，先做十公分（0.1m）厚碎砖一层，上置十五公分（0.15m）瓦筒，再以碎砖填筑至瓦筒半高为止"（张传保，2006）。路面施

---

① 自钱海平. 以《中国建筑》与《建筑月刊》为资料源的中国建筑现代化进程研究[D]. 杭州：浙江大学，2011：120.// 建筑月刊，1935. 建筑说明书之重要[J].1935，3（6：3）。

第3章　近代后期宁波城市建设管理制度的建立与改进（1927～1937年）

工需先将土方填至规定高度，用大滚筒滚压结实，接着砌十五公分（0.15m）厚块石，用3t滚筒滚压坚实，再铺上二至五公分（0.02～0.05m）的石子，仍以3t滚筒反复滚压三次以上至平实为止，接着用黄泥浆浇灌，滚筒滚压并于滚压时洒水，使黄泥石屑挤入石隙之中，最后铺撒石粉。水泥侧石及水道石的做法，考虑热胀冷缩，规定"每隔10m左右留出伸缩缝一条"。

一些大型公用项目有多项施工细则，有些施工细则中还包含部分图纸，以杭州自来水工程为例，所涉及工程种类繁多，如土方工程、水管工程、蓄水池工程等，因此各项工程施工细则所包括的具体内容相差较大①，总体而言，施工细则涵盖的内容主要有图纸、材料及其做法、施工管理细节等部分，其中各类材料、施工工艺均已采用现代工种分类方法进行分类说明。

综上所述，从各类工程来看，浙江省及各市近代工程相关设计图纸、工程预算及施工细则的拟定已经形成一定的标准和模式，各部分构造及施工工艺已经按照现代工种分类方法进行分类，相关文件的深度已接近现代设计施工图的深度，规定具体翔实。图纸和施工细则等设计文件是建筑师（工程师）控制建筑施工质量、实现设计要求及营造厂商确定工程造价、完成施工任务的主要依据（钱海平，2011），其规范化的格式及文本是建筑业、营造业等行业发展制度化、规范化的必然要求。

3.3.2　工程准备

在工程准备阶段，若并未获得建筑许可证的工程，业主需到主管部门根据建筑许可证的呈报要求呈报图纸等资料，等待审批及许可证的发放，一般公用工程在工程策划设计阶段已经将完整计划呈报，因此在这一阶段中可省去建筑许可证申请的环节。如在确定开展杭州自来水工程后，南京国民政府卫生部便颁给了第一号自来水许可证，因此在策划阶段就完成了审批程序。除了建筑许可证的获取外，需要进行土地征用的工程应完成土地征用，业主还需根据工程设计图纸择优选择营造单位，或委托或进行施工招标投标，并与选定之营造商签订工程合同，以便工程的顺利施工。

3.3.2.1　设计审批程序与工程许可的获得

民用工程需获得工务局颁发的建筑许可证后方能开工建设。宁波市的审批制度在建筑管理法规中均有明确规定，《宁波市建筑条例》（1927年）、《宁波市建筑规则》（1930年）及《浙江省各县城厢建筑取缔暂行规则》（1934年）均设独立的章节落实关于建筑许可证及相关审批手续的规定。不论新建、改造、添筑及修缮建筑均需向工务局领取建筑申请书，申报材料中专门针对建筑图纸作规定，"建筑物配置图""各层平面图""主要立面图""主要剖面图"是必不可少的。对图纸比例及表示要求也有规定，如《宁波

---

① 如清泰门总厂土方工程的施工细则主要包括图样与桩记、土方做法、工作分量、工程师及监工员之指挥、家具、工人管理、验收土方、期限及拆除地面障碍物等九部分。承制混凝土水管施工细则包括混凝土之成分、混凝土之合、混凝土之倾注、水管之模型、水管之大小及数量、水管之装置等部分。

市建筑规则》(1930年)规定"建筑配置图"不小于1/500，平面图比例不少于1/200。工务局根据业主呈报的资料审核，合格后方发放建筑许可证。申请人在获得许可后需在一定的日期内动工，并在规定日期之内竣工。建筑图纸一经申报不允许随意更改，如果必须改动，申请人需要填写"更正图样申请单"，经工务局审核合格之后才能依据更改的图纸施工。在具体操作中，建筑许可证的申请多由承包人填具申请书及建筑图样、土地登记证等材料，交给工务局（建设科）验明并审核图纸，合格后给发许可证。工务局（建设局）设稽查员随时勘察报告，每周通知公安局一次，请其协同取缔。宁波1931年总共发给建筑许可证581份，1932年为549份，1933年为727份（鄞县政府建设科，1934）。

3.3.2.2 土地征用

对土地的收用也是工程准备的重要组成部分，公用工程如道路、水利工程等均涉及大面积的土地征用。近代浙江省及各市各类工程土地征收均需以国家及省市相关土地征用法规为依据。

公路建设的筹备中，在完成前期测量后，就需对沿途需出让的土地进行征用。如鄞奉省道筹备中，完成测量后政府一方面对所需征用的土地造册并布告限期拆让收用，同时对土地地价及赔偿费拆迁费等事宜进行评估，具体方法参照《浙江省道收用土地条例》执行。《浙江省道收用土地条例》第7、8条规定土地地价及赔偿费、拆迁费应由县长召集评价会评定，因此1927年10月，宁波市政府向鄞县政府发文，指出对于鄞县境内地价评定一事，可"比较邻县议定一适当价格"，并邀请鄞县政府代表参加省道收用土地评价会，"兹定于本月二十七日下午二时在敝政府举行评定地价，除分函外，届时务希惠临与兴议共商进行"（《宁波市政月刊》第1卷第3期，1927）。可见土地征用完全依照法规执行。

如前文所述，宁波设市后制定了土地征收法规，因此土地征用有市级法规为参照。关于土地征收补偿，针对土地所有权的不同，宁波则指出"属于民有者，每亩给原有地价八成，属于公有者，每亩给原有地价六成"，"应给之地价以市政府登记处登记之价格为标准"（《宁波市政月刊》第1卷第9期，1927）。关于地上建筑物的补偿，宁波以"椽"计。

总而言之，南京国民政府时期宁波各公用工程的土地征收均严格遵守各级土地征收法办理，依据现代土地利用与开发的原则及需要按土地的所有权进行分类，补偿费用及方法规定较详细，已经初具现代拆迁补偿制度的雏形。

3.3.2.3 建筑施工招标投标

在宁波近代城市建设中，施工招标投标已普遍用于建筑及市政工程。到20世纪30年代，宁波已经形成较为完备的施工招标投标制度。工程招标投标过程共包括三个环节，首先是业主招标，接着是营造厂商投标，最后为开标决标。

第3章 近代后期宁波城市建设管理制度的建立与改进（1927～1937年）

1. 业主招标

对于城市各类工程的施工，业主（各工程筹备处或者政府主管部门）一般根据设计图纸等文件先行制定投标章程（投标须知），接着发布招标文件进行公开招标。随着宁波设市后大量的工程建设展开，招标投标制度逐渐完善，各类工程通过招标投标方式进行施工的占比很大，体现出较高的现代化程度。

（1）拟定投标章程（投标须知）

工程招标前一般订立投标章程或投标须知，以规范程序。投标章程（投标须知）一般包括工程标函、价目单、投标人的资格规定、投标、开标的时间及地点等内容。以杭州清泰门外自来水厂总厂办公室房屋工程为例，其投标须知除了对投标、开标的时间、地点及相关文件领取及递交问题作出说明外，还对标函、价目单、投标人、得标人及委员会所具有的权利和义务等作出规定。须知对标函的具体样式、填写规范及标值、工程完成的时间均进行了说明，标书"除于特种机件，本委员会需详加解释者外，概不得请求加以口头解释"（杭州市自来水筹备委员会，1931）。关于投标人资格审查的规定，委员会认为必要时可令投标人呈送其经济能力及工程经验的证明文件，对投标人的资质和能力进行鉴定，此举可在一定程度上保证施工的质量。关于投标人、招标人及保证人的权利及义务关系，文件规定委员会有处理给标的全权，手续不合或审查不能胜任的投标者不给标，签订合同时须有委员会认可的保证人所出具的保证书，而得标者应在规定期限内完工，还需缴纳一定的保证金。

市政工程方面，以《浙江省公路局工程投标章程》为例，章程首先对投标人的资格进行规定，第1条指出"投标人限本国国籍，确具本项工程学识、经验及相当资本，经本局认为合格者"方能投标，章程同时指出"投标人应将曾经承包同样工程成绩详细开列连同证书等附加入标单之内"（浙江省公路局，1930），可见工程对投标人的要求较高。得标者应为"开价合理、经验丰富、资本充足并与第一条所开资格相符合者"，"不限定选取最低廉之标"（浙江省公路局，1930），可见投标者承担工程的能力是招标单位考虑的重要因素。如果经审查所有投标者无一合格则由公路局宣告无效，可重新招标或另定办法办理。同时公路局可在签订工程合同以前与得标人商减标价，如果经公路局认定得标人不能单独承包全部工程时可将工程分包于候补得标人。

（2）发布招标公告

在投标章程确定后，业主便开始向社会发布招标公告。招标公告包含着招标环节的各类信息，如工程具体内容、招标条件、投标地点、时间及开标时间、地点等，将投标章程（招标须知）所包括的信息简要列出，可视为投标章程（招标须知）的缩减版本。

宁波市建筑工程中，宁波市高级工业职业学校建筑教室及楼房工程也曾进行施工招标，招标公告如下："本校拟在宁波泗州塘原有校舍南面新基地上建筑教室楼房一座、门房小屋四间，并包括四周竹篱、道路、土方、阴井、瓦筒等项工程，招商承筑，凡本国国籍已经省县市政府登记乙种以上营造商，具有土木工程学识经验及资本充足、愿意承包者可于即日起、七月十四日止至本校事务处缴纳图样费五元、投标保证金三百元后领取图样、说明书、投标单等件，亲自至工地详勘估填标价，于七月十五日上午十二时以前投入本校指定标柜内，即于是日下午一时在本校纪念厅当众开标，此告。"（时事公报7月8日，1936）招标公告也包含了工程名称、工程具体内容、招标条件、投标地点、时间及开标时间、地点等信息。文中特别指明投标人需为"本国国籍"且为"经省县市政府登记乙种以上营造商"，需具有"土木工程学识""资本充足"，对承包商的业务能力提出了较高的要求。公告也有保证金的要求，同时强调营造商需领取工程图纸等文件后"亲自"至基地考察并估价，在一定程度上保证了投标的有效性，承包人可掌握较准确的施工预算，一方面便于合理安排资金，另一方面也保证了工程的及时推进。

有些建筑施工招标文件更直接明了，如《时事公报》载《鄞县政府建筑提署前菜市场招商投标通告》，文中直接列出具体的招标信息，即"（一）工程：建筑提署前菜市场；（二）投标日期：八月五日起至九日止；（三）开标日期：八月十五日下午三时；（四）投标及开标地点：鄞县政府；（五）缴费：保证金五十元，图案费一元（图案及投标章程、施工细则、标单等向建设局领取）"（时事公报8月5日，1932）。该招标通告形式简洁，将招标信息即工程名称、投标日期、开标日期、投标及开标地点、缴费五个要素直接呈现。

市政工程的施工招标更为普遍，由于工程量大，通常分为若干部分进行招标。投标押金有时可以省去，即投标文件中规定营造商有"保证人"的情形下，如宁波南塘河疏浚工程。该工程投标章程规定"各承包人于投标以前应到官池塘以上一带河道勘察，依本局预定工程计划书估计确实价目。准于本月某日某时协同保人齐集本局，先行签字再领投标纸，照式填写投入柜内。本局送交总局，俟三日后当众开标，以低码为准，同码者由本局自由选择。得标者即同保证人来局订立承揽合同"（张传保，2006）。投标章程包含的信息包括投标时间、地点、评定标准等内容。由于工程已有相关计划和图纸，因此招标文件中指出各承包人可于投标前前往勘察地形，且可根据工程计划书估计价目。此外，作为招标投标保证人的"保人"在整个过程中起到证明人的作用，为承包人提供担保，省去押金。

从上述例子可以看出，这一时期的宁波的施工招标文件格式具有较高的相似性。查阅同一时期主流城市的工程施工招标公告，其格式与所包含的内容与宁波的招标公告基本相同。如上海市兴业信托社招标承造钢制双层浮码头工程通告："本社拟在北京路外滩建造市轮渡钢制双层浮码头一座，浮桥两座，凡具有上项工程经验而愿意承造者可于六月十一日起至二十三日止向本社（天津路六十六号）领取图样、说明书、单价表、标封、标单及投标规则等件，随缴图样费银二十元，六月三十日上午九时至十时将标封投入本社标箱内并随缴投标保证金五百元，十时半当众开标，特此通告。"（《申报》6月11日，1934）该招标公告包含工程具体内容、投标时间、地点、所领文件及招标时间、地点等信息，与杭州、宁波的招标公告并无差异。

第3章　近代后期宁波城市建设管理制度的建立与改进（1927～1937年）

2. 营造厂商投标

营造厂商从报纸等渠道获得招标信息后，可根据招标文件着手准备投标。首先，营造厂商需具备投标条件，如资金充足、具有相关等级的登记资质等。具备相关条件的营造厂商可在招标公告要求的时间内缴纳图样费并获取工程设计图纸、章则及标单等文件，充分估计工程的难易程度及报价，如必要还可根据项目提供的信息到施工地点进行查勘，以充分、正确地估计工程造价。若参与投标，则营造厂商需根据招标要求缴纳相应的投标保证金并登记基本信息正式竞标。保证金根据中标与否有不同的处置方式，中标则押金冲抵工程保证金，等到工程结束时予以归还，不中标则一般如数按期归还。如果有领标却不投标或者已经中标又反悔的，业主将直接没收押金并取消其投标资格。如宁波惠安桥工程投标中，章程规定投标保证金的处置方式为："（甲）得标者抵充工程保证金；（乙）不得标者于三日内发之；（丙）领标不投或得标不订承揽者得没收之并取消其资格"，"工程保证金定位三百元，俟其承包工程全部完竣验收后由本会凭据无息发还"（张传保，2006）。

在充分了解并估计工程施工价格后，营造厂商需按照规定的投标单格式填好详细信息并在规定时间内投入业主规定的投标箱。为明确营造厂商的信息，业主有时会要求营造厂商提供相应的证明。如宁波惠安桥投标章程中规定"投标人需按照规定标单格式详细填载署名、盖章并将以前承包工程经历、证件一并封固投入本会制定之标箱内"（张传保，2006）。完成上述步骤后，营造厂商需等待业主开标。

据史料记载，1934年7月1日钱塘江大桥工程登报招标后，"进行尤为积极，据闻投标者已达三十余家……"（《申报》7月1日，1937），可见竞争之激烈。杭州自来水工程各项工程施工招标中，前来投标的也不乏上海的一些营造厂。如第四号钢骨三和土建筑工程由上海协兴营造公司、上海南洋建筑公司、方源记、裕庆公司、姚文记营造厂等六家公司投标，第八号安置水管工程由上海水电材料公司、大华自来水工程公司、民华水管工程公司、张文财及协兴营造公司等五家公司投标（杭州市自来水筹备委员会，1931）。

3. 开标决标

投标结束后，业主需按投标公告内规定的日期开标。"决标"环节主要是业主或者评审专家（一般由工程技术专业人员担任）根据报价及投标人的工程经验、资金能力等议定中标者。根据项目的不同，业主评定中标者的依据也不同，主要有两种情形：（1）直接根据报价决标，报价低者得标；（2）除价格外还需综合考虑其他因素，不以价格为唯一标准。

以价格议定得标人的工程较为常见。宁波市陈列馆工程在1928年进行施工招标，宁波市政府于10月24日发布公告第235号，内容如下："为公告事查商品陈列馆建筑工程，前经登报招商承包，定期投标，业于本月二十日下午五时在本政府东花厅，当众开标，检得投标人朱森记、李全泰、张彩记、陈永记四户均经遵章缴纳保证金,所投标价为朱森记一万七千八百八十一(17881)元,李全泰一万五千九百九十六(15996)元,张彩记一万七千五百(17500)元,陈永记一万七千二百二十五(17225)元,经审查,结果以陈永记一户为合格……"(《宁波市政月刊》第 2 卷第 1 期,1928)。从投标价格看,因为李全泰价格明显偏低,所以中标者为剩余三者间之最低价者陈永记,布告指出陈永记"合格",即指其价格合理又是最低者,可见评标的标准是在合理范围内的价低者得标。又如《申报》载宁波"填筑五房桥起至铁路桥止一带之河为小菜场,招工投标承办案,因投标者为二十余人之多,由各董事将所投各户,逐一查阅,结果以孙余生一千三百(1300)余元、黄庆记一千二百(1200)余元二户为最少数,议决以该二户为承包者"(时事公报 12 月 17 日,1931),同样以价格低廉者得标。

还有一类工程决标中需考虑承包人的业务能力。宁波惠安桥工程投标章程第 2 条规定"凡本国国籍具有本项工程之学识经验及相当资本,经本会认为合格者均得投标",第 8 条"开标后由本会就所投各标中择其开价合理、经验丰富、资本充足与第二条所定资格相合者公布为得标人及候补得标人,并非以标值之最低者为标准,倘所投之标与本会预算相差在 1/10 以上者均以不合格论"(张传保,2006)。指出了决标不以价格最低为标准,而是选择价格合理(与预估之价格相差在 1/10 以内),且具有规定资质的投标人得标。

当投标者均不符合投标章程之规定而无人中标时,业主可进行第二次招标。宁波江北外滩马路的修筑工程就曾经二次招标。《时事公报》载《鄞县县政府重行招商建筑江北岸外滩马路投标通告》:"查此次开标经审查委员会审查结果以所投各标核与投标章程第五条、第六条、第七条均有未合,应重行投标……"(《时事公报》12 月 17 日,1931)。因第一轮投标单位均未完全符合投标章程的要求,鄞县政府再次将江北外滩马路修筑工程向社会公开招标。开标过程一般公开进行,开标现场有监督人员,正式开标确定得标营造厂商后,一些工程会在报纸上刊载得标公告。

综上所述,南京国民政府时期宁波的施工招标投标已经形成一定的流程,招标程序分为业主招标、营造厂商投标、业主开标决标三个阶段,投标章程、招标公告等招标文件已经形成相对固定的模式,工程招标评定原则也已形成,初具现代施工招标投标模式的雏形。近代施工招标投标制度将建筑施工纳入市场化轨道,采用现代资本主义市场经济条件下的运作方式,形成较为公平的市场竞争环境,有助于推动城市建设与建筑活动的现代转型。

3.3.2.4 签订施工合同(承揽合同)

施工投标结束后,业主与中标者签订施工合同(承揽合同)。签订合同的目的是保障工程顺利进行、确定工程各方的权责范围,避免因为程序不明产生法律纠纷问题,也是业主与营造商保护各自利益的工程文件。施工合同(承揽合同)主要包括两个方面的内容:(1)对工程基本内容的规定;(2)关于业主、建筑师(工程师)、承造商三者之间的权责关系规定。

第3章　近代后期宁波城市建设管理制度的建立与改进（1927～1937年）

1. 合同关于工程基本内容的规定

关于工程基本内容，合同中一般应阐明：（1）工程基本概况；（2）承包方式、施工时间、付款方式；（3）工程施工中可能会遇到问题的补充规定等内容，如工程实施与设计内容不符、工程材料标准、现场监督、施工意外事件相关责任等。

（1）工程基本概况：

首先是工程基本概况，如宁波市图书馆工程（商品陈列馆工程）合同，业主为宁波市工务局，施工方为陈永记营造厂，在合同开始就指出"今由陈永记营造厂（以下简称包工人）承包宁波工务局（以下简称工务局）建筑商品陈列馆工程"（张传保，2006）。施工合同一般都需指出施工应遵守的章则，如施工细则、建筑图样等。宁波市图书馆工程规定"本工程一切工作及材料均须按照工务局订定施工细则及设计图样施行"，鄞县政府为宁穿路路面工程与宁波协兴营造厂所订立合同亦规定"承包人须照政府所发图样、细则实施工作，不得差异，如政府认为与图样及细则有不符之处，承包人应即改正之"（张传保，2006）。

（2）承包方式及施工时间、付款方式

合同应对承包方式及施工时间、付款方式进行明确规定。宁波市图书馆施工合同规定"本工程工料包价总额计甬洋一万七千二十五元，筑成后各部如有增减，按照包工人投标时所开单价计算"；"付款方法：每二十天付款一次，照所做之工程八成给付，其余二成应俟全部完工后付清"；"完工日期自定义立合同日起，限九十天一律完工，逾限一日罚扣包价千分之五，二日以上类推"（张传保，2006）。又如鄞县政府宁穿路路面工程合同第8条规定"本工程自签订合同五日后动工，限定在二十二年十二月二十八日以前完工，倘逾期交工，按日罚洋二十元，此项罚款政府得于应付工款内扣除之，如遇天雨冰冻暴风确难工作时，得经政府核准扣除之。"第9条"本工程所需之人工材料工具及一切设备统归承包人负担"，即承包方式为包工包料。工程款分期交付，"路面材料运到一千立公方以上支付材料价百分之八十，待路面完成四千平方公尺以上按照投标单价发给九成工款，其已发料价扣除之，其余一成须俟工程完竣，经政府派员验收无误，由承包人出具保结后发清……"（张传保，2006）。可见，工程合同对承包方式、施工时间及付款方式等皆有明确的规定，尤其在付款方式上，一般实行定期查验、分期付款，使业主得以对工程质量形成把控。

（3）补充规定

对工程施工中所遇到问题的补充规定包括下列内容：（1）工程实施与设计内容不符时的处理规定；（2）工程材料标准；（3）现场监督；（4）施工意外事件相关责任等规定。

其一，工程实施与设计内容不符时的处理规定。各类工程均要求按图施工，如宁波市图书馆工程合同第5条规定"所有材料及工做法如发现有与图样不符，工务局随时责令更换，包工人不得推诿，并不得因此延宕完工日期"，鄞县政府宁穿路路面工程合同规定"政府有关工程之章程及取缔建筑条例承包人均应遵照办理","图样及施工细则未明示之处,须随时询候政府工程人员指示办理,承包人不得违反并不得托词要求增价","本工程无论已成未成,若经政府发现有与图样或施工细则不符之处,承包人须负拆卸重造之责,其所有损失概归承包人负担"(张传保,2006)。

其二,工程材料标准。鄞县政府宁穿路路面工程合同第10条规定"本工程所需用各项材料承包人须先将样品送请政府查验,经认为合格后方准运场使用,在工作时如发现不合格之材料应立即搬运出场,不得留境蒙混",即保证所用材料均为合格产品。

其三,工程现场监督。鄞县政府宁穿路路面工程合同第13条规定"承包人须派富有经验之代理人常川在场督察,并须听从政府工程人员之指挥,如政府认该代理人不能称职时,得通知承包人立即撤换之"(张传保,2006),即施工现场须有监理,以保证工程按照标准和相关规定实施。

其四,工程施工中的事故处理。工程施工中的事故处理一般皆由施工方负责,如宁波市图书馆工程合同第6条规定施工中如有事端发生,均由包工人自行处理,第7条规定工程未经工务局总验收以前,一切损害均由承包人负责。鄞县政府宁穿路路面工程合同中也有相关规定,如第11条"工程进行时承包人须负工人或行人安全之责,如设备不周以致发生任何意外事件,均由承包人负责"(张传保,2006)。

一般工程合同签订时均由第三方即"保人"在场证明,若承包人在施工中中止合同,则保人应负相关责任,如宁波市图书馆工程合同第8条规定"包工人不能履行合同时,应由保人负完全责任继续完工"(张传保,2006),宁穿路路面工程合同第16条规定"承包人不得无故停止工作或延期履行合同,倘承包人遇意外事故不能工作时,政府得通知保证人另雇他人工作,所有场内一切设备及材料概归政府使用,承包人不得索价,且工程续造之费用及延期所受之损失政府得由工程造价内扣除之,不足之数统由保证人负责赔偿"(张传保,2006)。

一些工程还有"保固期"的规定,即工程完成后一段时间内,业主跟施工方约定一个时间期限,如若在此期限内建筑发生问题,则保留追究的权利。如宁穿路路面工程合同第17条规定"全部工程完竣,经政府验收后,承包人应立具保固切结,保固期限规定通车后一足月,倘于保固期内本工程发现裂痕或倾陷等情,政府认为系由物料不佳或工作不良所致者,承包人应负责出资修理,不得藉词推诿或索价,经政府通知后承包人不来修理,政府得招工修理,其经费由工程保证金项下扣除之,不足之数仍向保证人偿还之"(张传保,2006)。

2. 合同关于三方权责的规定

由于工程实施牵涉三方人员(即"三元模式"的"三方"),包括业主、承包商、建筑师(工程师),必然涉及各方的权益,同时施工工序复杂,为保证各方权益,签订施工合同(承揽合同)对工程的顺利开展有较大意义,因此签订施工合同(承揽合同)成为现代工程管理的必要程序。一般在工程合同中应就建筑师(工程师)等工程技术人员所

第3章　近代后期宁波城市建设管理制度的建立与改进（1927～1937年）

具有的权力、业主及承包商的权益进行规定。在南京国民政府时期浙江省及各市的工程文件中，上述合同条款也常出现在施工细则、通则等工程文件中，因此，本文也将施工细则、通则中有关上述合同条款的内容与工程施工合同一并论述。

（1）建筑师（工程师）等工程技术人员的权利

建筑师（工程师）作为工程设计人员，对建筑施工具有一定的监管能力。以杭州市自来水工程为例，《理安探验地址钻井工程施工细则》规定合同"由委员会及承包人双方签字，各执一份，惟通则、施工细则及图样等不经委员会及承包人之签字仅由工程师核定后即发生效力。本合同内各件有连带关系如涉及其中任何一件即等于涉及全部。本合同用意在包括本工程所需之一切人工、材料、工具、运输及所需一切设备，所有材料及工程方法经施工细则规定又已为工程界及商业界所习知者必须适合公认之标准"（杭州自来水筹备委员会，1930）。对合同涉及的权责关系进行了规定，强调了工程师作为第三方人员可全权决定工程设计内容。工程师具有对工程的"监督、指挥"之权，为使工程施工与合同、细则相符，工程师还有"令承包人停工"的权利，当工程及材料与合同、细则不符时工程师可拒绝验收，工程师认为必要时还可令承包人变更或增加工程任何部分所用工料。可见，工程师在工程实施的技术问题上具有绝对话语权。

（2）业主权益

除对工程师权责的明确规定外，工程相关文件也在一定程度上对业主的权益进行保护。规定业主在一定的情形下可取消与承包商的合同，如"承包人违背合同规定""承包人屡次拒绝或不能依照期限供给充分合用的材料或熟练的工人""承包人屡次违背政府机关法令及工程师之补充说明"等，业主经工程师证明后可"不问有无其他补救方法，书面通知承包人七日后即取消合同"，同时还可取用承包人所有一切建筑物、材料、机器、用具等以其他方法完成工程，取消合同时业主可将应付给承包人的款项暂行止付，待有余款才支付，因此，对承包人而言条件较为苛刻，规定旨在保护业主的权益不被损害。

（3）承包人权益

尽管工程文件对业主权益保障强调较多，但对承包人的权益也并非全然不顾，对非承包人及其员工的过失如工程因"政府机关的法令"停工三个月以上、工程师"不能如期核发固定工程单价"至延迟达七天或委员会"不能如期付款"延迟达到三十天时，承包人可以以书面形式通知委员会及工程师七日后停工或取消合同，并可向业主取得相应补偿。

综上所述，施工合同（承揽合同）不仅对工程基本情况、工程承包及付款方式、工程施工现场问题处理等内容进行说明，还对业主、工程师（建筑师）、营造商三者权责关系进行制约。合同的签订在一定程度上反映了现代工程建设各方的利益及关系，同时也为规范工程建设程序及施工流程提供了法律保障。从杭州、宁波近代保留下来的各种施工合同（承揽合同）来看，内容和格式都具有较固定的制式，已经是相对成熟的现代工程合同文件。

3.3.3 工程施工

施工合同签订后,承包人需根据合同所规定日期开工,施工主要参照工程设计图纸、施工细则及施工合同(承揽合同)的规定进行,工程的设计和施工还需遵守省市建设管理法规。现代工程施工由于采用了新的结构体系、新的材料及工艺做法,因此有一套不同于古代的施工方法及管理方法,主要体现在以下三个方面:(1)新的施工工艺的采用;(2)新的施工辅助器械的采用;(3)工程现场监督的严格执行。

1. 新的施工工艺

新的结构体系及工艺做法是现代工程的重要特点,因此相关法规均有详细的技术细节措施及结构设计准则规定,一般工程施工细则中也有此类规定。如鄞县电话机房的施工细则中规定混凝土的施工"水泥须择优等不受潮湿且具有已经登记商标之波特兰(Portland)货水泥桶,发运至工场,须保持明显之原来标记,且须置在与工场接邻之坚实而不透水之储藏间内。沙宜用粗糙洁净之宁波黄沙并无含有泥土及其他杂质者为合格,石子宜选洁净而富有棱角之蓝色花岗石或经工程师许可之其他优良石子。钢筋质宜优而软,最大张力不得少于53000磅,每平方时弹限不得少于33000磅,每平方时印长不得少于百分之二十"(张传保,2006)。出于对工艺的要求,混凝土工程在正式施工前,还需制作钢筋混凝土样本,"承揽人须将钢筋样品发奉化验室,由工程师检择试验之,混凝土之成分为一份水泥二份黄沙与四份石子拌合之,其拌合槽尺寸须有一定之比例,且须经工程师之核准,并用机器调匀,加水之多寡临时当场决定之,其样品应由工程师直接自取而加以浮面试验"(张传保,2006)。待样品合格后开始现场施工,"混凝土须小心倾浇,每做一层须完全填满,务使钢筋四周坚固充塞。混凝土浇筑后一星期内须保持湿度,不准直见日光"(张传保,2006)。建筑的墙体、地面、屋顶、门窗等做法均有严格的规定,地板陶瓷锦砖、水磨石等皆属于新的材料和工艺。一些工厂定制的构件已经开始运用,如鄞县电话机房施工细则中提到"承揽人构建钢窗时须受该钢窗制造厂家之指导与规定",这在一定程度上表明了建筑分工的细化。

市政项目如道路施工中碎石路、沥青路等新的路面都有一套不同于古代的施工方法和施工工艺。《浙江省公路局公路建筑法规》对路宽、坡度、弧线、路基斜坡、排水、路面形式、桥梁等均进行了规定。如坡度规定不得超过4%,特殊地势可增加至5%,道路坡度变更在2%以上的必须设弧线为抛物线式,坡度变更1%应设10m长的坡弧线。关于路面做法,《浙江省公路局碎石路面及弹石路面施工细则》规定碎石路面"施工时应先于路基按照图样所示将路基挖成规定形式后再以压路机(5~6t)或3t滚筒往复滚压至坚实为止,如有沉陷之处须随时填平,掘出之土填于两侧"。路面分为甲乙两种,其中甲种路面施工应"于已压实之路基上用石块砌成十二公分半厚之基础,其排置方法尖端向上,宽而且平者向下",接着"用片石嵌实石块,隙中以压路机(5~6t)或3t滚筒滚

第3章 近代后期宁波城市建设管理制度的建立与改进（1927～1937年）

压结实，若滚压时有陷入或生波状之处用同样石子补之"，再接着以二公分至四公分石子铺七公分半并以压路机滚压同时常洒水，沉陷时补石块，最后用黄泥厚浆水浇灌并加铺石屑填满缝隙，用压路机滚压坚实，之后撒上一层石粉以竹扫帚撒均匀并在二十四小时后用压路机或滚筒滚压坚实（浙江省公路局，1930）。《鄞县通志·工程志》所载《路面工程施工细则》也有类似的规定[①]。

2. 新的施工辅助器械的采用

在实际操作中，由于采用了新的工艺及施工方法，材料、工具等皆为现代建筑材料及施工工具，现场施工操作较为复杂。图3-5、图3-6所示为杭州钱塘江大桥的施工现场照片，采用了现代施工器械气压机及大型机船。现代施工设备开始运用于工程施工，满足了现代建筑生产的需求，弥补了人力的不足，提高了工作效率。

图3-5 钱塘江大桥施工现场之气压机工作图
（资料来源：钱塘江桥工程处.钱塘江桥工程摄影[M].杭州：钱塘江桥工程处，1936.）

图3-6 钱塘江大桥施工现场之大型机船工作图
（资料来源：钱塘江桥工程处.钱塘江桥工程摄影[M].杭州：钱塘江桥工程处，1936.）

3. 工程现场监督的严格执行

工程施工过程中，现场一般有监工监督工程的进行，《浙江省公路局监察工程规则》规定"所有公路各种工程开工时由区段工程处负责派工程司监督进行并得分别派遣监工

---

① 《路面工程施工细则》第6条规定铺路的碎石黄泥须颜色金黄粒细质纯而又富有黏性，不含杂物，碎石分四种，根据筛滤后在筛箩上所遗留的量进行分类，且施工前需将样品送存工程处，检验合格方能使用。施工中需按施工程序进行，如《路面工程施工细则》对某一碎石路的铺设工序做了详细规定。首先是规定所修道路路冠高度定为"一比二五作抛物线形"，并需就路基做成毛形。接着是铺筑路面，先将路基草根削尽，照图样形式将路床挖出，以轻号压路机或者3t滚筒来回反复滚压四次以上，至土方坚实为止，滚压中有沉陷之处随时加土填平。在未铺石子之前，留出排水沟，每15m一道横沟，同时开一条水沟与这些横沟衔接，与路面需成一定坡度。路床压实后将大号石子均匀铺上，厚16cm，用型尺校正，用重号滚筒反复滚压来回三次以上至路面平实为止。大号石子压实后便铺二号石子，厚8cm，方法与大号石子铺设类似，滚压时如有凹陷时用碎石添填，并时常泼水。二号石子后用黄泥浆浇灌，浇时加铺3cm厚石屑，用压路机或3t以上滚筒滚压，使黄泥石屑填满石缝，滚压坚实为止。最后平铺石粉一层，以竹帚扫撒均匀。

常驻工场监视施工"(浙江省公路局，1930)。监工在施工现场应依据各种工程设计图样、施工细则等切实监察工程的进行，同时对工程所用材料进行核验，发现工程进行或材料有问题时需及时报告公路局核办。如宁波某道路《路面工程施工细则》中规定"工程进行中承包人须派负责代表及熟悉工程之管工常住工场，以便接洽"(张传保，2006)。现场监管人员还需在设计图纸未详时指导施工人员，并配合设计师与现场施工人员进行沟通，协助解答工程上的问题。

从近代遗留的工程文件看，在浙江近代城市建设过程中，不乏工序繁复的工程实例，新的结构体系、新的材料及工艺运用于城市各类工程建设中，推动了施工技术的发展，不少工艺已形成规范的程序并采用了现代管理模式，促进了城市建设的开展。

3.3.4 工程验收

工程验收是指对单项工程或全部工程检验和接收的建设程序。南京国民政府时期，浙江省及各市的工程验收已经形成一定的程序，小型工程在工程结束后进行一次总验收即可，大型工程或施工复杂、难度较高的工程往往在工程进行中进行多次单项验收或阶段性验收，工程结束后对工程进行总验收。无论是阶段性验收还是工程总验收检测出的工程施工质量问题，营造厂商均需根据工程检验部门给出的整改意见进行工程整改。

1. 工程阶段性验收

工程阶段性验收一般在工程施工中选特定时段进行，如分段工程逐段完工期间，也有些工程需随时接受工程检验。浙江省公路局制定《浙江省公路局验收工程规则》指导工程的验收程序，规定验收的项目如下：路基包括开凿岩石工程、桥梁、涵洞、水管、路面、房屋、堤垣等。规定"验收委员须按设计图表、工作合同暨施工细则、监工日记、旬报表等逐件严密核验，毋稍徇隐迁就，遇有偷减不合情弊务须据实报告以凭核办"(浙江省公路局，1930)。由于施工现场均有监工负责监督工程进行，"每种工程完竣后由区段工程处呈报本局派员验收"(浙江省公路局，1930)，因此工程进行中也常有工程验收。一般而言，无论是在工程预备或进行时段内，工程师皆可随时进入工程地点加以检验。如果施工细则、工程师的说明或政府机关法令规定某项工程须经特别检验或核准时，承包人须即时预备并通知工程师，以便检查。任何工程非经工程师核准或同意，不允许覆盖，否则工程师有令承包人将该项工程开掘受验不予补偿的权利。已经检验的工程，如工程师认为有疑问，可令承包人开掘重新查验，如工程与合同规定相符则损失由业主承担，如所验与合同不符则损失由承包人承担。

2. 工程总验收

工程结束后需进行总验收，从现存工程文件看，根据项目的大小及归属情况不同，

第3章　近代后期宁波城市建设管理制度的建立与改进（1927～1937年）

有不同的验收者和验收程序。个人房屋及少数公共建筑由业主或业主委托管理的机构如工务局、建设局等验收，直接由工务局或建设局承建的公建也由主管部门对工程实行验收。大型公共项目如市政道路、水利等则多由市政府呈请上一级部门审核验收。鄞县电话机房工程合同提到"承揽人对于全部房屋工程应于九十天内完工，交由业主验收"（张传保，2006），电话机房属小型公共建筑，其业主为鄞县电话局，即由电话局对工程进行验收。鄞县飞机场的工程验收情形也可从工程合同中得知，由于该工程原承包于鄞县建设局代办，由鄞县建设局与营造厂商签订工程合同，合同约定第4期工程款需于验收后付清，合同第14条提到"本工程在未经鄞县建设局派员验收之前，其已成部分概由承包人负责保管"（张传保，2006），第19条又指出全部工程结束后由鄞县建设局检验合格并会同航空学校派员验收，可知工程最后由鄞县建设局及航空学校共同验收，即政府城市建设管理机构与业主同时验收。鄞县各大干路与环城马路建成后由鄞县政府呈请省建设厅验收，《时事公报》1936年1月10日第一版曾刊登鄞县政府呈请建设厅验收环城马路的公告，鄞县政府发文"惟查环城马路竣工已久、亟待结束、昨检同工程结算单、备文呈报建设厅鉴核、迅赐派员验收、以资结束……"（时事公报，1936），又1月11日时事公报刊登一则《建厅派徐绍广验收鄞环城马路》的消息，文中写道"本埠环城马路、业已竣工、日前由鄞县政府呈请省建厅派员验收、建厅据呈后、另派该厅技士徐绍广来甬验收……"（时事公报，1936），即工事完成后，由鄞县政府发文呈请省建设厅验收，省政府接受递函委派专门的技术人员前往验收。

3. 工程整改

无论大小工程，如在验收中发现问题，则由验收部门通知施工方整改，待整改达到验收要求方能了结工程。鄞县飞机场项目合同第17条规定"本工程完工后，由承包人通知建设局先派员检验，如检验时认为尚未完竣或工作不合须更正时，仍作为未竣工论"（张传保，2006）。可见，施工验收后施工方须根据验收意见整改。工程构筑物表面可见的施工问题如建筑墙体的开裂、倾斜等，营造厂商可直接整改。但工程中往往还存在一些表面不可见的硬伤，需要历经一段时间后方能显现，成为隐蔽工程。针对隐蔽工程可能出现的问题，工程一般有保固期的规定。

鄞县四明电话公司机房工程合同第16条规定"完工后六个月内建筑物如发生损毁之危险，承揽人须负全责，修筑完整，不问其原因，为材料之收缩、基础之陷落或其他施工及材料上之缺点所致"（张传保，2006）。鄞县飞机场也规定有保固期，其施工合同第19条规定"全部竣工时，由鄞县建设局检验合格，会同航空学校派员验收后，承包人出具保固结束日期，其保固期订明一周年，倘于保固期内本工程有毁损等情，承包人负责重筑或修理，不得另行索价"（张传保，2006）。即承包人有责任解决保固期内的工程问题。杭州市自来水修理厂房屋及机器基座建筑工程合同中也规定工程完成后一年内，如发现屋顶渗漏裂缝，机器基座低限，墙面及地板破坏严重等情形，系由承包人所致，承包人应负责修正不另给价。其第四号钢骨三和土建筑工程合同中同样有"担保"规定，即合同工程完竣一年内,"如发生漏水破裂等情事,而系由承包人工作不善所致者,承包人须完全负责修正,不另索价"(杭州市自来水筹备委员会,1931)。保固期及"担保"规定进一步完善了工程验收程序,是对工程建设质量的一种有效制约。

综上所述,南京国民政府时期,宁波的工程建设程序已经接近现代工程建设程序,从前期工程策划及设计、工程准备到后期工程施工、工程验收均有一套较完善的流程及规范。相关工程设计文件(设计图纸、工程预算、施工细则等)已经形成相对统一的模式,与上海等主流城市接近,部分工程设计图纸已经达到现代施工图的深度,图纸表达与文件格式已与现代工程设计图纸、文件接近。工程招标投标制度已经形成,采用市场化运行模式,体现出现代工程管理的先进性,其中投标章程(投标须知)、招标公告等文件已经形成相对固定的格式。设计审批、工程验收等工程监督机制已经形成,保证了工程设计、施工的有序进行,保障了工程质量。相对完整的工程项目建设程序的形成,进一步推动了城市各项建设及发展,促进了宁波近代城市建设的现代化进程。

3.4 小结

南京国民政府时期,浙江省政府成立,宁波设市,开启了浙江省城市建设现代化进程的新时期。这一时期,浙江省政府成立了省级城市建设管理机构并颁布了各类城市建设管理法规,形成了浙江省统一的城市建设管理制度总体框架。在省建设厅及其直属机构的管理基础上,宁波成立了市工务局并制定了相关的城市建设管理法规,将城市市政建设与建筑管理纳入法制化轨道。通过省市两级城市建设管理制度的建立和完善,基本形成系统有效的城市建设管理体系,各类工程项目运作程序形成,初具现代工程项目运作模式。

1. 浙江省现代城市建设管理制度框架的建立

1927年,浙江省政府成立,成立了主管城市建设的专门机构"建设厅",掌管全省建设事务。在机构设置上,建设厅采用了"行政及管理"与"技术及监督"两套体系实现现代化管理,在"行政及管理"体系架构下,建设厅在专设各科管理各类建设事务的同时,将技术人员独立出来,凸显其现代城市建设管理机构对"技术"问题的重视;在独立于"行政及管理"体系之外的"技术及监督"架构下,设立各委员会实现对技术问题的专门化管理,突出了"工程设计""工程监督"等内容,同时通过各类"监督"委员会实现机构自身的有效调节。除建设厅外,浙江省政府专设土地局管理全省土地事宜。

在城市建设管理法规制定上,省一级法规的制定以国家层面法规为指导,旨在形成对全省各项建设的总体控制。土地开发和利用是各类工程建设的基础,浙江省土地开发和土地征收主要依据国家土地法规主干法和各类配套法规执行,省属法规主要针对土地整理及陈报内容制定,加强对土地基本情况的掌握,侧重基础工作。总体而言,从土地整理登记、土地征用到土地地价估计均实现了有法可依。市政法规与建筑管理法规由于

第3章 近代后期宁波城市建设管理制度的建立与改进（1927～1937年）

涉及更为具体的运作实施，各市需针对性地根据自身情况拟定，因此省政府并未颁发针对城市市政及建筑管理方面的专门法规，但对各县的道路建设及建筑管理实行了一定的控制：道路方面，主要以人口规模对各县城厢采用的道路等级和宽度予以规定，体现出现代城市规划的道路分级思想；建筑管理方面，规定了现代建筑关于总体控制、建筑审批制度、建筑细节措施等内容，初步形成了现代建筑管理的框架。

2. 宁波市级现代城市建设管理制度的建立

在南京国民政府及浙江省政府相关政策的指导下，宁波行政管理体系逐步完善，"工务局"作为城市建设主管部门成为两市的常设机构。工务局均采用"行政及管理"与"技术及监督"两套体系实现现代化管理，在"行政及管理"体系下，采用"局-科"两级行政体制，聘请一定比例具有专业背景的公务人员，形成了工程设计与管理的专门科室，并将工程技术人员独立出来，强化技术问题；在"技术及监督"体系下，分设不同的委员会实现"技术与监督"专门化管理。1931年以后，宁波经历了废市并县的过程，行政级别有所调整，其城市建设管理机构由工务局调整为建设局（建设科），行政权力弱化，但职能范围扩大，因此分管城市建设管理的力量总体来讲有所削弱。

在城市建设管理法规方面，宁波颁布了针对自身的土地、市政、建筑管理法规及建筑师（工程师）、营造业管理法规。土地法规中，宁波颁布了土地征收法规和土地登记条例。

市政基础设施建设奠定了城市的基本格局，对城市的发展尤为重要，其中又以道路建设最为关键。1927～1931年间，宁波在市政法规制定上较为滞后，并未形成完整的道路修筑措施和规定，直至废市并县后才以省颁法规为管理依据。

建筑管理法规方面，宁波历经多次修订，分别经历了酝酿期（第1阶段：设市初期）、形成期（第2阶段：20世纪30年代初期）、完善期（维续期，第3阶段：20世纪30年代中期），初步构建了现代建筑管理法规的基本体系。从内容上看，宁波法规均已符合现代建筑管理基于卫生、安全、消防等方面的着眼点，体现出作为现代建筑法规的基本特点，有助于促进建筑活动的现代转型。宁波的法规具有建筑总体控制、建筑审批制度、建筑细节措施规定、结构设计准则等方面的内容，但并未形成各类建筑的专项技术细节措施规定，也并未将防火及疏散规定独立出来。在完善期（第3阶段），宁波由于行政区划的调整，建筑法规的发展迟缓。

在建筑师及营造业管理方面，处于转型期的建筑活动存在着设计人员及施工水平良莠不齐的状况，宁波则并未详细区分建筑师及工程师。营造业管理方面也存在同样的现象，宁波并未将现代营造厂商与传统泥水木石作分开登记。

总体而言，随着宁波、杭州城市建设管理机构的建立及城市建设管理法规的制定颁布，南京国民政府时期浙江省市两级现代城市建设管理制度初步形成。

3. 近代浙江省及宁波工程项目建设程序的现代化

在省市两级建设管理制度框架体系架构下，南京国民政府时期，浙江省及各市各类工程项目已经形成一套较规范的工程项目建设程序，建设过程中的工程策划及设计、工程准备、施工、验收等阶段已与现代建设程序较接近。

在工程策划及设计阶段，公共工程应成立"筹备委员会"或"工程局"，拟定计划书并上报，同时完成相关的调查统计工作。工程设计中，设计承揽方式有政府部门指定"工务局"设计、业主委托设计及社会公开招标三种。其中设计招标方式体现了现代工程管理注重设计方案和公平竞争的原则，对转型期的工程项目建设有较大意义。设计招标投标一般包括业主征求方案、设计者投标、评委审核评定三个阶段。宁波近代各类工程并未普遍采用公开招标投标方式进行工程设计，但从留存的工程史料看，采用设计招标的工程，其招标过程已经初步具备了现代设计招标投标制度的一些特征。从工程设计的内容看，各类工程项目的设计图纸、工程预算及施工细则等已经相对完备，基本达到现代工程设计施工图的深度。

工程准备阶段除落实建筑许可外，对施工方的选择也是重要内容。近代浙江省及各市已经实行施工招标投标制度，相比设计招标投标而言，施工招标投标更为普遍。施工招标投标包括业主招标、营造厂商投标及开标决标三个阶段。从各类工程看，施工招标过程已经形成相对固定和统一的模式，业主制定投标章程并公开发布招标公告，符合条件的营造厂商根据要求按时投标，最后由业主根据各营造厂商的投标金额、工程经验等选定中标厂商负责施工。从招标过程看，省市各类工程的施工招标投标程序、制度规定、评定原则等已与现代施工招标投标较为类似。确定施工厂商后，业主与其签订施工合同（承揽合同），以明确各方权责范围，同时也为规范工程建设提供了法律保障。

工程施工阶段，营造厂商根据工程设计图纸、施工细则及工程合同的规定按图、照章施工。针对现代建筑施工的新结构、新材料及新的工艺做法，工程施工过程需遵守政府主管部门的相关法规，同时还设现场监督人员对工程进行指导。从各种工程文件看，当时省市各类工程的施工过程已经有较详细的参考流程及工艺做法。

工程验收是工程监督制度下的工程环节之一，对保证工程质量具有重要意义。工程验收分为阶段性验收和总验收。根据工程性质不同，主持验收的部门和人员不同，公共项目由政府主管部门或委托管理部门验收，个人营建项目由业主自行验收。无论公私项目、大小工程，在验收中发现问题均需由施工方整改达到工程质量要求，由于隐蔽工程等原因不少项目还有保固期（保修期）的规定，进一步对工程质量形成长效监督。

通过上述流程，南京国民政府时期浙江省及各市已经形成较完善的工程项目建设及管理程序，现代建筑审批、设计及施工招标投标开始实施，有效推动了城市建设的现代化进程。

本章参考文献

[1] 袁成毅.浙江通史·民国卷（下）[M].杭州：浙江人民出版社，2005.
[2] 浙江省民政厅第六科.土地法规[M].新新印刷公司，1930: 226.

第3章 近代后期宁波城市建设管理制度的建立与改进（1927～1937年）

[3] 浙江建设厅月刊.浙江省政府设计委员会组织大纲[J].法规,1928(9):1-2.

[4] 浙江省政府建设厅.浙江省现行建设法规汇编[M].弘文印刷股份有限公司,1929:33-34.

[5] 郭建.中国近代城市规划文化研究[D].武汉:武汉理工大学,2008.

[6] 甘一夫.土地使用权制度与城市规划发展的思考[J].城市建设理论研究(电子版),2013(13).

[7] 杭州市政月刊.土地征收法[J].1928,1(10):57.

[8] 黄斐寅.近代武汉建设管理体系研究[D].武汉:武汉理工大学,2012:16.

[9] 宁波市政月刊.中央法规土地法[J].1930,3(7、8).

[10] 浙江省民政厅第六科.土地法规[M].新新印刷公司:1930,62.

[11] 高介华.中国近代城市规划与文化[M].武汉:湖北教育出版社,2008.

[12] 张传保.鄞县通志·工程志[M].宁波:宁波出版社,2006.

[13] 傅璇琮主编.宁波通史·民国卷[M].宁波:宁波出版社,2009:110.

[14] 中国人民政治协商会议宁波市委员会文史资料研究委员会.宁波文史资料第3辑[M] 宁波:宁波出版社,1985.

[15] 宁波市政月刊.宁波市暂行条例[J].1927,1(1):2.

[16] 鄞县政府建设科.鄞县建设[M].宁波:宁波印刷公司,1934.

[17] 俞福海主编.宁波市志[M].北京:中华书局,1995:555.

[18] 宁波市土地志编纂委员会.宁波市土地志[M].上海:上海辞书出版社,1999.

[19] 宁波市政月刊.宁波市收用土地暂行条例[J].1927,1(9).

[20] 宁波市政月刊.宁波市收用土地暂行规程[J].1929,2(3).

[21] 宁波市政月刊.建造马路连带之事[J].1927,1(3).

[22] 宁波市政月刊.纪事[J].1927,1(3):40.

[23] 宁波市政月刊.市民的权利和义务[J].1927,1(1):13.

[24] 宁波市政月刊.宁波市建筑规则[J].1930,3(5、6).

[25] 宁波市政月刊.林局长提议宁波市土木工程师暂行注册章程案[J].1927,1(8).

[26] 宁波市政月刊.第十三次市务回忆录[J].1927,1(4):49.

[27] 宁波市政月刊.市立图书馆计划草案[J].1927,1(2):12.

[28] 甬、沪筹备委员会.重建灵桥纪念册[M].1936:4.

[29] 李海清.中国建筑现代转型[M].南京:东南大学出版社,2004.

[30] 钱海平.以《中国建筑》与《建筑月刊》为资料源的中国建筑现代化进程研究[D].杭州:浙江大学博士学位论文,2011:118.

[31] 宁波市政月刊.鄞县政府为开鄞奉省道收用土地评价会函[J].1927,1(3):22-23.

[32] 杭州市自来水筹备委员会.杭州自来水创世纪念刊[M].杭州:杭州市自来水筹备委员会,1931:312-313.

[33] 浙江省公路局.浙江省公路局汇刊[M].杭州:浙江省立图书馆铅印部,1930.

[34] 时事公报.浙江省立宁波高级工业职业学校建筑教室楼房工程招标通告[N].1936-7-8.

[35] 时事公报.鄞县政府建筑提署前菜市场招商投标通告[N].1932-8-5.

[36] 申报.上海市兴业信托社招标承造钢制双层浮码头工程通告[N].1934-06-11(2).

[37] 申报.杭州[N].1937-07-01(4).

[38] 杭州市自来水筹备委员会.杭州自来水筹备委员会工料契约一览及价目比较[M].杭州:杭州市自来水筹备委员会,1931: 25-29.

[39] 宁波市政月刊.宁波市政府公告第二三五号[J].1928, 2(1):27.

[40] 时事公报.工程局董事常会纪[N].1931-12-17(1).

[41] 杭州自来水筹备委员会.杭州自来水筹备情形[M].杭州:浙江印刷公司,1930: 31.

[42] 时事公报.鄞县环城马路完成后县府呈请建厅验收[N].1936-01-10(1).

[43] 时事公报.建厅派徐绍广验收鄞环城玛丽[N].1936-01-11(2).

第4章

近代宁波城市建设的后期兴盛发展
（1927～1937年）

4.1 南京国民政府时期宁波的城市规划

宁波近代城市规划与杭州相比更为薄弱，无论在城市总体规划层面还是城市详细规划层面的局部规划上都滞后一些，但已出现现代意义上的城市规划，主要以"行政计划"及局部规划为主。"行政计划"中，1925年《宁波市工程计划书》[①]和《鄞县建设事业五年计划》[②]（1932～1936年）是最重要的两个规划文件，其中《宁波市工程计划书》由宁波市政筹备处制定，由于计划内容在宁波设市后才真正得以落实，宁波市工务局设

---

① 1925年由宁波市政筹备处制定，计划书分为建设、拆除、收支三章。以拆除城墙、填平河道、修建道路以及完善公共设施、清除卫生障碍为主要内容。

② 1932年7月发布，分为市政工程、交通、水利、农矿、工商五个部分。其中与城市建设密切相关的主要为市政工程、交通、水利三个部分。市政工程部分包括开辟新江、整顿江涂、整治城河、展筑马路四个方面。开辟新江指的是"将江北泗洲塘之新港遗址循旧开浚建筑水闸，而于新江桥起自东沿江至北郭堰止之，姚江一段填平，填成之地约可得六百余亩以作开辟新市场之用，中贯广大马路，其余地除建筑公共场所外，概行标卖以充发行公债或借款之基金，供开江筑闸及装设自来水之经费。"计划旨在改造江北，利用江北水陆交通枢纽的地位，填河开辟新港，在江北白沙建造各交通机关，然后开辟新市场，同时解决自来水水源问题。计划采用了陈仲慈《改造宁波市江北区刍议》中的设想。整顿江涂指的对沿江建的宽度筑进行控制，保证江岸有一定宽度。城内河道除了"水利攸关之干流"外，其余皆列入填没计划，填没后设排水管道。道路部分，计划完成环城马路、南北干路及支路、东西干路及支路。完善城市公用设施。在已有江北岸小校场、灵桥门、西门外、新河头、咸宁侨六处菜市场基础上，增建提署前及西门外航船埠头两处菜市场。月湖、江北江东西郊等处选择适当地点开辟公园。改建老江桥，同时筹设自来水、整理路灯、设立交通标志、编订路名牌、设立广告场、设置电气标准钟。为完善交通运输，计划修建县道5条，总长约350华里，"第一干线自寓波经五乡碶宝幢至天童育王，第二干线自宁波经莫枝堰韩岭市至象山港，第三干线自宁波至姜山甲村至道成岭，第四干线自省公路鄞奉线横涨站至鄞江桥樟村至大皎，第五干线自宁波经集士港至凤岙市。"完成后的干道可通汽车。对于乡间道路和桥梁，计划制定指导宽度和建筑方法，逐步实行改建。整顿水上交通，疏浚河道、加宽桥门、取缔交通障碍。通过在东南西三乡各设分交换所等方式扩充乡间电话。水利上疏浚干流支流，并对东钱湖实行整治（参见张传保.鄞县通志·工程志[M].宁波：宁波出版社，2006：16-20.）。

市后又制定了《工务处工程计划书》(1925年)①，是《宁波市工程计划书》(1927年)的补充和延续。从一定意义上看，《宁波市工程计划书》是宁波市政府时期的主要规划，《鄞县建设事业五年计划》则是鄞县政府时期的主要规划。除上述主要计划外，宁波市政府时期还出现过一些其他的城市规划文件，有关于城市功能分区、道路系统规划等城市总体规划层面的规划内容，也有城市风景名胜规划等城市详细规划层面的局部规划。总体而言，宁波近代城市规划的制定较为笼统，相比较杭州，虽也有城市总体规划层面的建设计划、规划及城市详细规划层面的局部规划，但内容较杭州更为薄弱，尤其是城市详细规划层面的局部规划，从笔者所掌握的史料看，较为散乱，因此下文的论述不再区分两个层面。

4.1.1 市政府时期宁波城市规划（1927～1931年）

设市后，宁波市政府进行了多次市界调整，城市用地范围不断扩大，在《宁波市工程计划书》的基础上制定了《工务局工务计划书》，形成宁波市政府时期主要的城市规划和城市建设计划。包含上述两个规划文件在内，这一时期宁波的城市规划（计划）主要涉及城市功能分区、城市道路系统规划及其他的与城市市政公共设施、城市风景名胜等

① 工务局工程计划书内容如下：

内容	具体措施
道路修筑	(1) 完成东西干路： 东西干路未修理完竣者，尚有三段，至今崎岖不平，有碍交通。所有修理计划刻已规定妥当，不日将兴工继续赶修矣 (2) 修筑南北干路： 南北干路与东西干路原称四大干路，同为交通要道，应即修筑以利行人 (3) 酌拆城墙藉充筑路填河之用： 东门至灵桥门一带素称繁盛之区，呕应建筑马路以利交通，所需地基石料等件可将该两门间城墙拆卸分别应用。又里濠河为南门至灵桥门之城河，一面邻江一面邻城，两岸街道异常狭窄，人烟日渐稠密，拟将沿河城墙拆填该河，另开新市场以兴商业 (4) 新江桥至东门一带拟将筑特等街道： 江北岸为水陆交通要道，东门乃商业繁盛之区，其间攘来熙往不绝于道。新江桥至东门一带如果改筑特等街道，则不特该两处交通便利，而新市场亦可由东门城墙马路而兴新江桥联络矣
菜市场设置	设置小菜场五所： 日用食品应有一定市场买卖免致随地陈列以资整齐而重卫生。兹特则要分配如下：江东一所、灵桥门一所、鼓楼一所、江北岸一所、仓桥头一所
自流井开凿	本市人烟稠密之处在自来水未经设备以前应择要凿自由井以供领用
下水改造	填平三喉改设大出水管： 三喉均为下水要道，关系甚重，现拟改设大出水管，并将其上面填平以便交通而利下水
公厕设置	旧式粪坑林立最害卫生，兹择要改设公坑次第推行

（参见工务局工程计划书[J]. 宁波市政月刊，计划及提案：1927，1（2）：10-11.）。

第 4 章 近代宁波城市建设的后期兴盛发展（1927～1937 年）

相关的城市规划内容。

1. 城市用地范围的扩大

设市之初，宁波市行政区划暂定为鄞县城厢内外及整个江北岸，但边界并未确定（中国人民政治协商会议宁波市委员会文史资料研究委员会，1985）。1927 年 9 月，宁波市政府将市域范围规定为"东至江东镇东桥，南至南郊段塘，西至西郊望春桥，北至江北孔浦及庄桥"，这一规定最后写入《宁波市组织章程》，"本市行政区域包括鄞县城厢及江北之全部，北沿姚江，东北至倪家堰大通桥，孔浦桥通桥至甬江北岸，孔浦街头甬江南岸由余邑迄，东至西洞桥，东南至白鹚桥，南至启文桥，西至望春桥"（《宁波市政月刊》第 2 卷第 1 期，1928），城市用地范围正式确定。该范围较设市之初已有扩展，市政府方面认为宁波城厢范围过小，主城区及江北江东一带街道狭窄，人烟稠密，如在原市域范围内谋求发展，则"既感于固有建筑物之障碍，不能作叠加如人意之，改造又限于区域之狭隘难达推广商务之希望"（《宁波市政月刊》第 1 卷第 2 期，1927），因此计划将城市用地范围大加扩充，"重新划定以便可开垦新市场，发展工商业、公园也、公基也、工厂区域也、商店区域也，及其他公共建筑物也均可次第规划，以臻完善"（《宁波市政月刊》第 1 卷第 2 期，1927）。在考虑自然地理的同时，考虑将来的发展和城市功能分区，江东划为工业区，将市域东边拓展至镇东桥，为工业发展留出充分空间。北边定位为商贸中心，界限也因将来发展需要得到扩展。

这一范围在 1929 年 6 月又有所拓展，考虑镇海县境内的上、下白沙及孔浦与市区接壤，又是杭甬铁路运输站的重点，因此市政府呈请省政府并与镇海县商定后，划定将倪家堰经鄞定桥，迤延经大通桥、孔浦桥至甬江北岸孔浦道头以南地区划入市区（中国人民政治协商会议宁波市委员会文史资料研究委员会，1985）。1929 年 6 月 15 日，市长罗惠侨发布《划定市区镇海、慈溪两县地界布告》，仔细陈述了划定县界前后事由[①]，《宁波市土地志》指出宁波"市境区域为：江东地区，从甬江南岸的余隘起迤东至西洞桥，东南经白鹚桥至奉化江边的道士堰；南郊，南至启文桥，西南至侍郎桥；西郊，西至望春桥，西北至新渡；江北地区，从倪家堰经鄞定桥，迤延经大通桥、孔浦桥以南地块划入市区，市境域面积 68423 亩。"（宁波市土地志编纂委员会，1999）指的就是宁波 1929 年之后的市域范围，折算约 45.6km^2，约只占同时期杭州市域范围的 1/5。

总而言之，随着城市规划的进行和城市建设的发展，市政府时期宁波城市界限不断扩展，城市用地范围一再扩大。城市用地范围的扩大表明城市功能进一步发展和完善，也是宁波城市建设现代化进程的体现。

---

① 《划定市区镇海、慈溪两县地界布告》指出："查宁波市政府呈请勘划镇海、慈溪两县境部分改入市区一案，前经派委会同该县长查勘妥议呈复在案，兹据委员丁琮呈复，前来查核宁波市既有扩充市区必要，并经各该市县磋商意见相同，及该委员查勘，暨向当地人士解释，均无异议，自应将宁波市政府所请自新港起由上白沙沿江至镇龙桥、通惠桥，迤北至鄞定桥五号铁路，大通桥、孔浦庙止范围内，镇海县地方里六，先行划归市政府管辖……"（参见划定市区镇海、慈溪两县地界布告[J]. 宁波市政月刊，建议：1927, 1 (3): 8)。

2. 城市功能分区

城市功能分区对现代城市意义重大，工商业的发展导致城市人口增加，生产、生活及各类设施的分布合理与否极大地影响城市的运行效率，因此，宁波设市后对各功能区块也进行了多次规划。

（1）城市功能分区的出现（1927年）

1927年9月的《规定宁波市区域之说明书》[①]是宁波第一个"分区规划"[②]，对宁波各个区域的功能做出设定。计划将江东划为"工业区"，江东濒临甬江运逾便利，且"位置悬峙可免烟煤之气飞扬"，计划同时指出将市域东边拓展至镇东桥，以便为工业发展留出充分空间（《宁波市政月刊》第1卷第2期，1927）；南面则发展"商业区"，考虑城区与奉化的联系，开通鄞奉公路后，市政府方面认为这一区域将逐渐热闹起来，可在此开辟市场[③]；北边则因沪杭甬铁路及甬江、姚江环绕，"水陆交通均以该区为中心"，定位为"商贸中心"，且姚江南岸地广人稀，适合开辟新的市场，所以界限也得到扩展；西北面是居住区，"西区户口亦盛，北接清林渡却成一段落，他日北区之新市场告成，西北可以沟面称为一良好住宅区"（《宁波市政月刊》第1卷第2期，1927）。图4-1可以看出，老城区主要划作居住区和商业区，居住区在北，商业区在南，江北划作商贸中心，江东为工业区，形成了"一心三区"的城市布局。考虑到老城区原来的功能分布，将居住区布置于老城区北面，而工商业区皆分布于沿江、沿河区域，无论在交通还是在功能使用上均较合理。《规定宁波市区域之说明书》对城市区域及功能的规划，是宁波近代首次出现现代城市意义上的城市功能分区规划，规划对城市工业区、商业区的强调凸显出现代城市对于生产性功能区块的重视。

（2）城市功能分区的调整（1928年）

1928年，陈仲慈于市政月刊发表《改造宁波市江北区刍议》，在对江北区提出全面发展计划的同时确定全市的功能分区。计划中改造江北的措施共有7点[④]，其中有两点对于后来宁波市总体的城市功能分区产生了影响：1）填甬江，改善交通及市政，增加新市场的城市用地；2）全面调整江北的道路用地、建筑用地及其他用地。从计划内容看，整合区块功能、发展交通成为规划的重要内容，思路大胆而清晰。江北区改造后，设计者希望江东、江北可实现如下分区："工业区"位于新港之东北及江东，"商业区"位于

---

① 刊载于宁波市政月刊第1卷第2期。

② 当时的"分区规划"指的是城市功能分区，并不同于现在的城市"分区规划"，现代的"分区规划"指的是在城市总体规划的基础上，对局部地区的土地利用、人口分布、公共设施、城市基础设施的配置等方面所做的进一步安排。

③ 《规定宁波市区域之说明书》中讲到："南郊段塘为通奉化要镇，当今鄞奉汽车道指日可成，该区市面必将渐趋热闹，为便利交通计为开辟市场"（参见规定宁波市区域之说明书[J].宁波市政月刊，法规；1927，1（2）：4.）。

④ 《改造宁波市江北区刍议》提出了江北改造计划，主要有7点：（1）把泗洲塘的新港遗址复原疏浚，出口的地方筑一水闸；（2）把自新浮桥起，自东沿北至郭堰的姚江一段填平；（3）把火车站移到新港之东北，把原有铁道改为马路；（4）把新港西南的李家河及其支流填平，改建马路；（5）将原有的街道一律放宽，便利交通；（6）把该区内的空旷地收回，以便分区及添建道路；（7）把全区街道、公共建筑物等重新设计（参见改造宁波市江北区刍议[J].宁波市政月刊，论著；1928，1（12）：6-7.）。

第4章 近代宁波城市建设的后期兴盛发展（1927～1937年）

图 4-1 宁波市功能分区示意图（1927 年）
（资料来源：笔者绘制）

旧江北商业区、填平基地的一部分及旧有东门城厢部分，"住宅区"环绕"商业区"四周布置，姚江以北为学校区，公共机关位于填平基地的中心。图 4-2 可以看出，规划已较 1927 年更为完善，主要体现在以下 4 个方面：1）工业区、商业区的范围均有所扩大，加强了城市生产性的功能区块概念；2）将行政区（公共机关）与城市中心基本对应起来；3）从原来的"一心三区"发展为以行政区为中心的五个区块，增加了行政区、教育区（学校区）；4）将住宅区布置在商业区四周，形成了城市中心（行政区）、商业区、住宅区的功能混合，加强了区块间的联系。总体来看，城市的功能分区在调整之后不断趋于合理。

（3）城市功能分区的进一步调整（1929 年）

1929 年，陈邦济又提出《全市土地之设计》，通过对全市土地的面积统计，做出功

图 4-2 宁波市功能分区示意图（1928 年）
（资料来源：笔者绘制）

能分区计划。经计算，全市陆地面积共为 106 方里①，当时市区住宅占地"八九两段内者占十一方里，一二两段内者五方里半，六七两段内者二方里又十分之三，四段内者三方里，总计不过二十二方里"，这些区域主要位于海曙、江东及江北，但"寺庙、坟墓及湖河城渠糜杂其间"，所以住宅占地"不足二十方里"，不足以容纳当时 21.2 万多的人口，更不能适应人口增加后的住宅需求，因此，设计者认为应该扩充住宅用地，同时指出应改变市内行政机关分散设置的弊端，予以集中设置；"商业区域必须选择优良"，工业区应位于"输运便捷而与住宅区隔离之地"（《宁波市政月刊》第 2 卷第 3 期，1929）。根据上述理由，陈邦济对宁波市土地做如下计划："行政区"位于"八段中部"，面积为全市的 1%；"商业区"分散于"一二两段西部、三段东南部、七段东部、整个十段"，主要沿奉化江

---

① 作者按宁波全市面积 69000 亩计算，合 120 方里，除去镇海、余姚、奉化两江及甬江之面积，市区面积为 106 方里，一方里约为 575 亩。

第4章 近代宁波城市建设的后期兴盛发展（1927～1937年）

及甬江布置，便于水陆交通，占全市面积的10%；"住宅区"位于"一二两段东部、九段全部、八段除中部行政区外的其余区域、四段东部"，面积占市区19%；"工业区"位于"一段北部、二段南部、六段全部的沿甬江及奉化江地区"，占地12%；"农业区"位于"三段除东南商业区之外的区域及四五段之西部，偏于一隅"，占地36%；"无限制区"，位于"余姚江两岸五段东部、七段西部"，面积占全市土地11%（《宁波市政月刊》第2卷第3期，1929）(图4-3)。相比较此前1927年、1928年的分区规划，可以看出：1) 功能分区增多，全市共分为"行政区""商业区""工业区""住宅区""农业区""无限制区"等6区，较1928年增加了"农业区"及"无限制区"，虽少了"教育区"，但分区总数增加了1类；2) 工业区、商业区、住宅区分散设置，使得城市功能的混合更为均衡；3) 分散布置的"商业区""工业区"在地理位置上更加靠近城市水系周边，可以依托相对便利的城市水运交通（货运）；4) 已经详细列出各城市功能分区的用地规模的比例，使得城市功能分区更加具体。

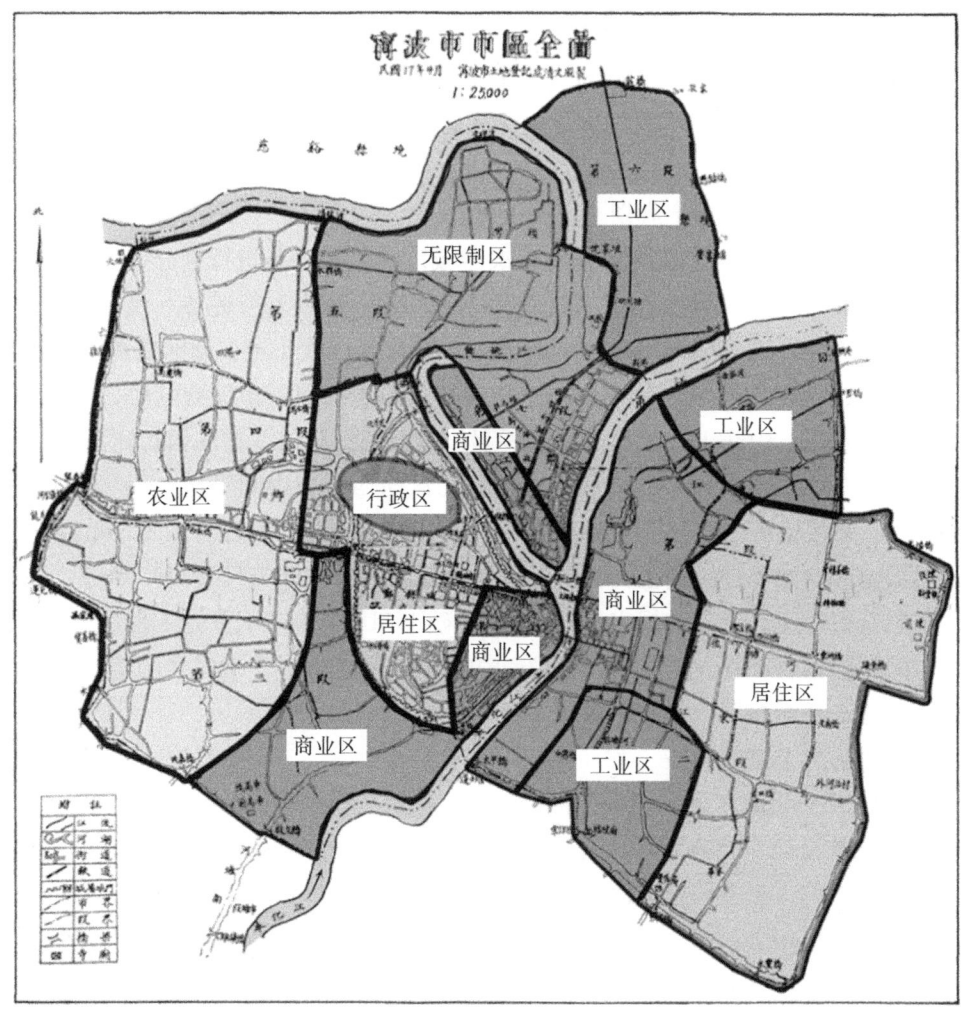

图4-3 宁波市功能分区示意图（1929年）
（资料来源：笔者绘制）

总体而言，与杭州一样，宁波近代城市功能分区规划也经历了不断调整和细化一个渐进过程，城市功能分区的类型逐步增多，各功能区块间的联系逐渐加强，工业区、商业区等生产性功能区块不断得到重视。但在具体分区上，宁波的功能区块相对较简单，并未形成风景区、森林区等区块，在这一点上与当时杭州的城市规划尚存在一定的差距。

3. 城市道路系统规划

从传统城市向现代城市转变的过程中，城市道路系统的规划和建设是极为重要的内容，道路修建的数量也是城市建设现代化程度的一个衡量标准。宁波市政府时期的道路规划并没有统一的框架和体系，从笔者收集到的史料看，多数为工程计划，所涉及内容较杂乱。1925年的《宁波市工程计划书》是首个对宁波城市道路进行规划的文件，旨在将传统宁波老城的道路改建成现代城市道路，因此对城墙的拆除、河道的填塞、主要道路的设计以及桥梁改造等内容均进行了计划。1927年的《工务处工程计划书》延续了《宁波市工程计划书》对于城市道路的相关计划并进行了一定的细化，也涉及拆城、填河筑路等内容。此外，童爱楼在《宁波街市全局之计划》中对城市主次干道进行了更全面的划分，1928年的《宁波市街道宽度表》则对城市道路等级进行了规定。对于现代城市道路系统而言，城市主次干道及道路等级的区分尤为关键，因此下文主要就城市主次干道及道路等级规划进行阐述。

(1) 城区主次干道的初步规划

《宁波市工程计划书》(1925年) 中首次对城市干路和支路进行划分，以环城马路将城市周边连通，规划道路宽度为4丈（约为13.33m），两边人行道各5尺（1.67m），道路总长25141英尺（约7663m）。在此基础上，城区修筑四大干道，分别是东西干路1条，南北干路有东、西、中3条。其中西边干路北面从旧道署起，南面到仓桥，继而向西面转折一直到长春门；中间干道北面从高远桥起，南面到三角地，并向西折到日湖桥为止；东面干道北面从军械局后市起，南面到三角地，再向西折与中间干道会和。主干道下有2条支路，一条从灵桥门开始到三法卿连接南北干路，长2600英尺（792.5m）；一条从紫薇街赵天德弄开始，过桥到范祠，再过桥到水仙庙，长800英尺（243.8m）。四条干道的宽度按照警察厅建筑章程的规定规划。在此基础上，1927年，《工务处工程计划书》(1927年) 又增加了修筑新江桥至东门一带特等街道的计划，基本形成了老城区的道路粗略骨架，即"四大干道＋环城马路"的主干道体系。

(2) 城市主次干道的调整

童爱楼在《宁波街市全局之计划》(1927年) 中从发展城市商业的角度对宁波城市道路作了一定的设想，首先将城市分为干路、支路，建立6条城市干路及环城马路作为主体构架。在此前，工务局定东西、南北两个方向的干道，"一为自东门起直达西门外之望春桥，一为自中山公园起直达南门"，童爱楼认为应加入其他4条干道："一为自咸仓门高远桥起直达日湖水月桥，一为自云桥门起经三法卿郡庙前孙学前胡桥头直达湖西岙底，一为自老浮桥经百丈街直达卖席桥，一为自新江桥中街直达上下白沙"（《宁波市政

第4章 近代宁波城市建设的后期兴盛发展（1927～1937年）

月刊》第1卷第3期，1927），即形成6条①城市干道。相比较原来的城市道路框架，童爱楼增多干路的计划加强了城市的交通，在路网建立的基础上可加强老城区周边区域的发展，在此基础上可建立三市，分别是江东、江北、城中合西乡，形成六街三市，城市变成一个通达的市场网络。强调交通发展对振兴街市的作用，"居民须知街面愈阔则市面愈兴则所入愈丰"，除去城市内部主体交通构架外，还特别强调与周边乡镇的联系，即"长途汽车一自南门直达奉化，一自江北岸直达镇海"，体现城市作为中心辐射周边的作用。相比较此前的道路规划，该计划不局限于老城区的发展，将城市道路规划、交通发展与周边区域的建设结合起来，加强城市各功能区块之间的联系，具有一定的积极意义。经过调整后，宁波形成了"六大城市干道+环城马路"的主干道体系。

（3）城市道路的分级

1928年以前，宁波虽已基本确定了城区道路骨架，但对于城市道路宽度尤其是城市支路的宽度并未进行详细规划，因此1928年宁波市政府制定了《宁波市街道宽度表》（《宁波市政月刊》第2卷第1期，1927），将城区、江北、江东的街道宽度做了规定，该表格规定的各路宽度与《宁波市工程计划书》规定的城市道路等级吻合。街道等级分为60尺（20m）、50尺（16.7m）、40尺（13.3m）、35尺（11.7m）、30尺（10m）、26尺（8.7m）、22尺（7.3m）、18尺（6m）、14尺（4.7m）等9种。从区域上看，城区道路等级最高，60尺（20m）宽度的马路只有主城区的环城马路，此外还有50尺（16.7m）宽的马路2条，江东最宽的马路为40尺（13.3m）宽，江北的马路最宽为50尺（16.7m）。从表4-1可以看出，城市道路分级意味着宁波市政府时期城市道路等级体系基本确定，宁波此后各道路的等级体系及道路宽度基本上以《宁波市街道宽度表》为依据。

宁波各道路等级及宽度一览表 表4-1

1级	2级	3级	4级	5级	6级	7级	8级	9级
60尺(20m)	50尺(16.7m)	40尺(13.3m)	35尺(11.7m)	30尺(10m)	26尺(8.7m)	22尺(7.3m)	18尺(6m)	14尺(4.7m)
环城马路	东西干路、南北干路部分、外马路、新马路、草马路	滨江路、百丈街、后塘街局部、树行街局部等	东胜街局部等	药行街、大沙泥街、新街、冷静街、新河路、中马路、后马路等	钱行街、双街等	县前街、大梁街等	洋楼弄、东门后街、日新街等	不详

资料来源：笔者根据各类相关史料整理。

在传统城市向现代城市转变的过程中，城市道路用地面积的增加表明城市对现代交通的承载能力增加，因此，也是衡量城市建设现代化水平的重要指标之一。宁波城市道路经过分级设计后，城区道路面积大大增加，据《宁波市政月刊》记载：宁波市1929年道路面积为956亩7分8厘，约合63.8万 m^2，占全市面积的7.65%，经市政府时期重新

---
① 《宁波市工程计划书》指出东西、南北干道共4条，其中东西一条，南北分东、西、中3条，童爱楼则将南北干路视为1条，因此增加4条干道后总共为6条，事实上按照《宁波市工程计划书》已有4条干道的说法，增加后应为8条干道。

设计修建的道路面积达到 2645 亩 6 分 5 厘, 约合 176.4 万 m^2, 是原来道路面积的 2.8 倍, 占全市面积的 16.4%（《宁波市政月刊》第 2 卷第 8 期, 1929）, 这一规划虽并未完全实施, 但说明当时至少在城市规划层面上, 已较为接近现代城市道路交通用地的比例构成[①]。规划提高了宁波的城市道路用地面积, 为此后的城市道路建设打下良好的基础。

总而言之, 在宁波市政府时期, 宁波已采用现代城市规划的相关原理进行城市道路系统规划, 城市道路等级体系的建立为接下来的城市道路建设提供了前提, 有助于城市建设的开展。但相比较杭州而言, 道路规划较为简单, 并未对主城区范围外的整个城市用地范围进行道路规划, 也并未涉及道路转弯半径等内容, 相比较杭州多次调整后形成的城市总体规划层面的道路系统规划及中心城区的道路系统规划, 宁波市政府时期的道路系统规划更为薄弱和滞后。

4. 其他规划

除上文论述的城市功能分区及道路系统规划外, 市政府时期宁波的城市规划还涉及城市公共设施、城市风景名胜规划等内容。

（1）城市公共设施规划

城市公共设施是现代城市必不可少的组成部分,《宁波市工程计划书》（1925 年）对各类公共建筑、休闲设施及相关市政设施进行计划。拟建筑小菜场、公众运动场、图书馆及通俗书报社、商品陈列馆、消防局、屠宰场、洗染场、公共会集厅等公共建筑, 同时完善路灯、公厕、公园、自流井、垃圾柜等公用配套设施。

1）公共建筑

现代公共建筑的出现对于城市建设现代化进程具有较大意义, 中国传统城市功能单一, 服务能力弱, 对满足城市居民的生活宜居需求并不重视, 公共设施相对于工业革命后的西方城市而言非常简陋并普遍缺乏, 现代公共建筑的出现满足了城市居民各种现代生活需求, 如购物、休闲运动、教育等, 有基本生活方面的需求也有精神文化方面的需求。《宁波市工程计划书》（1925 年）所规划的全市公共建筑, 围绕着城市公共服务展开：①满足市民基本生活需求的公共建筑。全市计划修建 11 处菜市场[②]；在城市外围江河轮运便利之处（江东陶市堰）设屠宰场以防止污染；洗染场设置于离开城郭五里以外（可位于校场底北门外、南门外、江东三官堂等处）；修建消防局以防火患, 在既有消防局的基础上, 于城区、江东、江北、江厦等处增设消防局, 新的消防局要建设四十尺（约 13.3m）以上的瞭望台及配备新式救火机器至少两台。②建造满足市民精神文化生活需求的公共建筑。以"辅助教育及卫生起见", 选取"富有清新空气之地"建公共运动场（张传保, 2006）；后乐园设图书馆一所, 在城内各区及江东、江北各区选取适宜地点各设一所通俗书报社, 以普及知识；先在商业繁盛之江厦区设立一处商品陈列馆, 之后需在江东、江

[①] 依据我国《城市用地分类与规划建设用地标准》GB 50137-2011, 道路广场用地占建设用地的比例应为 8%～15%。

[②] 11 处菜市场的分布：江东老会馆、江北李家后门、灵桥门外濠河基地、城内县公署内土地祠、天宁寺大门、南社坛或大庙、万寿寺大门、西门外潮音堂、西门内护城庙、报德观大门、南门外关帝庙。

第4章 近代宁波城市建设的后期兴盛发展（1927~1937年）

北相继建设以振兴实业；设置公共会集厅，提供公共集会场所。计划同时提出要设置公共办事机构，在城区选适宜地点设立市政办公总所，并在江东、江北设分处，反映出对城市建设管理的重视。1927年，《工务处工程计划书》也对菜市场设置提出了计划，定位江东、灵桥门、鼓楼、江北岸、仓桥头各一处。

总体而言，宁波市政府时期对各类公共建筑的规划体现了现代城市市民服务功能的完善，各类新的公共建筑的出现也是城市现代化进程的重要标志。

2) 公共市政设施

现代市政公共设施对现代城市的发展至关重要，除城市道路的建设外，城市给水排水、路灯、公共卫生设施等的落实，增加了城市对于不断增加的人口的承载力，对城市的现代化进程起到较大的推动作用。《宁波市工程计划书》（1925年）主要对以下市政实施进行了规划：①落实城市居民用水及消防用水，计划每区设4口井，宁波城区共设44口井，考虑到水质，各口井深度需达到20丈（约为66.7m）以上，大小需达到圆径10英尺（约为3m）；②完善停车配套服务，市区共规划停车场24处；③计划安装路灯，在环城马路及四大干路中每隔5丈（约16.7m）装一只，支路上路灯设置的距离则以光线相接为标准；④落实公共卫生设施，计划在全市设立公厕和垃圾柜，其中公厕相距半里设置一处，垃圾柜则每一街巷设2只，柜的大小须能容纳100斤以上的垃圾。设市后，《工务处工程计划书》（1927年）也对自流井开凿及城市下水改造、公厕设置等方面作出计划，开凿自流井作为自来水未设之前的用水供应，将三喉填平改设大出水管以利于下水。

总体来看，除道路外，宁波市政府时期的市政设施规划较零散片面，各种市政设施均较为简陋，且对城市发展需求的前瞻性考虑不足，具有一定的局限性，但现代转型期市政设施规划的出现对当时的城市建设仍起到一定的促进作用。

(2) 城市风景名胜规划

现代城市公园、城市绿地和休闲设施的出现，对城市空间构成及居民生活均带来了一定的改变，城市公共空间承载了市民交流、娱乐、休闲等活动，是现代城市不可或缺的组成部分。在中国近代城市建设的现代化进程中，城市公共空间的规划和建设也是城市建设现代化进程的重要组成部分之一。宁波市政府时期，宁波对于城市公园、风景名胜有粗略的规划，童爱楼在《修筑月湖以惠市民说》中提到"市政府所设施之事，无一不加惠市民……保存古迹、修复名胜、增加风景、利益居民之四种深意，岂非较诸他种设施为加厚哉……大概风景愈佳之地，而游客愈多，游客愈多，而就地之店铺生涯愈盛，而市面愈兴"（《宁波市政月刊》第1卷第3期，1927），指出城市风景名胜规划的重要性。月湖是公共休闲设施，其修筑不仅可以给市民提供公共休闲景观空间，而且能带动城市旅游业的发展，从而带动城市消费和商业发展。童爱楼还在另一篇文章中提议修复宁波市区内各处风景名胜，大有发展旅游业的规划思路，"点缀风景，亦为市政范围内要事之一端，于百废俱举中列作最要之内者也"（《宁波市政月刊》第1卷第3期，1927），将城市公园、休闲景观规划提上日程。

综上所述，宁波市政府时期已经展开城市规划工作，落实了现代城市关于城市功能分区、城市道路系统规划和城市公共设施规划、城市风景名胜规划等内容，体现出现代城市规划理念的影响。在城市功能分区规划上，中心区的概念已形成，并将城市区块划分为工业区、商业区、住宅区、教育区、行政区等功能。在城市道路交通系统规划上，形成骨架式的城市主干道系统，兼顾城市各个区块，符合现代城市道路网设计理念。在城市公共设施规划方面，对城市公共建筑物、市民休闲空间、城市给水排水及卫生设施等进行规划，具有一定的进步意义。这一时期的城市规划奠定了南京国民政府时期宁波新的城市格局与形态，符合城市发展的需要，对其城市建设现代化进程具有重大意义。与此同时，相比较同一时期的杭州，宁波的城市规划相对简单，更为零散和片面，呈现明显的滞后。

4.1.2 鄞县政府时期的城市规划（1931～1937年）

废市并县后，宁波的城市规划基本延续市政府时期的格局，仅通过建设计划细化此前各项规划。1932年7月，《鄞县建设事业五年计划》（1932～1936年）制定，分为市政工程、交通、水利、农矿、工商五个部分。其中市政工程、交通、水利等部分与城市建设密切相关，其中部分计划体现出城市道路交通规划及城市公共设施规划的相关内容。

1. 城市道路交通规划

在宁波市政府时期城市道路系统规划的基础上，《鄞县建设事业五年计划》（1932～1936年）对城市道路交通（城市对外交通与城市交通）做出了一定的规划。

在城市对内交通方面，计划完成环城马路①、南北干路②及支路③、东西干路④及支路⑤等主要城市道路。除上述城市道路外，计划修筑老城区、江北及江东的部分城市道路共9处⑥。因此，城市路网在市政府时期规划的基础上计划进一步修筑。

在城市对外交通方面，为完善交通运输，计划修建县道5条，总长约350华里，"第一干线自宁波经五乡碶宝幢至天童育王，第二干线自宁波经莫枝堰韩岭市至象山港，第三干线自宁波至姜山甲村至道成岭，第四干线自省公路鄞奉线横涨站至鄞江桥樟村至大皎，第五干线自宁波经集士港至凤岙市"（张传保，2006）。完成后的干道可通汽车。对于乡间道路和桥梁，计划制定指导宽度和建筑方法，逐步实行改建。整顿水上交通，疏浚河道、

---

① 计划完成环城马路自东门至西门一段长3250m、永宁桥至南门长350m。
② 南北干路，自义和渡经贯桥头、千岁坊、三角地至南门接环城路过永宁桥与鄞奉省公路相接一段，长2300m宽16m，自中山公园经鼓楼、紫薇街至南门接环城路直达南门段塘一段长1480m宽11m。
③ 南北支路，自三角地经开明桥通后市接环城马路一段长1250m宽10m，自念条桥经万泰弄接大沙泥街一段长800m宽10m。
④ 东西干路，自东门至鼓楼一段长1180m宽16m，自鼓楼至西门一段长800m宽13m。
⑤ 东西支路，自怡园弄经海神庙接开明桥直街长700m宽10m、江北后街自洋船弄至老青年会长300m宽10m。
⑥ 包括新河头马路、竹行弄马路、自海关弄至英领事馆前马路、江北外滩马路、滨江马路、自咸宁桥至何家弄止一带马路、江东百丈街、江东百丈街马路、江东后塘街马路（参见张传保.鄞县通志·工程志[M].宁波：宁波出版社，2006：18-19.）。

第4章 近代宁波城市建设的后期兴盛发展（1927～1937年）

加宽桥门、取缔交通障碍。

整体来看，计划提出的城市对内交通规划旨在建立畅通的城市道路体系，城市对外交通部分，旨在修筑各县道、水利设施，以有助于发展宁波城市的对外联系。城市对外交通与城市对内交通的发展有助于城市各功能的有效开展，加快城市的现代化进程。

2. 其他规划

《鄞县建设事业五年计划》（1932～1936年）还对江北改造、城市公共设施完善等做出规划，并将两者结合在一起。江北改造中延续了1928年陈仲慈《改造宁波市江北区刍议》提出的计划，首先是开辟新市场及完善城市给水排水设施，"将江北泗洲塘之新港遗址循旧开浚建筑水闸，而于新江桥起自东沿江至北郭堰止之，姚江一段填平，填成之地约可得六百余亩以作开辟新市场之用，中贯广大马路，其余地除建筑公共场所外，概行标卖以充发行公债或借款之基金，供开江筑闸及装设自来水之经费"（张传保，2006）。即利用江北水陆交通枢纽的地位，填河开辟新港，在江北白沙建造各交通机关，然后开辟新市场，同时解决自来水水源问题。城内河道除了"水利攸关之干流"外，其余皆列入填没计划，填没后设排水管道。

其余城市公共设施方面，计划提出增加菜场、新辟公园、改建老江桥、筹设自来水厂、整理路灯、设立交通标志、编订路名牌、设立广告场、设置电气标准钟等。如规划在已有江北岸小校场、灵桥门、西门外、新河头、咸宁侨六处菜市场基础上，增建提署前及西门外航船埠头两处菜市场，月湖、江北、江东、西郊等处选择适当地点开辟公园等，进一步增加城市的公共服务设施。

总体而言，鄞县政府时期，宁波并没有形成与市政府时期相当的城市规划过程，主要以延续市政府时期的规划并加以落实为主，没有良好的体系，行政发展计划作为主要的参照指导城市建设。

4.2 市政建设的发展

这一时期稳定的政治环境为宁波城市建设提供了良好的条件，宁波工商业持续繁荣，城市经济的发展有效地推动了城市建设，省市县政府颁发的一系列建设管理制度有助于规范管理城市各项建设，宁波近代城市建设进入黄金时期。仅1927年一年，宁波市的工程建设经费就占全市收入的19%。市政建设取得较大进展，城市交通的发展成为这一时期城市建设的重点。鄞县通志载"自政府倡导建设而国内交通较便之都市皆承风奋起，尽心于道路、桥梁、水利营缮诸要政，于是甬上市容顿改，观而各乡重要大将作亦以时完成……"（张传保，2006），在1927～1937年间，宁波市政府、鄞县县政府积极致力于宁波的市政建设，整治城市河道、修建城市道路、发展城市公共交通、修建城市公园、完善城市电力电信工程，各项城市配套设施逐步健全。以下主要就城市道路工程和公共交通、城市公园与城市绿化、给水排水工程及电力电信工程进行论述。

4.2.1 城市道路工程和公共交通

1. 城市道路工程

1925年《宁波市工程计划书》的颁布确定了之后"拆城墙筑马路"的市政建设要点，宁波设市后1927～1931年间的道路建设是以《宁波市工程计划书》为纲领执行的，废市并县后《鄞县建设事业五年计划》（1932～1936年）于1932年发布，此后的道路建设基本依据该计划执行。1927～1937年间，宁波城区道路修筑进程加快，城区主要道路得到修筑，同时新建、改建桥梁、安装路灯，现代城市道路格局初步形成。

（1）宁波市政府时期的城市道路建设

城市道路建设是宁波市政府时期城市发展的重点，1929年税务司呈报"市政改良大有可观，各项建设进行甚速"，"闻在城东及东南各区并江北岸一带，尚拟开筑宽阔马路……自新江桥至鱼市之沿江堤岸，刻正以水泥铺盖……"（中华人民共和国杭州海关译编，2002），事实上，在《宁波市工程计划书》（1925年）制定后，宁波已经开始拆城墙筑马路①，始于1924～1928年的南塘河疏浚工程中，其周边的相关路段②也得以修筑，这些道路的修

---

① 干路东大路在1925年修筑，东至东门口，西至贯桥头，长度为950m，道路宽度16m，修路的材料来自城墙拆卸的城石及购自沈家门朱家尖的条石，修成的路面可通车。同年，泥桥街通过填河拓宽路面至7.04m。税务司威立师呈报"城中已有主要之街道数处，本年已重行铺整，其铺道之石系以由附近北门及东南门之城墙拆下之石料之售价所购者，惟现时议及拆毁全城城墙之计划，以款项不足一时未能实行。"（参见中华人民共和国杭州海关译编. 近代浙江通商口岸经济社会概况——浙海关、欧海关、杭州关贸易报告集成[M]. 杭州：浙江人民出版社，2002：381.）。

② 南塘河工程中修筑道路如下：

归属河段	地点	类别	长度（m）
鄞江段	草厂后	大路	68
	自老洋房至福泉埠头老洋房前	大路	348
	荷花池头转角	路礅	115
章远段	自楼家门前至回龙庵	路及石礅	256
	王家桥西首至宝积庵	大路	77
同远段	七乡桥西首	大路	240
	七乡桥东首	大路	50
	七乡桥东首至横涨桥街	大路	1147
	横涨桥东首至枫棚碶	大路	1833
	问津桥东首至永镇祠西首	大路	673
	永镇祠前	大路	200
	永镇祠东首至万缘桥西首	大路	1043
	万缘桥东首至上市桥西首	大路	600
	栎社桥至震泰行西首	大路	550
	当铺前至滕家桥西首	大路	127
	滕家桥东首至新丰桥西首	大路	715
	新丰桥东首至同善桥西首	大路	951
	同善桥东首至咸和行西首	大路	752
	通津桥东首至赵家渡	大路	477
	马颈桥至丁家横	大路	780

根据张传保. 鄞县通志·工程志[M]. 宁波：宁波出版社，2006：86-89. 整理。

第4章 近代宁波城市建设的后期兴盛发展（1927～1937年）

筑为设市后的大范围城市道路建设打下了一定的基础。宁波市政府时期城市道路修筑的重点是东西干路、南北干路、环城马路及新江桥至东门一带的街道，即形成最主要的城市道路骨架系统。宁波古城墙很快被分阶段拆除，城内多处河道被填充，一些新的城市道路在填河拆城的基础上建造。从相关记载来看，这一时期宁波城市道路的修筑主要有两个特点：1）城市道路修建以改建为主、新建为辅；2）城市道路的建造技术有了显著进步。

其一，道路修筑有新建与改建两种方式，并以改建为主。新建道路主要有两种情况：1）拆城筑路；2）填河筑路。

拆城筑路主要是指城区环城马路的修筑。为修筑环城马路，宁波的古城墙分阶段拆除，如西门至北门拆于1928年，东门至灵桥门一段、南门至西门一段拆于1929年，灵桥门至南门一段拆于1930年之前。环城马路对应的各个路段分别是东渡路、灵桥路、长春路、望京路、永丰路、和义路，全线7.77km，其中东门至灵桥门一段拆除后修建东渡路，此路段于1929年修筑完成，灵桥路为灵桥门至南门一段，1930年修筑。此外，南门至西门一段为长春路，西门口至北门一段为望京路，盐仓门至东门为和义路，市政府时期均未修建完成。环城马路计划修建的宽度为60尺（20m），在实际修建中东渡路宽12.8m，灵桥路则部分12.8m部分19.2m。

填河筑路方式在宁波市政府时期的道路修建中也不乏实例，宁波自古水系众多，为在拥挤的老城修建现代城市道路，除去拆城市筑路外，还需以填充河道得到道路路基。如东渡路的修筑中政府填充了水食二喉外的濠河，修筑灵桥路也填充了里濠河汤令公庙东北段，大沙泥街为填天封塔东河建筑，小沙泥街也是填河道后将路面拓宽，咸塘街、车轿街、狮子街为填岳庙西河修筑。

需要指出的是，由于宁波市域范围大部分处于老城厢海曙区及江东、江北大部分地区，因此有相当一部分道路需在原有道路基础上改建或拓宽，尤其老城厢一带，完全新筑的道路极少，多数在原来道路基础上改建或者扩宽。因此在所修道路中改建、修缮占很大比例，江北岸中马路、药行街、滨江路、新河路等[①]均属为改建。笔者根据所收集到的史料进行统计，宁波市政府时期所修重要道路中，新修、拆城新修、填河新修、填充拓宽

---

① 这些道路于1929年5月建筑完成，中马路宽9.6m，长560m，药行街宽9.6m，长460m，滨江路宽12.8m，长约250m，新河路宽9.6m，长约180m。

及拆城填河新修道路共有10条，改建、整修及加建延长的为17条①，可见这一时期宁波的城市道路中改建占据较大比重。

其二，城市道路的建造技术有了显著进步。首先，新修的道路均有人行道及排水沟，《宁

① 宁波市政府时期所修重要道路如下：

序号	道路名称	起止地点	修筑方法	修建时间	长度（m）	宽度（m）	路面种类
1	公园路	北至中山公园，西至呼童街，南至镇民路	改建	1927年	750	8.32	柏油路
2	北郊路	南自北门口起，北经保丰碶至旧市界	改建	1927年			
3	府桥街	东至北大路，西至呼童街	改建	1927年		7.04	
4	三横街	东至外马路，西至后马路	改建	1928年		9.6	
5	车站路	东至外马路，南至桃渡路	整修	1928年	700	12.8	
6	白沙路	南至石板巷，北至孔浦车站	改建	1928年		9.6	
7	扬善路	东至外马路，西至太和栈衖	改建	1928年		9.6	柏油路
8	后马路	南至桃渡路，北至石板巷	改建	1928年		9.6	柏油路
9	中马路	南至一横街，北至英领事馆	改建	1929年	560	9.6	柏油路
10	药行街	西至三法卿，东至老江桥堍	改建	1929年	460	9.6	柏油路
11	东渡路	北至东门口经官前宫后，南至灵桥前	填河新修	1929年	670	12.8	柏油路
12	新河路	东至镇安桥巷，西至百丈路，北至荷莊街	改建	1929年	180	9.6	柏油路
13	大衙路	东至大衙头，西至东渡路	新修	1929年	240	12.8	柏油路
14	滨江路	北至新江桥，经半边街老江桥堍，沿奉化江至鄞奉汽车站	改建	1929年	250	12.8	柏油路
15	大沙泥街	西至开明街，东至灵桥路	填河新修	1929年	500	11.66	砂石路
16	小沙泥街	北至大沙泥街，东至王家祠堂衖（狮子街）	填河拓宽	1929年		4.48	
17	江厦街	北至新江桥堍，南至老江桥堍	改建	1929年	200	7.04	柏油路
18	长春路	南至南门一元桥，西至西门	拆城新修	1929年始建	2100	19.2	
19	望江街	西至护城脚下，东至江边	改建	1929年	100	12.8	柏油路
20	咸塘街	西接大梁街，东至灵桥路	改建	1929年			石子路
21	车轿街	北至东后街，南至药行街	填河新修	1929年	500	5.78	石子路
22	狮子街	北至药行街，南至灵桥路及大沙泥街	填河新修	1929年	380	5.76	石子路
23	玛瑙路	南至桃渡路，北至板桥街	填河新修	1929～1930年		12.8	石板路
24	灵桥路	北至灵桥门口，南至南门，与鄞奉汽车道相衔接	拆城填河新修	1930年	1600	北12.8 南19.2	碎石路
25	新马路	东至咸宁路，西至草马路	改建	1931年	910	16	水泥路
26	尚书街	西至望京路，东至呼童街	加建延长	1931年		9.6	
27	呼童街	北至西河街东口，南至西大路	加建延长	1931年		5.76	

根据张传保.鄞县通志·舆地志[M].宁波：宁波出版社，2006：573-591及宁波市政月刊第2卷8-12期整理。

第4章　近代宁波城市建设的后期兴盛发展（1927～1937年）

波市政月刊》1929年政治工作报告中记载东渡路、宫前至濠河头柏油路修筑了人行道侧石及水道石同时安放沟管①。江北后马路、玛瑙路也埋设了排水管沟及大小阴井②。1929年8月安放1尺半（约50cm）管径的排水管沟80m，大阴井3只，小阴井6只（《宁波市政月刊》第2卷第12期，1929）。其次，改建道路也普遍采用现代道路修筑技术。古时道路狭窄且没有排水设施，因此需通过改建扩宽路面、铺设排水沟、修建人行道，修筑新的路面如柏油路、碎石路等。如1929年4月，江东新河路（灰街）自百丈街至大校场口止的道路进行街道扩宽，改筑柏油路，规定宽度为30尺（约9m），中间车道宽22尺（6.6m），两旁人行道水泥地各宽4尺（1.2m），于路中线排设2尺径瓦筒（《宁波市政月刊》第2卷第8期，1929）。这一时期宁波还对不少市区原有道路进行了路面整修，如将石板路改为弹石路、砂石路、石片路等③。

总体来看，通过3年多的建设，到1931年，宁波城区道路面积增加，兴建了不少柏油路④、石板路及碎石路，其中碎石道路共有5英里（约8km）。如图4-4所示，城区道路的修建主要集中在老城厢，主干路环城东大路、灵桥路已经修建完成，东西大路也基本建成⑤，中部的公园路修筑完成，东门至新江桥一带也修筑了多条马路。在江北，靠近新江桥一带的马路也得到改建及扩宽，江东新河路（灰街）已经修建完成。由于建设时间与建设经费的局限，宁波市政府时期的道路建设相对较零散，除了东西干路、环城马路等主干道外，其余道路建设并无明显的秩序。

(2) 鄞县县政府时期的城市道路建设

废市并县后，1932年7月《鄞县建设事业五年计划》（1932～1936年）发布，关于道路部分，列出了5年计划⑥。1933年，整治城河工作开始，着手测勘各河道，并于

---

① 《宁波市政月刊》1929年政治工作报告中记载该路修筑了人行道侧石及水道石，其中7月筑成人行道侧石及水道石50m，8月修筑人行道及侧石60m，埋设2尺的沟管60m。宫前至濠河头柏油路1929年6月修筑人行道侧石及水道石100m，7月修筑人行道200m，安放1尺半管径的排水管沟160m，大阴井8只，小阴井16只，8月修筑人行道100m，沟管40m[参见宁波市政月刊1929年，2（10）（法规）18、1929年，2（11）（训政）17、1929年，2（12）（法规）12.]。

② 江北后马路1929年8月安放1尺半（0.5m）管径的排水管沟80m，大阴井3只，小阴井6只。江北玛瑙路，自板桥至傅家道头长620m，宽12.8m，1929年8月安放2尺（0.66m）径沟管40m，1尺半（0.5m）管径的排水沟管160m（参见政治工作报告．宁波市政月刊，法规；1929，2（12）：12.）。

③ 1929年4月，同兴街及洋山殿弄的石板路改为弹石块路，酱务桥半街口及迎凤桥下改筑弹方石块路，平桥下北首改筑砂石路面。1929年5月，宁波市政府修理县东巷及各市街破碎石板路。1929年6月，县学前改筑石片路，共570m²；县东巷修筑石片路，面积为700m²；开明桥直街修筑石片路4500m²；贯桥头直街修筑石片路1400m²。1929年7月，翻修又新街后石片路2800m²；晋江弄修筑石板路400m²；费家弄改筑石片路200m²。鼎新横街、硝皮弄、开明桥直街自天封桥至三角地、平桥下直街等路段也于1929～1930年进行翻修（参见政治工作报告．宁波市政月刊，法规；1929，2（9）：18. 政治工作报告．宁波市政月刊，政训；1929，2（11）：11.）。

④ 柏油路有公园路、东渡路、滨江路、药行街、新河路等，碎石路及弹石路有灵桥路、大沙泥街、江北玛瑙路等。

⑤ 具体工程包括东门内一段路面20947方丈（232721.17m²），阴沟16716丈（55720m），阴缸26个，出水瓦筒2161丈（7203.33m），西门内一段路面16456方丈，阴沟13136丈（43786.67m），阴缸20个，出水瓦筒1692丈（5640m），鼓楼前一段路面18938方丈（210412.29m²），阴沟15113丈（50376.67m），阴缸23个，出水瓦筒1909丈（6363.33m）。（参见改组前之经过工作及今后设施报告市民与商榷[J]．宁波市政月刊，报告；1927，1（4）：14-15.）。

⑥ 具体计划为：1932年完成环城马路剩余路段、新河头马路、竹行弄马路、自海关至英领事馆前马路；1933年建筑江北岸外马路、滨江马路、自咸宁桥至何家弄止一带马路；1934年修筑江东百丈街、自洋船弄经玛瑙路达火车站马路、江东后塘街马路；1935年建筑南北干道及支路；1936年建筑完成东西干路、东西支路等马路。

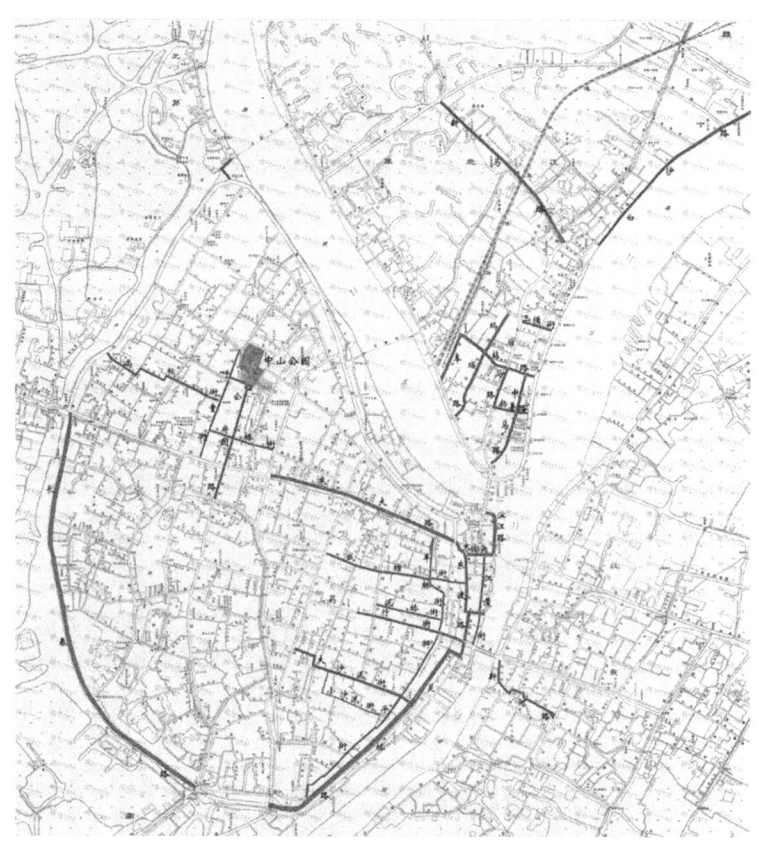

图 4-4 宁波市政府时期所修道路示意图
（资料来源：笔者根据相关史料绘制）

1934年7月开始新一轮填河筑路工程①，道路修筑的方式有新修、拆城修筑、填河修筑、改建扩宽、加建延长等。从实际工程看，这一时期的道路修筑呈现3个特点：1）城市道路的修筑以宁波老城区为主体；2）城市道路中柏油路面逐步增多；3）现代城市道路网系统基本形成。

其一，老城厢道路建设是鄞县政府时期宁波道路修筑的主体。这一时期修筑完成的道路详见表4-2。可以看出，老城厢修建的道路远远超过江北和江东，占据数量上的绝对比重。除了环城马路及东西南北干道外，在老城厢北面，苍水街②、西河街③、府侧街④修筑完成，在老城厢东南面，南北大路以东，开明街⑤、泥桥街、碶闸街⑥、县前街、县东街、

---

① 整治城河工程拟修筑道路主城区包括开明街、药行街、西郊路、碶闸街、咸塘街、苍水街、北大路、南大路、东大路、西大路、西河街、孝闻街、呼童街、府侧街、镇明路、大沙泥街、县前街、县东街、广济街、迎凤街、滨江路、江厦街；江东有百丈路、木行路、萧家巷、方井街、后市巷、开明坊、高塘墩、大戴家路；江北有中马路、后马路、洋船弄等（参见张传保. 鄞县通志·工程志 [M]. 宁波：宁波出版社，2006：98-101.）。
② 苍水街改建于1935年，城河委员会改建甘溪以西一段，宽9.6m。
③ 西河街1931～1932年加建延长，自贵神庙至孝闻街口的0.21km 1931年由永寿西河二里委员会募修，自孝闻街口至通利门0.21km 1932年由西河里委员会募修，宽9.6m。
④ 府侧街改建于1934年，宽9.6m。
⑤ 开明街为主城区南北干道，北接环城马路，南面与南大路相交于城区三角地，宽9.6m，碎石路，1935年竣工。
⑥ 碶闸街宽9.6m，南北向道路，1932年扩充南段药行街至大沙泥街。

第4章 近代宁波城市建设的后期兴盛发展（1927～1937年）

鄞县县政府时期各区道路修筑表　　　　　　　　　　　　　　　　　　表4-2

老城厢（21条）			江北（4条）			江东（4条）		
路名	修筑时间	路面	路名	修筑时间	路面	路名	修筑时间	路面
西河街	1931～1932年		外马路	1931～1932年		木行路	1935年	
碶闸街	1932年		桃渡路	1933年		后塘路	1931年、1934年	
文昌街	1932年		草马路	1933年		大河路	1934年	
广济街	1933年		咸宁路	1935年		百丈路	1935年	
望京路	1933年							
和义路	1933年							
永丰路	1933年							
苍水街	1935年							
府侧街	1934年							
濠河街	1934年							
方井街	1934年							
开明街	1935年	碎石路						
药行街	1934年	柏油路						
县东街	1934年	碎石路						
县前街	1935年	碎石路						
镇明街	1935年	碎石						
南大路	1935年	柏油						
泥桥街	1935年							
北大路	1935年	碎石						
塔前街	1935年							
西大路	1936年	柏油						

资料来源：根据张传保.鄞县通志·舆地志[M].宁波：宁波出版社，2006：573-591.整理。

县西街[①]等干道修筑完成，老城厢西南面，镇明路[②]及广济街[③]是这一时期的重要干道。江北及江东在这一时期均仅修筑了少数几条道路。

其二，城市道路中柏油路面逐步增多。县政府时期修筑的城区重要道路已经采用碎石路面或柏油路面修筑，除碎石路、柏油路外，也修筑了多处弹石路[④]。在各类路面种类中，柏油路的修筑逐渐增多。除了新修的柏油马路外，县政府还补浇了多处柏油路面，其中1932年[⑤]补浇路面共计16200m^2；1933年补浇14000m^2。这一时期的道路修筑见图4-5（鄞县政府建设科，1934）。江北外马路是这一时期修建的最典型的柏油马路，1931年开始

① 县前街、县东街宽9.6m，县西街宽7m，1934年建成，均为碎石路。
② 镇明路为南北干道，宽11.2m，1935年修筑完成，碎石路。
③ 广济街为南北向道路，宽9.6m，1933年修筑。
④ 如怡园弄、香客弄、偃月街等。
⑤ 1932年补浇马油路面的道路有新江桥堍，南昌弄，江厦街，大衙头，小江桥，宫前，宫后，水弄口，老江桥堍，药行街，灰街等路面。

137

建造，自新江桥起至洋船弄480m的道路，原仅宽6m左右，1932年2月动工改建改筑后宽度达到19.2m。修建完成后沿江为水泥栏杆，礴内为5m的石板路作为缓行车道，接着是2m的人行道，人行道上遍植行道树，再往内为10m的柏油马路车行道，最后是2.2m的人行道，改造工程在1934年6月完工。

图4-5 宁波鄞县县政府时期所修道路示意图
（资料来源：笔者根据相关史料绘制）

其三，现代城市路网初步形成。经过近10年的建设，至1936年，环城马路及东西南北干道修筑完成，环城马路环绕于主城区外围，四大干道呈"十"字交叉于主城区中部，并由东西南北四个方向与环城马路相接。在此基础上，老城厢、江北、江东多处干道修建完成。对比1928年及1936年宁波城区道路（图4-6、图4-7），可以看出主次干道系统的完善，1928年的宁波城区道路并无主次干道的区分，老城厢周边城墙围绕，市内多断头路，道路狭窄、弯曲且不连续。经过8年的城市建设，各个区块由主干道、次干道打通，形成接近矩形的街区分布，新建的道路系统在原来巷道格局基础上产生，充分利用原有道路，通过填河扩宽、拆除城墙新修道路等形式，形成宽9.6～19.2m的城市干道系统，基本完成道路系统的现代性转变。

(3) 桥梁修筑、路灯安装

1) 桥梁修筑

宁波城区由于水系环绕，自古桥梁众多，在1927～1937年间，由于城市道路的大

第4章 近代宁波城市建设的后期兴盛发展（1927～1937年）

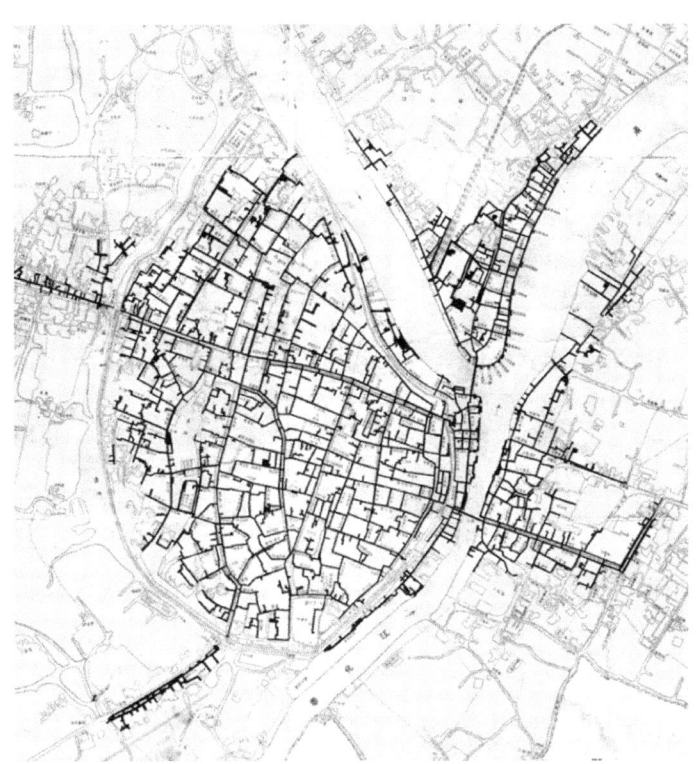

图 4-6　宁波 1928 年道路示意图
（资料来源：笔者根据相关史料绘制）

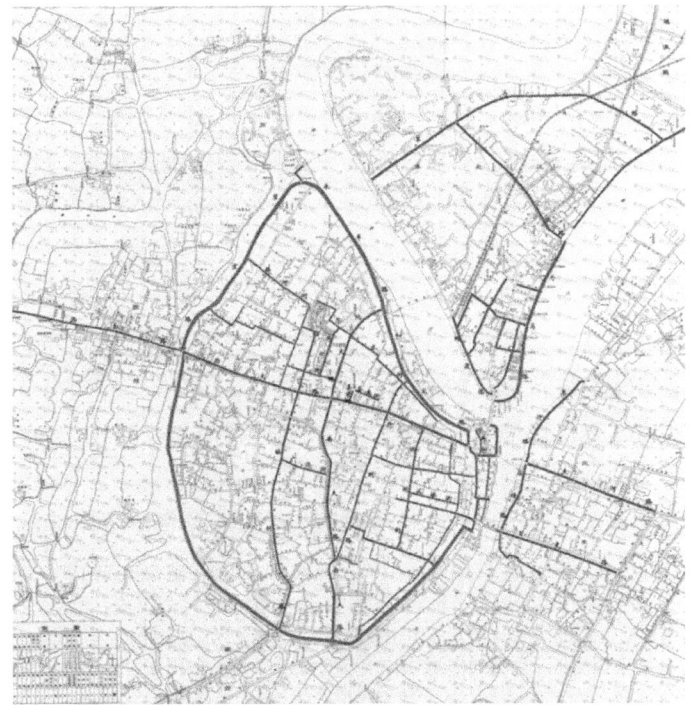

图 4-7　宁波 1936 年主要道路示意图
（资料来源：笔者根据相关史料绘制）

量建设，不少城河填塞，为满足现代交通要求，城区不少老桥被拆除，同时也新建了一批连接道路的新桥梁。1928年，城区共有桥梁227座。大范围填河开始于1929年，共拆除桥梁30座，1933年又拆除2座，1934年拆除10座。到1935年，城区又再次拆除桥梁59座，为历史上拆桥最多的一年。自此，227座桥梁共拆除101座，仅剩原来的1/2左右。在拆除的同时，为贯穿城市道路，必要的联系桥梁得以修建起来，如老江桥、安里桥、平安桥、惠安桥、鄞南第一桥、一元桥、马园桥、"一二八"桥等①。

上述桥梁中，老江桥是宁波南京国民政府时期最具代表性的桥梁。老江桥即灵桥，是连接主城区与江东的重要通道，为宁波通往东南乡的要道，跨奉化江江面。原为浮桥，以船排连锁而成，由于奉化江水势湍急，每遇山洪暴发桥便被冲毁，交通中断，因此从20世纪20年代起宁波当地就筹划相关建设事宜。1922年陈树棠曾草拟工程计划，但由于经费落实等问题，老江桥工程1931年才正式开始筹建，在宁波、上海两地分别成立筹备委员会，负责相关的工程事宜。工程邀请上海工部局工程师西方人茄姆生多次考察并拟定投标章程，进行公开招标。桥梁最终设计为三轴钢筋环桥，全桥为银粉色，长96m，宽19.8m，桥面中间为车马道，10.8m，两侧为人行道，各4.5m，两端桥墩为马蹄式，坡度为5%。工程由上海西门子洋行承包，总费用为486700余元，于1934年5月动工，1936年6月落成，是宁波市区第一座跨江"钢骨拱桥"（俞福海，1995）（图4-8）。

图4-8 灵桥老照片
（资料来源：重建灵桥纪念册[M]. 插图）

2) 路灯安装

南京国民政府时期，宁波城市道路的路灯逐步安装，较设市前有较大的发展。设市之初，宁波市政府接管城市建设时共有路灯1560盏，到1928年底已经增加到2022盏。此后每月以数十盏的数量持续安装②，到1934年，共有路灯2267盏。路灯分为两种，根据街道宽度不同采用不同的灯架及灯泡，街道宽广的用"对绷街心灯"或"3m及2m长臂灯架，装100烛光灯泡"，街道较窄的，用"1m灯架，装50烛光灯泡"。到1930年7月，市区各重要街道路灯已经更换新架放大灯光，或改装宕灯，并将位置不妥的路灯迁移，使距

---

① 安里桥、平安桥位于江北岸，跨颜公渠，1931年由里人募建；惠安桥位于南门外，设计为水泥钢筋三眼桥，鄞县县政府建设科设计，1933年由鄞县绅商会同四明公惠儿院等募建，1934年落成；鄞南第一桥位于南门外，跨濠河，北通环城马路，南通鄞奉汽车道，1934年由宁波绅商募建；一元桥，位于南北门，跨南北关里直河，南接南塘河，为改筑环城马路而建，改废水门为桥，1933年由鄞县县长陈宝麟及宁波数位绅商募集资金修建；马园桥位于马园村，1935年由城河委员会新建；"一二八"桥位于望京桥南西门，跨西水关重里河，占西塘河相接之处，因西水关拆城筑环城马路而废，修建水泥桥（参见张传保. 鄞县通志·舆地志[M]. 宁波：宁波出版社，2006：627-667.）。

② 如1929年4月新装路灯29盏，换灯泡163只，5月新装路灯36只，8月装路灯65只。

离均匀。此后，江北外马路（1932年）及江东大河路（1934年）等新筑街道，所有电杆一律改为钢骨水泥并特制长臂灯架（鄞县政府建设科，1934），1934年，路灯的开关由人力改为自动装置。

2. 城市公共交通

南京国民政府时期宁波的城市公共交通发展较慢，市内交通仍然主要依赖人力车，期间虽尝试开通公共汽车，但由于各人力车行的反对及经费困难等原因未能落实。到1934年，宁波城区共有营业人力车1590辆，车行12家，营业自由车130辆，车行16家，自用人力车约300辆，自用自由车约200辆，自用货车50辆（鄞县政府建设科，1934）。为加强管理，所有车身、车轮、车篷统一为黑色，以公司号牌作为区分。

汽车在市区内仅有鄞奉货运汽车公司的运货车，主要行驶路线为灵桥门至永宁桥一段环城路，其余长途汽车公司的车辆如需在市区内行驶，需经政府填给临时通行证，允许在市内宽度5m以上的街道行驶，新老浮桥仅允许空车及小包车通过（鄞县政府建设科，1934）。

总体而言，宁波近代城市公共交通发展较为有限，公共交通仍主要依赖人力车，汽车稀少，城市公交路线也未能开通，较同一时期的杭州严重滞后。

4.2.2 城市公园与城市绿化

与近代中国其他重要城市一样，城市公园也是南京国民政府时期宁波城市市政建设的组成部分。这一时期修建的公园主要有中山公园、湖西公园。在修筑公园的同时，增设街道绿化、小品，提升了城市公共景观。

设市之初，市政府以宁波"人烟繁密、行旅熙攘，东西人士来苕此邦每以无公众娱乐场所引为遗憾"为由，筹备市立公园，欲增地方之荣誉、壮中外之观瞻（《宁波市政月刊》第1卷第2期，1927），命名为"中山"以纪念孙中山先生。为建设宁波中山公园，设立了筹备处，"将城内后乐园旧道、署府后山、旧府署等地方，开为中山公园"（《宁波市政月刊》第1卷第1期，1927）筹备经费20万元，1927年6月4日第一次筹备委员会上指定工务科科长王穿绘制图案并制定工程标准。6月14日开第二次筹备会，讨论公务科长绘就的图案，认为公园建设"非规模宏大建筑完固不足以增地方之荣誉，壮中外之观瞻"（《宁波市政月刊》第1卷第1期，1927），于是将原有公园基地、旧府署全部及旧道署后乐园全部划入为建筑公园之用，总占地面积为约60余亩（约4hm^2）。由中山公园筹备处进行招标施工，采用包工不包料的形式建筑，1927年夏动工，到1929年秋天建成，新建各式房屋21间、亭台4座、牌坊2座、过廊3处、桥梁5座，其余还有围墙、花圃、假山、水流等，公园规模较大（图4-9）。《宁波通史》记载："中山公园内三山鼎立，一水环绕。府山东卧，府后山北踞，独秀山（假山）中矗。进园主轴线，首立孙中山总理遗嘱碑亭，内有碑一块，正面是总理遗嘱，背面是宁波中山公园碑记，为

近代宁波城市建设现代化进程

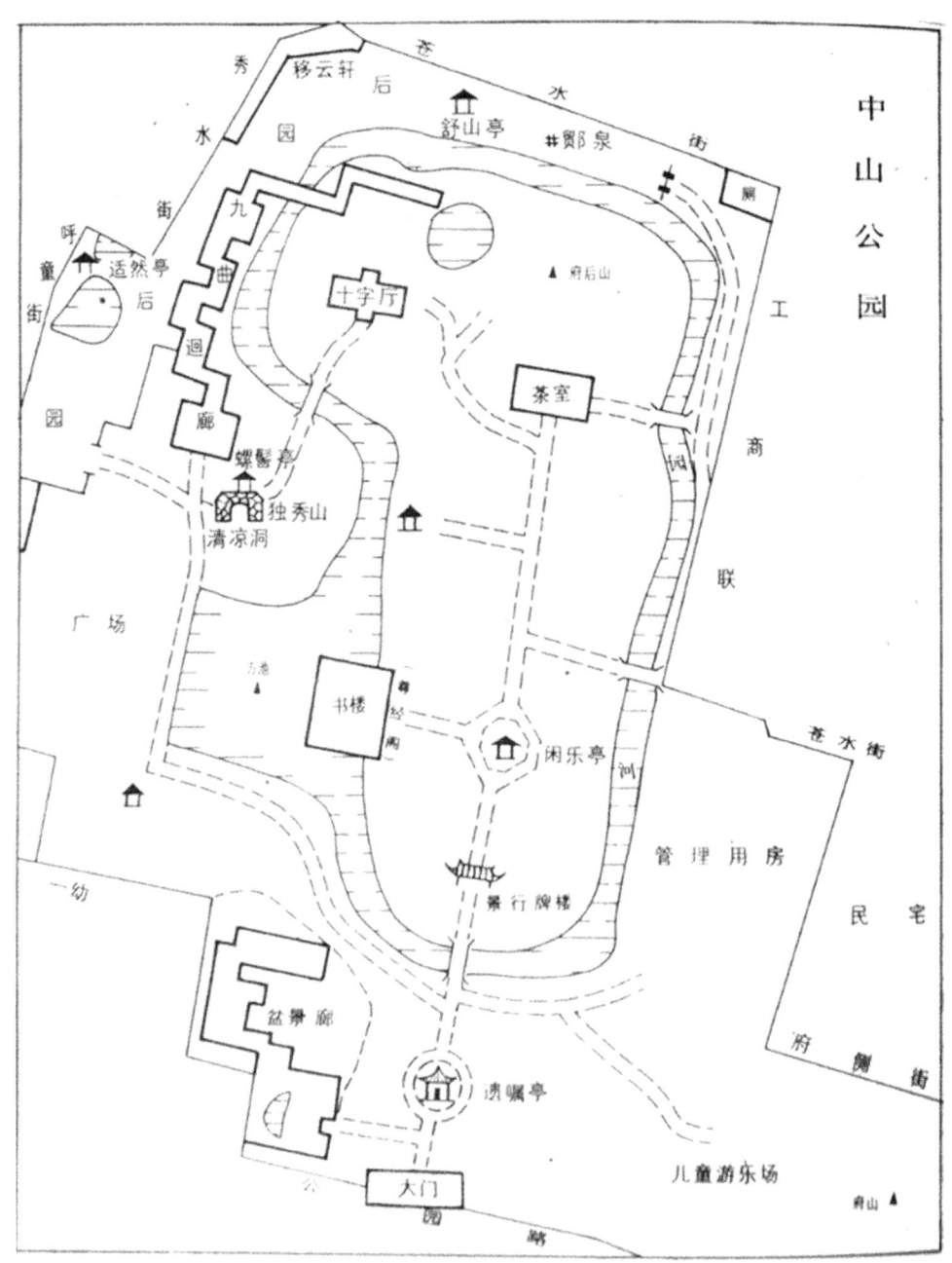

图 4-9 中山公园总平面

（资料来源：宁波市地方志编纂委员会编．宁波市志 [M]．北京：中华书局，1995：640．）

沙孟海所题。过小桥，有景行牌楼，建于清道光十七年（1837 年），石柱楹联由张元炜题：'远瞩林园胜妙殊绝，越诸尘累身心了然。'往前是八角铁亭，称'闲乐亭'。西侧池旁有藏书楼，楼下有阅报室。再往前，则为茶室。跨河有新桥（石桥）通后园。途经府后山山脚十字厅，南向过桥，为独秀山，山上有螺髻亭，山下有清凉洞，九曲回廊连方亭"（傅璇琮，2009）。公园内以人工建筑物和人工造景为主。1931 年宁波废市并县后，鄞县县

142

政府仿照美国郊外公园的式样,在月湖一带开辟湖西公园。

街道绿化和小品也成为宁波市政府致力打造的城市景观。市政府在南门至八角楼一带环城路两旁种植桃柳,八角楼至西门一带环城路两旁种植黄金树,濠河头环城路一带沿河隙地种植梧桐,同时建造凉亭数座,还安置石凳以憩行旅(傅璇琮,2009)。除上述道路绿化外,西门外航船埠头至望春桥沿河一带也均种植行道树。

总之,宁波近代城市公园与城市绿化的建设增加了市民公共活动空间,作为现代城市配套设施,对城市公共景观与环境起到了较大的提升作用。

4.2.3 城市给水排水工程

1. 城市给水工程

(1) 自来水开通的迫切性与初期尝试

供水是城市市政建设的重要方面,居民生活及生产用水的保障对城市总体发展意义重大。古代城市建城取址很注重水源,因为居民生产、生活用水大都依赖自然水源。当城市发展到一定规模,人口聚集,自然河道被大量污染,水源的缺失便逐渐成为城市发展的阻力。《鄞县建设》载《建国方略·实业计划》中提及"居室工业家用物之供给",有水、光、燃料、电话等,提到自来水一节,讲到"除通商口岸之外,中国诸城市中无自来水,即通商口岸亦多不具此者,许多大城市所食水为河水,而污水皆流至河中,故中国大城市中所食水,皆不合卫生,今须于一切大城市中,设供给自来水之工场以应急需……"(鄞县政府建设科,1934)宁波虽自古水系发达,但污染淤塞严重,到近代,河道大量淤塞,"居民洗涤用水取诸于井泉者尚称上等,普通就即就污浊之河埠浣衣洗菜,工厂则除凿自流井供用者外,其向恃河水者一遇久旱即迫而停工。至于饮料水则中人之家向有水缸石槽向屋檐蓄雨水以为食"(张传保,2006),可见开通自来水对宁波城市的发展至关重要。

早在开埠早期,洋人就在宁波开凿自流井,然而水质不佳,因此一直到离城区很远的地方挑水,而普通民众仍只能将就自流井的井水或者接雨水饮用。到设市之前,宁波终于有了第一家自来水公司,1926年[①],裘火宝银楼业主出资开办通泉源自来水公司,地址位于城区东后街,厂基面积2亩,厂房11间,以深井水为水源,通过深度280尺(约合93.3m)的井水向东门大街一带供水。但当时只有一口井,水量不足,供应范围有限,所铺设管道位于东门口一带,管道不足千米,自来水的水质较差,1931年便宣告停业。

(2) 新的自来水计划

设市后,两任市长都曾计划开通自来水。首先是市长罗惠桥曾计划开凿深井9口作为全市自来水水源,当时曾开凿试验井,深度约为500尺(约为166.7m),水质符合饮用水标准。可惜计划并未真正实施,一是省政府并未批准,再则经费不足,在罗市长卸

---

① 乐承耀《宁波近代史纲》301页提到该水厂,年份是1915年,《宁波通史》民国卷297页也提及该水厂,年份为1926年,另外《宁波市志》也在文中616页提到该厂,年份为1926年,因此本文采用1926年的说法。

任后该计划搁浅。杨子毅市长到任后，聘请专家唐宝桐勘觅水源，草拟了《宁波自来水初步计划》[①]。《宁波自来水初步计划》是在较为完备的调研之后拟定的与宁波城市发展相适宜的自来水计划。计划参考了国内外诸多城市情形，如欧美及日本，国内的上海、南京、杭州等，论据充分，且充分估计宁波当时及之后的用水需求。关于城市人口规模的估计，并未脱离宁波现实，对城市的发展定位非常准确，即宁波非政治中心，工商业在较长时间内不至有特殊进展。在水源的论述中，充分考虑宁波自身的地理条件，提出多种水源选取方案，并充分分析各水源方案的优缺点及自来水实施方案，附有较准确的数量估计值，因此具有较高的参考价值。唐宝桐认为"此计划实大有实行之可能"。但该计划并未在杨子毅市长任内实施，因计划尚未定议，市府便奉命撤废，并入鄞县。

废市并县后，县府曾对《宁波自来水初步计划》进行论证，认为取余姚江水源方案更为适宜，余姚江贯通余姚、鄞县、慈溪三县，水量丰富，可利用长约100km的整个江流，只需在姚江口设置闸门阻咸蓄淡。但因种种原因，该自来水计划依然未实施。

(3) 自来水公司的创办与自流井的开凿

1) 宁波自来水股份有限公司的开办

在自来水厂迟迟没有开办的情况下，为解决供水问题，1934年9月，和丰纱厂董事渔佐宸等集资10万元，在通泉源自来水公司原址开办宁波自来水股份有限公司。仍采用挖深井水的方法供水，新建50m³铁质水箱水塔，并于地下室建成6m³过滤池。管道铺设长达3.5km。铺设范围至东大街、江厦街、药行街等，并安装太平（消防）龙头11只（俞福海，1995）。此次所凿自流井深度较之前的自流井深一倍，"每分钟可出水400加仑（1.82m³），全日可出水586000加仑（2664m³）"（张传保，2006），以10口之家每人每日用水10加仑（0.045m³）计算，可供给5000余户家庭用水。且水质较好，水味淡无盐质。1935年1月1日开始供水。

自来水公司营业后，初期通水区域主要位于老城区的东面及南面[②]，且涵盖范围较小。之后，自来水公司积极筹划扩充西北两区段的水管铺设以普及自来水，并计划在江

---

① 《宁波自来水初步计划》分为"需要之急迫、人口之推测、用水之估计、水质、水源、经济之规划、结论"七个部分，充分论述了宁波自来水的开设理由、所需规模、水质的控制、于何处选取水源等问题。《宁波自来水初步计划》中关于开通自来水的重点内容可解读为以下6点：(1) 引水问题。参考欧美各国，指出宁波与李赛斯脱（Leicester）大小相仿，有居民21万人，李赛斯脱从六十英里（96.56km）外引水，宁波也可如此。(2) 充分考虑将来的发展对用水量进行估计。计划"不仅为现在之市民设想，当并为将来之市民设想"，对人口的增长进行了估计。用水量根据每人每日消耗计算，同时参考上海各时期人均用水量，估计宁波自来水用量将从初时的平均每人每日消费7加仑逐渐增加到每人每日20加仑，以此推算各时期所需的总用水量，最初约21.5万加仑，20年后25万加仑。(3) 水源勘探。分别就井水、东钱湖湖水及大隐山上首河水加以比较。认为东钱湖"若能于水利上作一整个改善计划，保留此水量，则不仅宁波市得其饮料之供给，即所需田禾，亦皆时时得较大之蓄水量，不虞苦旱矣"。大隐水源处在宁波西边16.5英里（26.55km），"位于大隐山上首之山谷"，可于必要时"筑堤蓄水"，扩大水源。可建蓄水塘面积可达3340亩（约为222.7万m²），且位置高于宁波市区100m，可"凭地心吸力流达城市"。(4) 自来水压力考虑。由于宁波附近并无高低，考虑水压问题需建筑高分水池，设置抽水机，并建筑水塔，清水池的水需先抽提至水塔再行贯入各路水管供给全市。(5) 水厂设置。计划将水厂设在城市西郊，需建蓄水池、慢沙过滤池、清水池，及打水机房等。(6) 水费估计。计算得出每千加仑之成本为7角3分（参见鄞县政府建设科.鄞县建设[M].宁波：宁波印刷公司，1934：（计划调查）78.）。

② 具体范围为：东大路、东渡路、大道路、灵桥路、滨江路、碶闸街、江左街、江厦街、方井街、崔衙街、日新街、望江街、药行街、车轿街、东后街、悦来巷、护城巷。

第4章 近代宁波城市建设的后期兴盛发展（1927～1937年）

东设立第二公司，于江北设立第三公司。1935年又新凿一口自流井，1936年1月开始供水。因通水区域较小，营业范围难以扩展，到1936年仅有用户100余家（同时期的杭州已有自来水用户1700多家）。于是1936年开始装设西北区水管，并计划逐步推广以扩大营业[①]。

2）新的自流井开凿工程

宁波市自来水股份有限公司为民间乡绅所办，并非政府开设。如前文所述，鄞县政府虽积极筹划自来水厂，但一直未能实施，因此在此后的城市建设计划中增加了开凿自流井的计划。1933年8月开展的城河整治工作中开始了新一轮的开凿自流井工程，并在1934年11月筑成11口自流井[②]，在一定程度上缓解了城市供水压力。

总体而言，南京国民政府时期宁波城市给水设施发展缓慢，并未形成真正意义上的城市大范围供水，但已经通过开凿自流井实现城区小范围供水，实现了城市给水设施的局部现代化。

2. 城市排水工程

（1）城市排水工程规划

始于1933年的城河整治工程中，对全市下水道工程进行了规划。计划主要内容可概括为以下5个方面：1）全城排水管道分区。城市排水总管分5路，分别为东北区、东南区、中区、西北区、西南区下水道总管[③]，城市其他支管支沟均与这5大总管衔接。2）管线铺设原则。计划将一切市政管线包括自来水管、下水道、电缆等均修筑于道路下方，设

---

① 参见《本埠各业营业调查志（十二）》[N]. 时事公报，1936-02-08（1）。
② 所开凿自流如下：

凿井地点	内径（m）	深度（m）		开工日期			完工日期			承包人	金额（元）	
				年	月	日	年	月	日			
槐树路	1.33	95	18.3	23	8	3	23	10	25	光华厂	1049	400
中心医院	1.33	95	00	23	8	3	23	10	25	光华厂	999	436
畲使君庙	1.33	96	12.2	23	8	3	23	10	25	光华厂	1010	326
提前署	1.33	93.3	10	23	8	3	23	10	25	光华厂	981	275
一二八桥	1.33	89.6	00	23	8	3	23	10	25	光华厂	941	782
黄栀花弄	1.33	92	4.9	23	8	3	23	10	25	光华厂	967	918
解元巷	1.33	94.8	20.1	23	8	3	23	10	25	光华厂	998	436
西门航船埠头	1.33	84.1	00	23	8	3	23	10	25	光华厂	884	128
马鞍巷	1	92.4	27.4	23	8	3	23	10	25	光华厂	1495	099
宝云寺	1	94.8	00	23	8	3	23	10	25	光华厂	1273	163
第二屠宰场	1.33	91.4	00	23	8	3	23	10	25	光华厂	961	000

资料来源：张传保. 鄞县通志·工程志[M]. 宁波：宁波出版社，2006：126。

③ 各区总管分布如下：(1) 东北区下水总管自渡母桥沿东大路，直出大衙头及南昌弄；(2) 东南区下水道总管自仓桥冷静街接大沙泥街瓦筒，直出濠河头；(3) 中区下水总管自仓桥沿镇明路迎凤桥北折至竹林巷，直出盐仓门；(4) 西北区下水道总管自西大路库桥沿呼童街白衣寺跟，直出新闸碶；(5) 西南区下水道总管自湖西虹桥头向北至库桥，与第四路相接（参见张传保. 鄞县通志·工程志[M]. 宁波：宁波出版社，2006：101。）。

置路基内盖,方便修理装拆。由于填塞的河道有些用于修筑道路,有些则用于建造民房,因此根据工程的具体位置分别设计。下水道铺设时还充分考虑到路线长短、道路坡度问题,"如路线过长,上下坡度相差过巨,则中途或另凿污水池,概用抽水帮浦输送"①。3) 阴沟、阴井的做法规定。阴沟的沟槽宽度、新凿沟槽两侧的设板支撑、瓦筒下方垫层、瓦筒结合处的连接、总沟及支沟的具体埋放方式等均以严格的标准进行②,阴井则根据总沟、支沟有不同的安放标准,总沟做大阴井,支沟每条做小阴井一只。阴沟及阴井做成后需按照城河委员会平面图规定的高低将泥土填平,使路面做成弧形。4) 排水管道规划。计划对各路的排水管道进行了具体规定③,为具体建设提供参照。

① 张传保.鄞县通志·工程志[M].宁波:宁波出版社,2006:102.
② 例如总沟必须依照城河委员会的规定线排设,漕之宽度规定排60cm瓦筒处最窄不得少于1.3m,排45cm瓦筒处最窄不得少于1m,排30cm瓦筒处最窄不得少于60cm,且遇必要时须于新掘沟漕的两旁先设板支撑后工作,以防坍塌,积水应排尽;沟槽挖掘至规定深度及斜度时,应经城河委员会的工程人员检验,然后填放乱石15cm夯实,接着填放碎砖一皮夯实,留出15cm净厚,之后安放规定瓦筒,瓦筒接合处用1∶2黄沙水泥浆内外满嵌做光,以免泄漏,待封口水泥全部硬化后,再以碎砖分两次填充,瓦筒两旁用铁棒逐次插实至护平瓦筒之半为止;瓦筒排线后须经城河委员会监工员检验合格后方得填土,但每层填土厚不超过30cm,夯实后再加填一层,逐层填实至规定高度为止。支沟按照规定距离排设并各向总沟规定的方向,用15cm瓦筒做底,先做10cm碎砖一层,上置15cm瓦筒,再以碎砖填筑至瓦筒半高为止(参见张传保.鄞县通志·工程志[M].宁波:宁波出版社,2006:122-123.)。
③ 道路排水设施参见下表:

路名	长度(m)	瓦筒数量			
		60cm	45cm	30cm	15cm
百丈路	801	300	385	585	500
开明街	750		1030	117	405
西郊路	1200			1835	500
药行街	330	550		100	150
县前县东县西街	390			670	185
中马路	770			1300	450
钱行街	265			450	110
方井街	140			235	95
木行街	830			1420	420
北大路	640	1420		90	840
东西干路	1985	1000	1320	150	1150
后马路	702		1240		620
大戴家弄	120			200	75
广济街	320			535	170
苍水街	175			300	110
镇明路	1450		2500	170	1000
怡园弄	200				100
大沙泥街	185		320		120
开明坊	92			170	60
洋船弄	270			470	150
萧家巷	275			500	120
总计	11890	3270	6795	9297	7330

根据张传保.鄞县通志·工程志[M].宁波:宁波出版社,2006:102-104.整理。

(2) 城市排水工程建设

在1927～1937年城市道路的建设中，宁波城区新建、改建的道路皆设置了排水设施，排水沟多为暗沟。据1929年4月宁波市政府秘书处的统计数据，宁波城区已有36寸（1.2m）排水沟2887m，24寸（0.8m）沟管27840m，18寸（0.6m）沟管3111m，12寸（0.4m）沟管46069m（《宁波市政月刊》第2卷第8期，1929），共计79907m。1929年，江北岸中街、同兴街、洋山殿、滕家弄、山海居弄、竹巷弄、何家弄、后街等分别安放排水管沟及阴井、小阴井若干[①]，主城区灵桥外、江东新河路、大衙头至小江桥等也安装了排水管沟及阴井、小阴井。全市下水道工程规划制定后，市区道路的排水设施依据计划进行，县政府进一步建设城区街巷的排水管道，随着道路系统的完善，宁波城区的下水道铺设逐渐完备，方便了市民生活。限于史料，笔者未能确切统计当时排水设施的数量，但据此前的规划，全市在鄞县政府时期应至少埋设排水沟管11890m，沟管管径有60cm、45cm、30cm及15cm 4种。

4.2.4 城市电力及电信工程

1. 城市电力工程

宁波设市后，永耀电力公司原有供电能力不足，于是借款建筑新屋及购买新电机。1930年，安装自动加煤水管式锅炉1座、2000开维爱双汽缸汽轮机1座，2200V至2400V而次1600基罗瓦特交流发电机1座。从而公司共有配电变压器24座，高压线26km，低压线105km（鄞县政府建设科，1934）。市政府拟定改良计划，如"开放日电，改良输送，增加江东变压器容量，置备标准表，抽验火表，减低电费等"（鄞县政府建设科，1934），呈准建设厅后执行。县政府还制定电料店及电器承装人管理规则加强管理，电匠经过考核后发给执照。到1934年永耀电力公司共有用户约7000户，装设电灯10万盏左右，1935年该公司向上海订购一部"二十万盏灯头"的大机器，于1936年安装以扩充营业（《时事公报》2月8日，1936）。总体而言，南京国民政府时期，宁波的电力事业有了一定程度的发展，已达到一定的覆盖规模。

2. 城市电信工程

南京国民政府时期宁波的电信工程有一定的发展，电报、电话用户均呈现一定的增长。

电报方面，宁波电信局1922～1928年间每年平均收费3万元。1928年无线电报台成立，此后1929年"计算收入电费银16000元，1931年增为25800元"，"该台发出消息，

---

① 具体的排水设施分布为：中街自桃花渡至江桥挽安放2尺（0.67m）直径瓦筒780尺（260m），大阴井8只，小阴井18只，6寸（0.2m）瓦筒268尺（89.33m）；江北岸同兴街安放1尺（0.33m）半管径的瓦筒220尺（73.33m），阴井2只，小阴井4只，6寸（0.2m）瓦筒20尺（6.67m）；洋山殿街安放1尺（0.33m）直径瓦筒200尺（66.7m），阴井1只，小阴井2只，6寸（0.2m）瓦筒20尺（6.67m）（参见政治工作报告.宁波市政月刊，法规：1929，2（8）：26. 调查统计.宁波市政月刊，法规：1929，2（9）：18.）。

经上海接转，可达非洲比属刚果（Congo）"（中华人民共和国杭州海关译编，2002）。此后鄞县至温州、海门及杭州等处长途电话敷设完成，电报业渐显萧条，主要体现在省内，数量大为减少。尽管如此，由于电报迅速而且收费不贵，宁波与上海的电报来往未受到明显影响。1935年1月，电报局装设快机，发报收报的速度明显提升（《时事公报》2月8日，1936）。

电话方面，四明电话公司1922年宁波城区用户为600户，到1931年达到1750户，经营良好。到1934年，沪、甬长途电话敷设完成，税务司呈报"本省75县之中，竟有73县装设电话，消息敏捷，交通便利，岂但甬人之福，抑亦全浙之利也"（中华人民共和国杭州海关译编，2002）。《时事公报》载1934年宁波电话用户已达1957户。浙江省长途电话局鄞县分局于1934年7月开通与上海的长途电话后，营业收入不断增加，当年收入1400多元，1935年已经达到20650多元。上海与宁波联系紧密，长途电话通话次数最多，其次是杭州、余姚等地（《时事公报》2月8日，1936）。1934年，四明电话公司"总机由两百门而增至二千余门"（张传保，2006），由于用户日增而开始改革，制定《四明电话公司革新电话计划》，改装供电式样新机，改磁石式为共电式，容量增加至三千门。该公司还在战船街建筑新机房，"地盘面积约计二亩五分"（张传保，2006）（约1333.35m^2），设计师是西人林士考，三层钢筋混凝土建筑，上海范明计营造厂承造。原有单线线路改为双线，干线用地下铠装电缆，支线用架空电缆，裸线一律用铜线，进屋用双纽皮线，屋内用一对铅包线，江东的过江电缆，在老江桥建筑时预设，不用水底电缆（鄞县政府建设科，1934）。

除市内电话外，乡村电话也有所发展。1930年，各乡村纷纷筹款请装电话，政府拟定计划，开始自办乡村电话，与市内电话及长途电话洽商衔接办法[①]。至1933年，总计建设乡村电话线路长415km，通话地点27处（鄞县政府建设科，1934）。

综上所述，1927～1937年间，宁波城市市政建设得到了一定程度的发展。通过市政府时期、鄞县政府时期的规划和建设，城市主次干道大部分修筑完成，现代城市道路格局基本形成。除道路外，城市公园、给水排水设施、电力电信事业方面均有一定程度的进展，城区修筑了两个公园，以井水为水源开办自来水公司实现一定范围的给水，并随着道路的规划建设安装排水管道，增加电力公司的供电能力及敷设电报、电话管道等。需要指出的是，宁波近代城市市政建设总体发展缓慢，存在较大的局限性，如公共汽车始终未能开通，市内交通以人力车为主，还未实现机动车的较大范围通行；城市供水范围也很小，未能实现较全面的管网覆盖等。总体而言，宁波已经开始向现代城市转型，但城市建设的现代化进程缓慢，现代转型并不充分。

---

① 1931年在建设经费项下，购置20门交换机一座，成立鄞县乡村电话交换所，开始装设胡家坟，凤岙市，蟹蛟陇，宝幢，姜家陇，梅墟等线，同年7月间先后通话。1931年12月间，继续装设育王，潘火桥，雅应，叶山村，徐东埭，卖面桥，集士港，布政里，鄞江桥等线，总线得以同时完成。因为20门交换机不敷使用，于是在建设经费项下又拨款购置百门交换机一座。1932年10月，接通方桥、陈鉴桥、张华山等线。同年12月，交换所改为鄞县电话局。1933年5月，长石桥、柏墅方、新桥、陶公山等线接通，并拨款装设东南总线，成立韩岭市分交换所，作扩充东南线路之备。1933年7月，由于梅墟加设张坤房及保卫团两条线路，11月续装横溪线（参见鄞县政府建设科. 鄞县建设[M]. 宁波印刷公司，1934年11月：（建设概况）37-38.）。

4.3 建筑活动的发展（1927～1937年）

4.3.1 建筑业与营造业的发展

1927～1937年间，随着宁波建筑管理制度的不断完善和建筑活动的增加，营造业、建筑业得到了一定的发展。

1. 建筑业与营造业的发展

随着建筑制度的发展，建筑许可证制度开始实行，营造业及建筑师、工程师登记制度也一一实行。建筑许可证的颁发，1931年为581户，1932年为549户，到1933年已经增加为727户，建筑数量增加，表明了建筑活动处于上升状态。从营造业的登记情形看，1933年12月底，营造厂及泥水木作的登记数量到共有415户，其中甲等25户，乙等131户，丙等259户，可见营造业已经达到一定的规模，当时较活跃的营造厂有宋立记营造厂、方仕记营造厂、张永林建筑社、复兴营造厂、葛顺记营造厂、兴泰营造厂、蔡福记营造厂、叶春茂营造厂、王源兴营造厂、胡容记营造厂、邬全顺营造厂、邬森记营造厂、胡森记营造厂、友成建筑公司等。营造厂不同于传统的泥木作坊，以按图施工、包工包料为经营特征，厂主多技工出生，略识图纸，有的厂主同时还是技师。图4-10为方仕记营造厂、邬全顺营造厂广告，这些营造厂承包各类工程的同时也兼营简单的设计绘图业务。当时的兴泰营造厂甚至打出广告"要建筑科学化、现代化、艺术化的房屋、桥梁请到俾

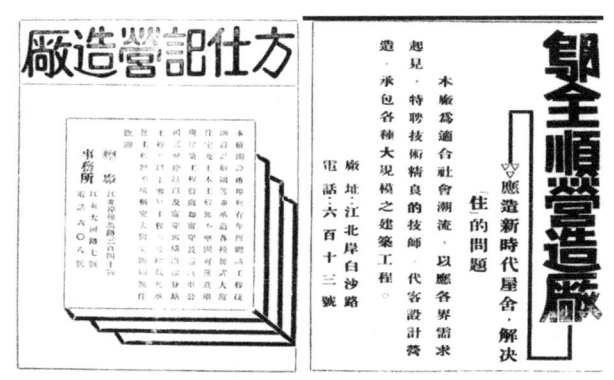

图4-10　宁波近代营造厂广告
（资料来源：鄞县政府建设科.鄞县建设[M].宁波：宁波印刷公司，1934：插图.）

厂来"，致力于对"现代化、科学化"建筑的打造；又如蔡福记营造厂的广告"君欲建舒适美观的屋舍、坚固平坦的道路和一切现代化的工程，请驾临俾厂面洽"，从其营造厂广告的措辞来看，已将"现代化工程"标榜为其执业的目标与发展方向；胡森记营造厂同样打出了"专造新式洋楼"的广告，其中"新式"一词似乎也已展现出某种对"现代性"的渴望。可见营造厂已经纷纷致力于现代建筑、道路的修筑，体现出他们对当时行业方向和发展趋势的一种较为敏锐的把握。在此背景下，宁波近代建筑工人和建筑技术人员迅速掌握了一套现代建筑施工技术及工艺，并将他们运用到如火如荼的建筑活动实践中。

2. 建材工业的出现与发展

随着建筑业和营造业的发展，宁波也开始出现与建筑相关的建材工业，如砖瓦厂、石灰厂、木材加工厂等。1931年6月，宁波砖瓦石灰同业公会成立，地址位于江东新河头，有会员41家。1932年，砖瓦厂达到80家，年产砖瓦5000万块，产值42万元。1934年有从业人员1150人（黄定福，2010）。图4-11为当时光华机砖制瓦厂的广告，内中提到"本厂特购五十匹马力引擎机，制足二十五叠砖以供建筑房屋清水墙头之用"，可见当时制砖业已经开始使用机器制造。1932年，宁波共有石灰厂6家。锯木业中，恒丰锯木厂1931年在宁波江东泥堰头开业，资本5800元，从业人员18人，手工锯木，年加工营业额2万元。除上述工业外，与建筑相关的钢铁加工行业也开始出现，图4-12为鄞县县政府时期协昌祥铁厂的广告，营业范围包括铁门、栏杆、玻璃钢窗、水泥钢骨（钢筋）、自来水管、龙头等。

图4-11 宁波光华机砖制瓦厂广告

（资料来源：鄞县政府建设科.鄞县建设[M].宁波：宁波印刷公司，1934：插图.）

图4-12 宁波协昌祥铁厂广告

（资料来源：鄞县政府建设科.鄞县建设[M].宁波：宁波印刷公司，1934：插图.）

建材工业的出现和发展，为建筑活动的发展提供了必要的支撑，也在一定程度上促进了宁波近代建筑的现代转型。

4.3.2 建筑活动的发展

1. 建筑类型日趋丰富

在建筑类型上，南京国民政府时期，宁波的公共建筑、商业金融建筑、住宅建筑、

第4章 近代宁波城市建设的后期兴盛发展（1927～1937年）

工业建筑、纪念性建筑等均有所发展。

在公共建筑方面，这一时期宁波出现了行政办公建筑、文化建筑、教育建筑、交通建筑、医疗建筑、公共设施建筑等类型。行政办公建筑中，地方法院看守所于这一时期建成。县立图书馆为文化类建筑。教育建筑方面，1929年鄞县共计有小学、幼儿园404所，1935年共计709所，以"特建（新建）分别占12.38%、15.66%，改建占0.74%、4.37%"（俞福海，1995）计算，1929年新建了50所小学、幼稚园，1935年则新建111所。中学方面，较典型的是宁波师范学堂及浙东中学。1929年5月，宁波师范学堂在原有基础上"又募款2.8余万元，新建洋式楼房3层、中式2层楼房各一幢，扩大办学规模"（俞福海，1995）。浙东中学成立于1935年。交通建筑方面，随着宁穿公路的建成，1934年宁波兴建了位于江东大河路的宁穿汽车站。这一时期宁波还兴建了机场，1932年建成的段塘水上机场是宁波建造的第一个机场，位于城南段塘，滨临奉化，占地面积五亩一分四厘（张传保，2006）（约3426m²），由鄞县县政府设计科设计监造，1932年1月开工，同年5月建成，共花费国币4730元，可供小型飞机起降。栎社机场位于鄞县栎社汽车站西侧，1936年由鄞县政府建设科设计建造，占地面积为1000亩（约66.6万m²），是国民政府军用机场，跑道呈"T"字形（傅璇琮，2009）。医疗建筑方面，1929年在宁波江北岸新马路开办了仁济医院，次年在附近购进价值4万元的洋房，在空地上建筑新屋，扩大医院规模（傅璇琮，2009）。1935年，仁济医院建手术室，两层钢筋混凝土建筑，坡屋顶。公共设施方面，宁波市政府及县政府在市内修筑多处菜市场，包括扩充第一菜市场、新建第二、第三、第四、第五、第六、第七菜市场等①。

商业金融建筑方面，银行、旅馆、商店等纷纷建造。银行建筑中，1930年建造了中国通商银行、1934年建造了浙东商业银行。1933年，在江北外马路旁建造起了一座三层西式洋房，开办中国饭店，客房安装暖气、浴缸和卫生设备。商店方面，1930年左右，宏昌源号老店铺建了新楼。现虽无法确切统计这一时期商业建筑的数量，但根据当年的回忆录可窥一二，以江北岸为例，戎行在《宁波江北岸风情》一文中写道"外马路的左

---

① 后期菜市场工程如下：

场名	地点	建筑经费	建筑年月	摊位	备考
第一菜场	江北李家后门	第一次建筑费10500元扩充经费995元	1925间完工至1930年12月加以扩充于1933年完工	463摊	江北工程处建筑前市工务局扩充县建设局完工
第二菜场	小校场	10700元	1930年10月开工至同年12月完工	210摊	市工务局建筑
第三菜场	灵桥门	38200元	1930年8月开工至1931年2月完工	上层224摊 下层265摊	市工务局建筑县建设局完工
第四菜场	西门	9100元	1931年5月开工至同年8月完工	135摊	县建设局建筑
第五菜场	江东新桥头	12000元	1931年8月开工至1932年2月完工	168摊	县建设局建筑
第六菜场	江北咸宁桥	14800元	1932年2月开工同年7月完工	160摊	县建设局建筑
第七菜场	提署前	3100元	1932年8月开工至同年10月完工	80摊	县建设局建筑

参见鄞县政府建设科. 鄞县建设[M]. 宁波：宁波印刷公司，1934：（建设概况）25。

边建筑，大部是二层以上的洋楼……当年宁波著名的大同旅社、功德林素菜馆、奇异香食品店，以及三北轮船公司、招商局等都开设在这条外马路旁，可谓鄞镇慈县主要进出口枢纽和工商业云集的市场……江北岸的中马路，是与外马路由西向东平行的一条街道，马路两旁均系一般性的百货公司和大小报关行,外侨设立的洋行,货物堆积栈等"（张行周，1974）。这段话反映了20世纪30年代宁波江北岸商业的繁盛，也反映出当时建筑活动的兴盛。图4-13为20世纪30年代江北外马路的情形，沿街皆为西式建筑，商业氛围浓郁。

图4-13　20世纪30年代的外马路
（资料来源：哲夫.宁波旧影[M].宁波：宁波出版社，2004：43.）

住宅建筑方面，新式住宅、石库门里弄民居继续建造。1927年建造的翁文灏故居是较为典型的中西合璧式建筑。石库门里弄民居也有一定程度的发展，如建于1930年左右的"幸福里"、江北外滩三横街上的联排住宅等。这一时期的石库门里弄民居多为新式石库门里弄民居。

工业建筑中，1929年，厚丰棉织厂在天灯下扩充厂基，建造厂房七八十间（傅璇琮，2009）。1932年诚生布厂在定桥镇附件建造新厂房五六十间（傅璇琮，2009）。

除上述建筑类型外，这一时期宁波还建造了的中山公园大门，属于纪念性建筑。由于城市快速更新带来的破坏，很多历史建筑已无法进一步考察其真正的建造时间及确切用途，但总体而言，南京国民政府时期，宁波的建筑活动有较大发展，建筑类型也已较为丰富。

2. 新建筑技术的广泛应用

相比于宁波近代前期，新建筑技术在南京国民政府时期的建筑中应用更为广泛。在建筑结构运用上，重要的公共建筑、商业建筑已多使用钢筋混凝土结构。建于1930年的中国通商银行宁波分行采用了钢筋混凝土结构，外墙面层还采用了混凝土饰面（斩假石）。1930年，宁波鼓楼的钟楼里4根立柱也是钢筋混凝土结构。1931年2月建成的灵桥菜市场，为2层钢筋混凝土结构建筑。1934年3月建成的四明电话公司新机房也为钢筋混凝土结构的3层大楼。《鄞县建设》记载当时（1930年）江北岸外滩马路一带房屋"一律为水泥建筑"（笔者注：即钢筋混凝土结构），说明在当时，钢筋混凝土结构应用已较普遍。在屋顶结构上，第二屠宰场、灵桥菜市场等建筑采用了西式三角形屋架。这一时期，混合结构仍广泛应用，《鄞县建设》记载"本县城厢建筑，尚多木料……房屋装折等，依习惯均归租户自理，故大商铺之门面，较为壮丽，外形采水泥建筑式，实则多为木料壳子……"（鄞县政府建设科，1934），如位于现海曙区中山西路257号建于1935年的王文翰宅，采用了混凝土、砖、木混合结构。

现代建筑材料及施工工艺也已较广泛应用。除混凝土外，水磨石、陶瓷锦砖、大理石、钢制门窗、木质百叶窗、石膏吊顶等出现在各类建筑建造中。图4-14为当时江北一家建筑材料商店"华孚行"所登广告，产品内容包括如"高等水泥钢骨"（即钢筋）、洋瓦、各式瓷砖、铜门铜窗、钢门钢窗、花砖陶瓷锦砖、磨石工程用料等，皆为现代建材及工艺，表明新材料及工艺已经开始使用。如四明电话公司新大楼，全部钢窗，地面就有打蜡地板及水磨石两种。此外，卫生设备开始用于建筑，四明电话公司大楼已装设有齐全的自来水、卫生及消防设备。

图4-14 华孚行广告

（资料来源：鄞县政府建设科. 鄞县建设[M]. 宁波：宁波印刷公司，1934：插图.）

又如1933年江北外马路旁建造的中国饭店，客房已经安装暖气、浴缸和卫生设备。

3. 建筑形态的演进

这一时期宁波的新式建筑风格多样，复古主义、折中主义仍有建造，不少建筑在风格上呈现出向现代主义过渡的趋势。此外，一些建筑将中西建筑形式与建筑技术结合起来，形成了中西交融的建筑风格。

(1) 复古主义、折中主义建筑

南京国民政府时期，复古主义、折中主义建筑在宁波仍有建造，如中山公园大门，采用凯旋门式单拱券大门式样，入口处略向前凸出，两侧均以双柱支撑檐口与女儿墙，入口上方的女儿墙较两侧高，大门两侧分割成两层（图4-15）。商业建筑中复古主义、折中主义手法和图案使用更为普遍，不少商业建筑仍采用传统前店后宅的模式，但主立面为西方式样，采用古典图样和纹样进行装饰。20世纪30年代，江北外马路的沿街建筑皆为清一色的水泥立面，西方式样。《鄞县建设》记载江北岸外滩"一律为水泥建筑，可为本县模范市街"（鄞县政府建设科，1934）。宏昌源号为江北较典型的复古主义、折

图 4-15 宁波中山公园大门

（资料来源：哲夫. 宁波旧影 [M]. 宁波：宁波出版社，2004：128.）

中主义建筑，店铺位于中马路 47 号，立面三开间，中部开间二、三两层写着竖向的"宏昌源"三个字，屋顶女儿墙向上耸起形成三角形山花。左右两个开间二、三两层均开方窗，窗下有简洁的几何图样装饰。

（2）向现代主义过渡的建筑风格

这一时期，宁波已经出现了向现代主义过渡的建筑风格，典型实例是通商银行宁波分行大楼。建筑为平屋顶，外墙采用了水泥饰面。主立面面向外马路，中轴对称，中部高五层，两侧高三层，突出中部的塔状构图。塔楼顶部向内收进，有一方形装饰，装设避雷针。建筑开方窗，为突出竖向构图，窗及窗台以下均略微凹进，窗下墙体刻有浮雕图案。建筑整体装饰较少，形式较简洁，呈现出现代主义风格。此外，灵桥菜市场、第二屠宰场等建筑形式简洁，以整齐的柱网形成较大的室内开间，立面整齐划一，现代感较强。

（3）中西交融的建筑风格

作为最早的五个通商口岸之一，宁波是近代西方人最早介入的地区之一，各种因素叠加导致近代宁波对新事物有特别的接受力，如 1930 年，宁波鼓楼在原有中式建筑的基础上加建了一个西式的钟楼，形成了独特的中西交通的建筑风格。此外，石库门里弄民居、新式住宅等将传统元素与西方装饰手法结合，形成了中西交融的建筑风貌。

石库门作为中国近代最为典型的民居建筑之一，在南京国民政府时期的宁波仍有较大范围的建造，与上海、杭州一样，这一时期的石库门里弄民居与早期石库门里弄民居已有区别,在装饰上,宅门的石库门门头多采用券形山花或规则的集合图形,较早期石库门装饰更为简洁,如建于1930年左右的"幸福里"。

新式住宅中,翁文灏故居1927年建造的小洋楼,建筑风格中西交融,传统中式平面布局,但立面做法及室内装饰已经西化。又如王文翰宅,一层采用了梁柱式外廊,其外墙面用较规则的几何图案装饰,开方窗,整体较简洁。

4. 典型建筑实例①

(1) 第二屠宰场(1930年)

第二屠宰场位于盐仓门,滨临余姚江,工程由市工务局设计建造,1930年建成。为单层建筑,坡屋顶,采用三角形屋架。屠宰场内部功能除屠场及猪栏外,还有办公室、警卫室、寝室、厨房等(图4-16)。屠场及猪栏面积较大,成组排布,每一个屠场及猪栏间隔着一个天井,加强了通风采光。建筑立面上开方窗,形式简洁。

(2) 灵桥菜市场(1931年)

灵桥菜市场即第三菜市场,为该时期宁波规模最大的菜市场,由市工务局设计,鄞县建设局监造,1931年2月建成,耗资4余万元。一层有摊位265个,二层有摊位224个,为2层钢筋混凝土结构建筑,坡屋顶,屋顶铺红色瓦片。建筑平面为不规则的梯形(图4-17),四角倒圆角,楼梯位于东北角,除东面一段外柱网排列整齐,每两根柱子间排布四个摊位,建筑四周有排水沟。由于建筑平面不规则,屋顶的交接方式也较随意,采用三角形屋架。建筑装饰较少,平面排布简洁,现代感较强。

(3) 翁文灏故居(1927年)

地质学家翁文灏宅。翁家自晚清-民国时期在月湖西岸建造住宅,先建了前后三进及附属用房等传统木结构建筑,1927年在宅后建造一小洋楼,即翁文灏先生居所。小洋楼位于大书院巷11号,坐西朝东,正门朝北,占地面积约660m²,平面类似传统三合院布局,砖混结构。中部为五间二弄两层楼房,总面宽27.8m,进深10.8m,硬山屋顶,铺小青瓦。两边厢房三开间。正屋及两侧厢房在靠近天井一侧有游廊。小洋楼建筑风格中西合璧,传统中式平面布局,但立面做法及室内装饰已经西化。入口大门为一红砖砌筑

---

① 除去下文所列举5个典型建筑实例外,该时期宁波其他重要建筑如下:

序号	建筑物名称	建造时间	地址	现状
1	浙东中学	1930年	新马路48号	仍为学校
2	启明小学	1929年	章水镇崔岙村	现为民宅
3	熨斗小学	1931年	小港街道直街45号	现为熨斗小学校史陈列室
4	惠庆医院	1933年	陈巷19号	现为民宅
5	宏昌源号	1930年左右	中马路47号	现为商场
6	中山公园大门	1929年	中山广场西侧	旅游景点
7	王文翰宅	1935年	中山西路257号	市民主党派办公室
8	徐宅	1928年	招宝山街道	现为机关办公场所
9	鄞县立女中教学楼	1932年	月湖竹洲东岸	教学楼

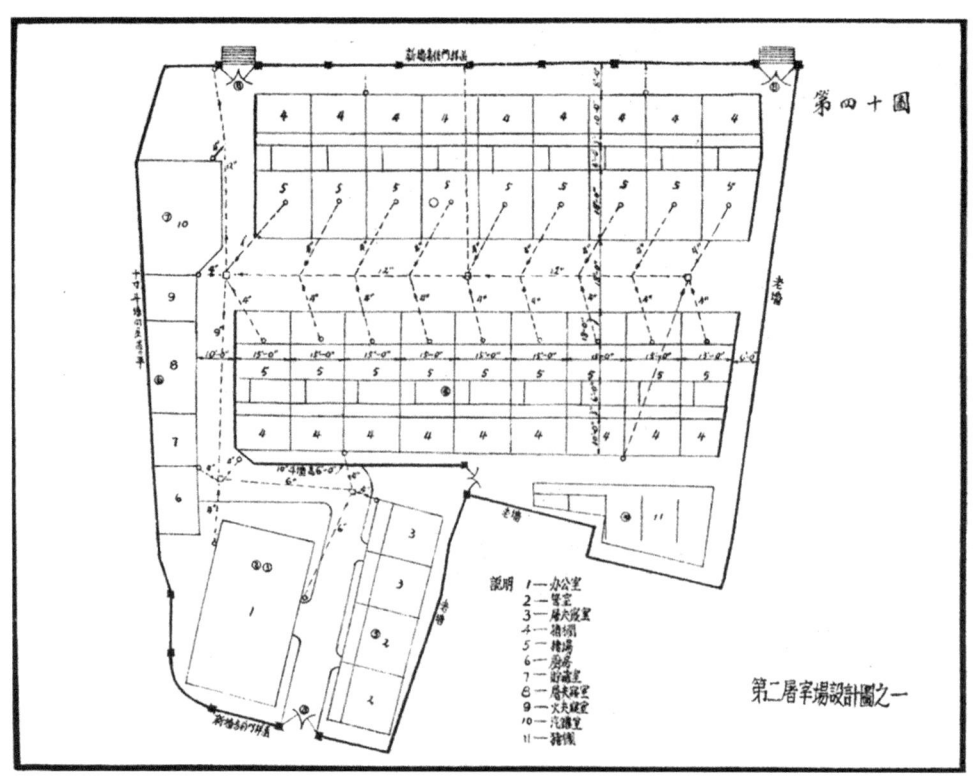

图 4-16　第二屠宰场一层平面图
（资料来源：张传保. 鄞县通志 [M]. 宁波：宁波出版社，2006：450.）

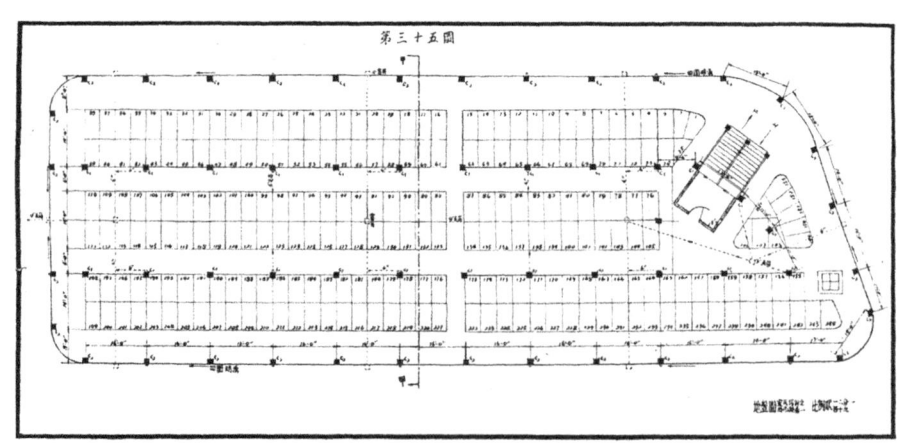

图 4-17　灵桥菜市场一层平面图
（资料来源：张传保. 鄞县通志 [M]. 宁波：宁波出版社，2006：440.）

的拱券门，有券心石，门上有曲线山花装饰。门扇雕刻中式花卉图案，上下门框的金属门钉均匀排列（图 4-18）。在天井一侧，一层楼面处有横向线脚将立面分为上下两部分，一层及二层皆有连续券柱式外廊，承券柱外侧有凸出墙体的壁柱。线脚、拱券、柱头部分皆为红砖，柱身部分以青砖砌筑。大量采用磨砖及雕刻手法，形成精美的线脚及砖雕

第4章 近代宁波城市建设的后期兴盛发展（1927～1937年）

花饰，如柱身的磨砖倒圆角、柱头处红砖雕刻的花饰、壁柱中央的矩形凹槽等，形成丰富的装饰细节。在室内装饰上，大理石地面、石膏吊顶等均是西式做法。

(4) 海曙鼓楼钟楼（1930年）

鼓楼又称海曙楼，位于宁波市中山西路公园路口，其基础是唐长安庆元年（821年）建造的子城南门，后经历多次拆毁与重建，现存建筑于清咸丰五年（1855年）重建（张传保，2006）。因为海曙楼位于主城区中部，可登高望远，1916～1917年间宁波警察厅在此悬挂警钟。1930年，宁波救火联合会呈请市政府拨租全部房屋为会所，同年12月在3层楼中间加建一钢筋水泥正方形瞭望台及警钟台，在四面装大钟，报时也报火警，海曙楼成为现今格局。

海曙楼占地700多平方米，长方形基座，城门宽5m，可通车马，石头砌筑。东北面靠城墙设有踏跺，沿着踏跺拾级而上进入海曙楼。楼高3层，五开间，屋顶为歇山顶，屋檐起翘。主体部分中式，只在三层位置加建的钟楼为西式。钟楼高6m多，分为上下两部分，下部为瞭望台，与海曙楼坡屋顶相交，位于屋脊线正中，上部为钟楼，四面对称，其下方四面各有一个拱券门，上方安装西式时钟。瞭望台及钟楼上部均有横向线脚。瞭望台及钟楼运用了新的材料及结构，与古老的海曙楼结合在一起，中西合璧（图4-19）。

图4-18 翁文灏故居入口透视
（资料来源：笔者自摄）

图4-19 宁波海曙鼓楼
（资料来源：笔者自摄）

(5) 中国通商银行宁波分行（1930年）

清光绪二十三年（1897年）宁波旅沪商人严信厚、朱葆三等在上海组织我国第一家银行中国通商银行，次年在宁波设立兑换处，1921年中国通商银行在宁波设立分行。中国通商银行宁波分行大楼位于宁波江北外马路29号，建于1930年。建筑为平屋顶，外

157

墙采用了水泥饰面。主立面面向外马路，中轴对称，中部高5层，两侧高3层，突出中部的塔状构图。塔楼顶部向内收进，有一方形装饰，装设避雷针。建筑开方窗，为突出竖向构图，窗及窗台以下均略微凹进，窗下墙体刻有浮雕图案。建筑整体装饰较少，形式较简洁（图4-20）。

图4-20 中国通商银行宁波分行
（资料来源：哲夫.宁波旧影[M].宁波：宁波出版社，2004：44.）

4.4 小结

1927～1937年间，浙江省作为南京国民政府的强势统治地带，宁波的城市建设现代化进程加快，在南京国民政府及浙江省政府的统一管辖下，宁波制定了各自的城市规划，市政建设及建筑活动均有一定程度的发展。

城市规划方面，宁波制定了现代意义上城市总体规划层面的建设计划及规划，同时也在城市详细规划层面上进行了局部规划，对城市用地范围进行多次调整和扩大，形成了符合现代城市发展需求的城市功能分区，对城市道路等级、主次干道进行设置和调整。在城市市政建设上，十年间，宁波初步建立现代城市道路网络，城市公共交通开始起步，城市给水排水设施、城市公园及公共景观、城市电力电信工程等均得到一定程度的发展。在营造业与建筑业发展上，两市的营造厂、建筑师、工程师开始实行登记制度，并且登记在册的数量不断增加，此外现代建材工业也开始起步。伴随着建筑业、营造业的发展，建筑活动日益活跃，建筑数量逐步增多，建筑类型日益丰富，新建筑技术广泛应用，现代主义建筑开始出现。

本章参考文献

[1] 中国人民政治协商会议宁波市委员会文史资料研究委员会.宁波文史资料第3辑[M] 宁波：宁波出版社，1985.

第 4 章　近代宁波城市建设的后期兴盛发展（1927～1937年）

[2] 宁波市政月刊.宁波市组织章程[J].1928, 2(1)：1.
[3] 宁波市政月刊.呈省政府为规定市区域并拟就说明书请鉴核示遵文[J].1927, 1(2)：3-4.
[4] 宁波市政月刊.规定宁波市区域之说明书[J].1927, 1(2)：4.
[5] 《宁波市土地志》编纂委员会.宁波市土地志[M].上海：上海辞书出版社, 1999.
[6] 宁波市政月刊.全市土地之设计[J].1929, 2(3)：13-14.
[7] 宁波市政月刊.宁波街市全局之计划[J]. 1927, 1(3)：8.
[8] 宁波市政月刊.宁波市街道宽度表[J].法规：1927, 2(1)：7-10.
[9] 宁波市政月刊.见宁波市简明统计[J].1929, 2(8)：15.
[10] 张传保.鄞县通志·工程志[M].宁波：宁波出版社, 2006.
[11] 宁波市政月刊.修筑月湖以惠市民说[J].1927, 1(3)：2.
[12] 中华人民共和国杭州海关译编.近代浙江通商口岸经济社会概况——浙海关、欧海关、杭州关贸易报告集成[M].杭州：浙江人民出版社, 2002.
[13] 宁波市政月刊.政治工作报告[J].1929, 2(12)：12.
[14] 宁波市政月刊.政治工作报告[J].1929, 2(8)：26.
[15] 鄞县政府建设科.鄞县建设[M].宁波印刷公司, 1934：22.
[16] 俞福海主编.宁波市志[M].北京：中华书局, 1995.
[17] 宁波市政月刊.省政府令据王俊等呈请建筑中山公园一案有无窒碍文[J].1927, 1(2)：11.
[18] 宁波市政月刊.呈复省政府审核中山公园地址文[J].1927, 1(1)：6.
[19] 傅璇琮主编.宁波通史·民国卷[M].宁波：宁波出版社, 2009.
[20] 宁波市政月刊.宁波市简明统计[J].1929, 2(8)：15.
[21] 时事公报.参见本埠各业营业调查志（十二）[N]. 1936-02-08(1).
[22] 黄定福.宁波近代建筑研究[M].宁波：宁波出版社, 2010.

第 5 章

宁波与其他城市近代建设管理制度的比较

南京国民政府时期是浙江省近代城市建设管理制度形成的关键时期,从1927年浙江省政府成立,杭州、宁波分别设市,浙江省政府形成了对宁波、杭州的统一管辖,两个城市的城市建设管理制度在全省统一制度框架的限定下具有一定的一致性,但由于各方面的条件差别以及各自城市发展的轨迹差异,宁波与杭州在城市建设管理制度上又呈现出多元性与差异性。本章通过对宁波与同是边缘城市的杭州以及近代主流城市上海、南京的城市建设管理制度的比较,尝试进一步厘清宁波近代城市建设管理制度发展的特点。

5.1 宁波与近代其他城市现代城市建设管理机构的比较

5.1.1 前期宁波现代城市建设管理机构的设立

5.1.1.1 宁波前期西方人设立的现代城市建设管理机构及其对上海租界的效仿

宁波在19世纪80年代成立了"马路委员会",由5名西方人和4名中国人组成,在名誉秘书警监(西方人)的管理和监督下,负责道路照明、铺路、修理街道和清扫工作。"马路委员会"还成立了基金会,其职能是利用西方人和中国人募集的资金进行市政建设与管理。这与1846年上海公共租界的"道路码头委员会"相似,"道路码头委员会"拥有初步的市政管理职能,包括道路、码头、桥梁的建设,以及"以此为目的而进行的财政管理责任"(唐方,2006)。上海租界每年年初召开"租地人大会",聆听"道路码头委员会"对过去一年的收支和市政建设报告,宁波江北外人居留地的"马路委员会"也有类似的职能,"每年召开一次认捐大会,会场上秘书公布财务收支报告,完成工程报告以及对来年的要求"。可见,前期宁波外人居留地的城市建设管理机构设置及运行模式皆与上海早期租界比较接近。

第 5 章　宁波与其他城市近代建设管理制度的比较

从时间上看，宁波的"马路委员会"成立较上海的"道路码头委员会"晚了约 40 年。作为 19 世纪 40 年代同时开放的口岸，上海由于具备地理区位、港口腹地等方面的优势迅速跻身于中国近代主流城市之列，其现代城市建设管理制度的发展也远远领先于其他城市。相比较而言，作为边缘城市的宁波，其城市建设现代化进程起步较晚，现代城市建设管理制度的发展明显滞后于上海。上海的"道路码头委员会"在 1854 年发展成为接近"市政府"职能的公共租界"工部局（1854 年）"，并由"工部局（1854 年）"下设"工务处"专管城市市政建设及建筑活动，上海法租界也在 1862 年成立相当于"市政府"职能的"公董局（1862 年）"，并由下设"公共工程处"管理城市市政建设及建筑活动。宁波在"马路委员会"之后，直到 1898 年才出现"宁波江北工程局"，从时间上看，较上海公共租界"工部局"滞后 44 年，较法租界"公董局"滞后 36 年；从性质上看，"江北工程局（1898 年）"仍为初步的城市建设管理部门，在发展程度上远不如"工部局（1854 年）"下设"工务处"及"公董局（1862 年）"下设的"公共工程处"，仅"以擘画路政为务"（鄞县政府建设科，1934），负责道路、卫生、电气、水道等市政建设事宜。由于江北外人居留地发展较缓慢，其规模也远不如上海租界，事实上由"江北工程局"负责市政建设事宜，并由"巡捕房"掌管治安已经足够，并不需要一个类似市政府职能的"工部局"或"公董局"管理相关事务。

宁波"江北工程局"董事由 6 名西方人、6 名中国人组成，由税务司穆麟德（Mollendortt，1847～1901）担任主席，仍为西方人主导的城市建设管理机构。其机构组织及职能较上海"工部局（1854 年）"下设的"工务处"及"公董局（1862 年）"下设的"公共工程处"简单，上海"工务处"拥有行政部、土地勘察部、营造部、建筑勘察部、沟渠部、道路工程师部、工场部、公园及空地部、会计 9 个部门，而宁波"江北工程局"并没有下设部门（表 5-1）。

5.1.1.2　宁波前期中国人设立的现代城市建设管理机构及其对西方人的效仿

1. 西方人推行的城市建设管理制度成为中国人开展现代城市建设和管理的效仿对象

西方人在上海租界推行的城市建设管理体制所凸显出的先进性，不仅为西方人在中国的其他租界或"近似租界的特殊区域"（如外人居留地、外人通商场）建立现代城市建设管理的摹本，也成为中国人开展现代城市建设、建筑活动管理的效法对象。在上海，西方人带来的基于资本主义民主制度的城市自治及城市建设的先进模式，使租界与华界形成强烈反差，因此从 19 世纪 60 年代起，华界的中国人开始效法西方人，这种模仿从零星的活动逐渐演变为自发的市民自治行为，并进而影响到官方成立相关机构及采取相关举措。最初，有志之士呼吁效仿西方人，到 19 世纪 70 年代，开明绅士登刊启示，市民在号召下捐资开展建设，此后持续开展浚河、架桥、安装自来水、电灯等各项设施，旨在模仿租界的现代市政建设；到 1895 年，晚清政府在华界成立了"南市马路工程局"，

早期西方人设立的上海、宁波城市建设管理机构比较　　　　　　　　　　　　表 5-1

城市	机构名称	成立时间	机构性质	适用区域	机构下设各委员会、各执行机构及其主要职能
上海	道路码头委员会	1846年	西方人的城市建设管理机构	租界	专管租界内筑路、修筑码头等市政事宜,分为建设、纳税、监督三个部分
上海	公共租界工部局	1854年	西方人的城市建设管理机构	公共租界	警务、工务、财政、税务、卫生、公用、交通、学务、宣传等委员会;总办、警务处、火政处、工务处、卫生处、教育处、财务处等执行机构;其"工务处"下设行政部、土地勘察部、营造部、建筑勘察部、沟渠部、道路工程师部、工场部、公园及空地部、会计等市政管理部门
上海	法租界公董局	1862年	西方人的城市建设管理机构	法租界	工务、财政、教育、卫生、交通、园艺、地产、医院等委员会;总办、市政管理处、公共工程处、医务处、火政处、公共卫生救济处、庶务处等执行机构,其"公共工程处"负责道路、码头、桥梁、路灯、下水道及其他各种公共设施的建设、维修等市政管理职能
宁波	马路委员会	19世纪80年代	西方人的城市建设管理机构	江北外人居留区	管理道路照明、铺路、修理街道和清扫工作
宁波	江北工程局	1898年	西方人的城市建设管理机构	江北外人居留区	负责道路、卫生、电气、水道等市政建设

资料来源:笔者根据《中国建筑建筑史研究》《上海百年建筑史》《宁波通史》《浙江通史》《宁波市政月刊》等资料整理。

出现了中国官方设立的现代城市建设管理机构(李海清,2004)。北京现代城市建设管理机构的出现也始于清末,1905年清政府实施"新政",在北京设立"京师巡警总厅",开始现代城市市政建设。"京师巡警总厅"下设总务、行政、司法、卫生、消防等处,其中"行政处"下设"交通科""建筑科",直接负责城市市政建设与建筑活动管理。至此,北京首个具有现代意义的城市建设管理机构出现,迈出了城市建设与建筑活动现代转型的第一步(潘谷西,2004)。以上海"南市马路工程局(1895年)"、北京"京师巡警总厅(1905年)"为代表,我国本土开始有官方现代城市建设管理机构的设置,开启了中国近代城市建设管理体制方面的现代化进程。

除官方设立的城市建设管理机构外,清末还出现了中国人的民间自治管理机构。1909年,清政府颁布《城镇乡地方自治章程》,规定地方城市与乡镇自治的机构设置、职责权限和选举事宜,"市村自治"开始作为一个统一的运动在全国各地城乡开展起来,新的中国城市行政制度开始兴起。在此背景下,各地民间纷纷效仿西方成立现代城市建设管理机构,开展市政建设活动。

2. 宁波前期中国人设立的现代城市建设管理机构及其对西方人的效仿

前期宁波的城市建设以江北外人居留地为核心,西方人在江北成立了"马路委员会

(19世纪80年代)"及"江北工程局（1898年）"等现代城市建设管理机构负责管理城市建设及建筑活动，修筑了一些码头、马路，铺设了一些下水道，各类建筑也在江北岸新建。老城区在1920年之前没有任何现代市政建设，税务司报告说："城内郊区的地方官员都未曾修过一尺马路"（中华人民共和国杭州海关译编，2002），"……在口常界限之外无人计划把道路现代化，都是些粗劣铺垫石板条的小道，车辆无法通行。需要陆上运输时，人们不得不肩挑背扛。"（中华人民共和国杭州海关译编，2002）。"每人可以发觉，一走出孔浦就不见有任何卫生设施。城内街道照旧肮脏不堪，流经闹市的河浜有时充满有机物的绿色沉淀。"（中华人民共和国杭州海关译编，2002）。在相当长的时间内，江北外人居留地与老城区在城市面貌上形成了强烈的反差，江北的发展让中国人看到了基于民主自治理念的现代城市建设管理所体现的先进性与优越性。因此，中国人也逐渐通过官方机构和民间自治机构学习西方现代城市建设管理模式，这种机构是对西方人自治机构的效仿。

约在1915～1919年间（北京国民政府时期也即浙江军政府时期），城市建设管理职能成为"宁波警察厅"的职能之一，但该机构并未在城市建设层面取得实绩。

除官方学习西方外，宁波民间的有志之士也开始学习西方人，与上海华界类似，宁波的有志之士号召民众捐资修路，1920年，宁波旅沪同乡会领导人朱葆三、王正廷等鉴于"市政之首要道路，道路不辟，交通不便，凡属设施，无由进行，即欲整顿"，呈请当局立案，成立了"宁波市政筹备处"。与上海华界的"南市马路工程局（1895年）"不同，"宁波市政筹备处"仅为一民间自治机构。成立后，"宁波市政筹备处"以拆城筑路为改良市政入手之第一步，由宁波当地的中国人开始自发捐款筑路。浙海关税务司贝德乐在《民国13年（1924年）宁波口华洋贸易情形论略》中指出宁波主城区市政大为整顿，募集特捐用于修筑道路、填平桥梁等，便于人力车通行，灵桥门外的耳城已经着手拆毁（中华人民共和国杭州海关，2002）。《时事公报》载"市政筹备处兴修道路，节节实行，确为市民之福。"[①]当时不少绅商积极参与道路建设，如前文所述和丰纱厂经理卢某即于1924年出资6000元修筑了自冰厂跟到三官广润木行的道路。

"宁波警察厅""宁波市政筹备处（1920年）"皆为中国人模仿西方现代城市建设管理体制设立的现代城市建设管理机构，但两者性质不同，"宁波警察厅"为官方机构，"宁波市政筹备处（1920年）"为民间自治机构。"宁波警察厅"虽为官方机构，但城市建设管理只是其职能之一，成立后并未取得城市建设的实绩，"宁波市政筹备处（1920年）"虽为民间机构，却实际落实了一些城市建设。究其缘由，宁波近代城市的现代化进程发展缓慢，尽管主流城市上海以其先进的现代城市建设管理模式及城市建设的实绩成为各地仿效的范本，宁波当地也有江北外人居留地作为示范，但宁波官方限于各方面因素未能展开实际建设。而民间机构的成立得益于朱葆三、王正廷等旅沪商人在上海目睹了中国人模仿西方人的管理模式而取得的成效，因此把上海西方人的管理模式也带到了宁波，

---

① 苏利冕主编.近代宁波城市变迁与发展[M].宁波：宁波出版社，2010：322.//《市政停顿之督促声》，《时事公报》，1925年10月8日。

并切实展开了一些建设。

与作为省会城市的杭州相比,宁波的政治地位重要性次于杭州,因此其现代官方城市建设管理机构的发展也落后于杭州。杭州在晚清便有中国人的官方城市建设管理机构,宁波约在1915~1919年间(北京国民政府时期)才将城市建设管理纳入宁波警察厅管辖,开始出现中国官方管理机构,而在晚清时期并未设立相关机构。宁波1920年成立的"市政筹备处"虽然展开了老城区的局部市政建设,但仅为一民间自治机构。与杭州相比,宁波前期由中国人成立的现代城市建设管理机构职能简单,未能形成机构分工(表5-2)。

前期中国人设立的杭州、宁波城市建设管理机构比较　　表5-2

城市	机构名称	成立时间	机构性质	适用区域	主要职能
杭州	工程局	1896年开埠初期	官方城市建设管理机构	公共通商场	修筑马路以通马车、东洋车,建筑中西各式房屋,以繁荣市面
	省会巡警总局	1903年	官方机构	杭州市区	城市建设管理为其职能之一
	规划工程事务所	不详	官方城市建设管理机构	杭州市区	开辟旗营新市场
	警察厅工务处	1913年	官方城市建设管理机构	新市场	开辟旗营新市场
	省会工程局	1915年	官方城市建设管理机构	杭州市区	工务股掌管关于建筑修葺计划及测量绘图、材料采办、监察工作等事项,事务股掌管文书印信、统计会计等庶务事项
	工务处	1916年	官方城市建设管理机构	杭州市区	等同于前省会工程局
	省会工程局	1925年	官方城市建设管理机构	杭州市区	办理省会道路、桥梁、沟渠、水道及其他公共建筑等一切土木工程事宜,其组织包括监督、会办、坐办、第一至第四科、技术队、工程队、材料处、征收处及董事会
宁波	宁波警察厅	不详	官方机构	宁波老城区	城市建设管理为其职能之一
	市政筹备处	1920年	民间城市建设管理机构	宁波老城区	"拆城筑路"

资料来源:笔者根据《宁波通史》《浙江通史》《民国时期杭州市政府档案汇编》《宁波市政月刊》等资料整理。

5.1.2 后期中国人主导的宁波现代城市建设管理机构的设立及其与其他中国近代城市建设管理机构的比较

1927年南京国民政府成立以后,中国近代城市发展进入了一个新阶段,在主流城市南京、上海等城市的示范作用下,作为边缘城市的宁波也逐渐建立起由中国人官方设立的相对完善的城市建设管理机构。但机构的设置与发展往往需与实际需求相适应,因此宁波的城市建设管理机构组织虽然在设市之初与主流城市南京、上海均比较相似,但随着1931年废市并县的行政区划调整,其现代城市建设管理机构有所缩减,发展放缓。其

第5章 宁波与其他城市近代建设管理制度的比较

后期发展,不仅滞后于主流城市南京、上海,与省会城市杭州相比,也存在一定的滞后。

5.1.2.1 后期第1阶段:成立之初的比较

南京国民政府成立后,宁波均迅速组织了市政府,设工务局管理城市建设事宜。宁波市工务局设3科。在科室数量上,宁波明显少于南京、上海以及杭州。在机构设置上,宁波市工务局设立之初,第一科负责总务,第二科掌管包括规划设计市政及建筑工程、修理及保管已有工程、工程测量、工程监造、测量土地、公园及公用事业等事项,第三科为取缔科。其机构设置较南京简单,不仅未设公用工程专管科室,且将工程设计、工程营造及工程监督、公用事业管理均统一于一个科室中,也未能与上海、杭州一般将"设计科"及"建筑科"分别设置,在四市中相对最为简化(表5-3),显示出在发展上的相对滞后。

南京国民政府成立之初南京、上海、杭州、宁波、城市建设管理机构比较　　表5-3

城市	机构名称	时间	科室设置					主要职能
			第一科	第二科	第三科	第四科	第五科	
南京	南京特别市工务局	1927～1930年7月	总务	设计	建筑	取缔	公用	总务课(科)分管总务,设计课(科)管市内道路、公园、实诚、桥梁、堤沟江河水道、公用建筑、场所等工程设计;建筑课(科)主管设计课所规划工程的建造及保养事项;取缔课(科)负责工程审查、建筑取缔;公用课负责市内公用事业的管理
上海	上海特别市工务局	1927～1928年9月	总务	设计	建筑	取缔		第一科、第二科分管总务以及设计道路、桥梁、沟渠、公园、菜场等工程;第三科负责修建第二科所计划之一切工程及原有工程之修理;第四科分管审查营造图样
杭州	工务局	1927～1929年4月	总务	设计	建筑	取缔		第一科负责文牍、会计、庶务;第二科负责工程的调查、测绘及计划;第三科主管工程营造、工程监督及材料、工具采购管理;第四科负责建筑取缔
宁波	工务局	1927年	总务	设计、建筑	取缔			第一科负责总务;第二科掌管事项包括规划设计市政及建筑工程、修理及保管已有工程、工程测量、工程监造、测量土地、公园及公用事业等;第三科负责取缔公私建筑及许可证证发放、管理古迹树艺园林等事项

资料来源:笔者根据《中国建筑建筑史研究》《上海百年建筑史》《宁波通史》《浙江通史》《民国时期杭州市政府档案汇编》《宁波市政月刊》《南京特别市工务局年刊》等资料整理。

5.1.2.2 后期第2阶段:第一次调整后的比较

南京、上海、杭州、宁波市工务局在成立之后均经历一定的调整,宁波市工务局也由最初的 3 科发展为 4 科。调整后,宁波工务局为 4 科。总体来看,南京的工务局机构分支最多,上海、杭州次之,宁波最少。在机构职能上,调整后的宁波市工务局第一科为总务科;第二科为建筑科,掌管包括市政及建筑工程的设计、工程招标投标、营造修理及保养事项等;第三科为取缔科,负责稽查及取缔建筑、审核公私建筑图样及说明书、管理古迹树艺园林等事项;第四科为公用科,掌管公用事业之经营取缔及监督事项。与初期相比,宁波市工务局的组织架构有所发展,将公用事业从第二科分离出来,但仍未能将工程设计及工程营造分开科设置,存在一定的局限性(表 5-4)。

第一次调整后南京、上海、杭州、宁波城市建设管理机构比较　　表 5-4

城市	机构名称	时间	科室设置						主要职能	机构下设委员会(管理处)及其职能
			第一科			第二科				
南京	南京市工务局	1930 年 7 月以后	总务股	公用股	审勘股	计划股	营造股	材料股	第一科第一股负责总务,第二股公用股负责"市内煤气、自来水、电力、电灯、电话及其他公用事业"的经营、取缔及监督事项,第三股审勘股负责"审核一切公有、私有营缮图说"及营造业、建筑师、工程师、绘图员的登记注册,同时负责相关的取缔监督事项;第二科计划股负责市内道路、沟渠、桥梁、河道、公园、市场及一切公用建筑、场所等工程规划设计及估价,营造股负责计划股所规划设计的工程营造及修理保养,材料股负责相关的材料、工具事项	不详
上海	上海(特别)市工务局	1928 年 9 月~1931 年 8 月	第一科	第二科	第三科	第四科	第五科		第一科负责总务;第二科以桥梁为主,码头、驳岸、公园暂属之;第三科以道路为主,包括沟渠工程;第四科以建筑为主,分为私人与公共建筑两种性质;第五科分管城市规划	不详
			总务	桥梁	道路	建筑	规划			
杭州	工务局	1929 年 4 月~1931 年 9 月	第一科	第二科	第三科	第四科	第五科		第一科负责总务;第二科掌管事项为市政建设及建筑等相关土木工程的设计、测量查勘、工程招标投标等,同时特别强调西湖设计作为其掌管内容之一;第三科负责监造市政及建筑工程、修理维护原有工程、拆除危险建筑等;第四科负责建筑执照发放、建筑取缔、文物保护、树艺及公园管理事项;第五科负责公共事业的经营与取缔	购料委员会:实行各项材料购买价格核实与公开;技术委员会:研究重大市政工程计划及审查重要技术事项;工程查验委员会:每一工程决定后关于计划及期限之审查;工程上关于应用工料价格之检查;投标工程关于得标人是否实在之调查;工程中关于工料不适合之纠正;关于工程完工后之验收
			总务	设计	建筑	取缔	公共事业			

续表

城市	机构名称	时间	科室设置				主要职能	机构下设委员会（管理处）及其职能
宁波	工务局	不详	第一科	第二科	第三科	第四科	第一科负责总务；第二科掌管事项包括市政及建筑工程的设计、工程招标投标、营造修理及保养事项等；第三科为取缔科，负责稽查及取缔建筑、审核公私建筑图样及说明书、管理古迹树艺园林等事项；第四科为公用科，掌管公用事业之经营取缔及监督事项	
			总务	设计、建筑	取缔	公用		

资料来源：笔者根据《首都市政公报》《中国建筑建筑史研究》《上海百年建筑史》《宁波通史》《浙江通史》《民国时期杭州市政府档案汇编》《宁波市政月刊》等资料整理。

可见，经历第一次调整，与南京、上海、杭州相比，宁波市工务局的组织机构发展明显滞后，始终未将设计和营建分科管理。在"技术及监督"体系内，杭州市已形成各类专门委员会，宁波则没有，表明杭州处于领先地位，宁波明显滞后。

5.1.2.3 后期第3阶段：第二次调整后的比较

1931年以后，上海、杭州、宁波工务局的组织机构进行第二次调整，宁波市政府于1931年1月撤销，之后由鄞县县政府接收管理，前市工务局全部事宜由原鄞县建设局接办。建设局下附设临时工务处，负责办理市区的工务事宜。1931年9月，临时工务处奉令裁撤，相关事务转而由建设局第二课办理。1932年，省政府发布决议，各县建设局一律改称科，并另设各个区的技术专员，因此鄞县建设局再次改为鄞县建设科，分为三股。而上海市工务局则在1931年8月增加材料管理处，加上原来的5个科室，组织基本定型。1931年9月以后，杭州市工务局改为工务科，分为4股。相比较而言，第二次调整后，上海市工务局组织更为完善，但宁波市工务局及杭州市工务局的行政级别均有所降低。

在机构职能上，鄞县建设科第一股负责总务，第二股主管交通水利市政，第三股掌管农、矿、工、商。相较于1927年宁波市政府工务局，鄞县建筑局及之后建设科的机构有所缩减，管辖范围却有所增加，即除去原有市政相关事务外还有农矿工商事业，体现出其城市建设现代转型的局限性（表5-5）。

综上所述，在成立初期，宁波市工务局仅设3科，并未形成设计、建造的区分，与主流城市南京、上海以及同为边缘城市的杭州相比均呈现滞后。经历第一次调整后，宁波市工务局由3科发展至4科，但仍未将"工程设计"与"工程营造"分开管理，较上海、南京、杭州明显滞后。1931年以后，宁波工务局的组织机构经历第二次调整，废市并县后城市建设管理机构缩减、简化并呈现更明显的滞后。与主流南京、上海相比，宁波的城市建设管理机构发展呈现一定的滞后，同时也滞后于杭州。

第二次调整后南京、上海、杭州、宁波城市建设管理机构比较　　表 5-5

城市	机构名称	时间	科室设置					主要职能	机构下设委员会（管理处）及其职能
南京	南京市工务局	1930年7月以后	第一科			第二科		第一科第一股负责总务，第二股公用股负责"市内煤气、自来水、电力、电灯、电话及其他公用事业"的经营、取缔及监督事项，第三股审勘股负责"审核一切公有、私有营缮图说"及营造业、建筑师、工程师、绘图员的登记注册，同时负责相关的取缔监督事项；第二科计划股负责市内道路、沟渠、桥梁、河道、公园、市场及一切公用建筑、场所等工程规划设计及估价，营造股负责计划股所规划设计的工程营造及修理保养，材料股负责相关的材料、工具事项	不详
			总务股	公用股	审勘股	计划股	营造股	材料股		
上海	上海市工务局	1931年8月以后	第一科	第二科	第三科	第四科	第五科	第一科负责总务；第二科以桥梁为主，码头、驳岸、公园暂属之；第三科以道路为主，包括沟渠工程；第四科以建筑为主，分为私人与公共建筑两种性质；第五科分管城市规划	材料管理处：负责工程材料采购事宜（其余委员会不详）
			总务	桥梁	道路	建筑	规划	材料处		
杭州	工务科	1931年9月以后	第一股	第二股	第三股	第四股		第一股主要负责设计、建造、概预算等；第二股负责材料管理；第三股负责建筑取缔、名胜古迹管理；第四股为公用事业管理	不详
			设计建造	材料管理	建筑取缔	公共事业			
宁波	建设局	约1931年1月~1932年						设临时工务处掌管相关事项，1931年9月后归并建设局第二课办理	建设委员会：审议县政府交议事件及建议关于县建设事业之方针及计划、筹划县建设经费、审查县建设预算及决算三项内容
	建设科	1932年以后	第一股	第二股	第三股			第一股负责总务，第二股主管交通水利市政，第三股掌管农矿工商	建设委员会：审议县政府交议事件及建议关于县建设事业之方针及计划、筹划县建设经费、审查县建设预算及决算三项内容
			总务	交通水利市政	农矿工商				

资料来源：笔者根据《中国建筑建筑史研究》《上海百年建筑史》《宁波通史》《浙江通史》《民国时期杭州市政府档案汇编》《宁波市政月刊》等资料整理。

5.2 现代城市建设管理法规的比较

伴随着中国人逐步效仿和学习西方人先进的自治理念和城市建设管理模式，晚清及民国政府开始设立官方城市建设管理机构，从而开启了中国近代城市建设管理体制方面的现代化进程。"经历晚清模仿租界市政管理制度（城市建设管理制度）的铺垫，国民政府开始积极谋求城市建设管理的'现代化'"（李海清，2004）。1927～1937年间的十年被史家誉为南京国民政府的"黄金十年"。这十年在中国近代史上，尤其在南京国民政府的统治史上，是一段黄金时期。1927年南京国民政府成立后，中国现代城市建设管理制度的发展也进入了一个新的阶段。在此期间，城市建设管理机构不断完善，城市建设、建筑及营造业、技师管理等法规的发展进程加快。随着城市建设进程的加快，各项法规纷纷制定，伴随着经济发展、技术进步，各类工程建设程序日益复杂，因此对于新的技术（建筑物结构强度、防火能力、卫生设施等）、新的社会分工和关系（建筑工程运作机制的"二元模式"到"三元模式"转变）等均需以一定的法律法规进行界定，从而实现城市建设各项工程管理的有序性。中国官方为推动城市现代化建设，效仿西方租界模式，从国家到地方均以立法的形式规范城市各项建设，即指导建筑行为、保护合法建筑行为、处罚违法建筑行为（陈东佐，2002）。"从各地方政府的相关努力开始，制定市政法规（城市建设管理法规）成为'现代化'的象征之一"（李海清，2004）。首先是南京市参事会于1927年11月通过《南京特别市市政府工务局取缔市区建筑章程》，随后市政府工务局颁布《市区建筑暂行简章》。上海于1928年颁布《上海特别市暂行建筑规则》，共209条，制定了详尽周密的行政管理程序及建筑技术规则。紧接着武汉也于1928年颁布《武汉特别市暂行建筑规则》，1929年，《北平特别市建筑规则》也颁布施行。除上述城市外，南京、天津、青岛等地相继有建筑规则出台。

"1927～1928年国民政府首都的南迁使浙江在近代中国政治地理上的重要性空前加强，成为国家政权统治的强势地带。当时，浙江是南京国民政府能够自始至终保持有效控制的为数不多的省份之一，是以首都南京为中心的重点建设区域、国民政府锐意经营的'模范省'"（浙江省档案馆编研处，2010）。在这样的背景下，作为南京国民政府时期浙江省政府仅设的两市，杭州、宁波紧跟主流城市的步伐，制定城市建设管理法规。与主流城市一样，两市也经历了城市建设管理制度发展的"黄金十年"，初步制定了一套现代城市建设管理法规。在浙江省政府统一制度框架的限定下，两市的城市建设管理法规制定具有一定的一致性，但由于各方面的条件差别以及各自城市发展的轨迹差异，两市在各类城市建设法规的制定上又呈现出差异性。本节主要从土地法规、市政建设法规、建筑管理法规、营造业及技师管理法规等方面剖析宁波、杭州在近代城市建设管理法规方面的异同。

5.2.1 现代土地法规及其比较

近代中国具有现代意义的土地管理最早起源于上海租界，西方人在工部局设置了专门的土地管理机构,包括土地产权登记机构——"领事馆土地股"①、土地开发机构——由"道路码头委员会"②一并管理、土地价格调控机构——"土地估价委员会""地产委员会"③。上海租界的土地管理体现了西方土地管理重视的"西方契约精神"④、注重土地产权登记及注册、强调土地有偿使用的原则(贾彩彦,2010)。"其在土地产权的取得、土地的征用、土地权利人的保护、土地的运营方式等方面都表现出和中国传统土地管理制度的极大不同"(练育强,2009)。不同于中国古代旨在征收田赋税的土地管理,西方现代土地管理将土地投放市场,运用一系列商业化模式实现土地的增值,同时实现土地开发和城市建设。只有在商品经济条件下,城市建设才能进入资本运作的轨道,新的土地利用、房地产开发模式是推动城市建设的动力。政府通过土地登记的精确数据和资料保证了各项管理的有序,也为土地税的征收及土地征用、开发提供了条件。在工业化条件下,现代城市建设加快,大量公共空间所需土地均需通过对私有土地的征收获得,基于资本主义制度下的土地有偿使用原则,使得私有土地得以收归国有,从而实现土地开发建设,保证了城市公共用地(道路、广场等)能在政府层面上进行操作。土地的估价一方面有利于土地的市场化管理,同时也强化了城市用地的区位价值,形成土地分级,对公共设施的用地及商业设施的用地选择起到导向作用。这种基于现代资本主义政策下的土地使用政策是实现城市建设现代化的前提条件。

1927年后,南京国民政府仿效西方人的模式同时借鉴苏联、日本的经验,实施现代土地管理,并制定颁布了一批土地法规(甄京博、张向阳,2012)。1928年7月颁布《土地征收法》,首次规定国家或地方可征收土地的情形,允许国家及地方"兴办公共事业"时征用土地,这对城市土地利用和开发具有重大意义,也是近代中国城市实施现代城市规划的前提保障。随后在1930年,南京国民政府颁布《中华民国土地法》,是全国土地

---

① "领事馆土地股"负责将租地人的租地申请转送道台衙门,经道台衙门批准后再将道契转发给租地人。租地人申请领取道契,在与业主商定地价后,必须前往领事馆土地股填写申请表,说明所租土地的地点、面积、四至,并附上有关契据。领事馆土地股对这些契据作初步审查和编号,加盖领事馆印记后转送道台,道台在道契上加盖印章或批注后再退回原转送的领事馆土地股,再由之发给承租人(参见贾彩彦. 近代上海土地管理制度思想的西方渊源[J]. 财经研究, 2010, 33(4): 121.)。

② "道路码头委员会"作为上海租界最早的城市建设管理机构,也是租界当局最早办理土地事宜的专门机构(参见贾彩彦. 近代上海土地管理制度思想的西方渊源[J]. 财经研究, 2010, 33(4): 121.)。

③ 随着租界的快速开发,土地价格飞涨,引起租界当局的重视,并成立专门机构归租界地价进行控制管理。1896年,工部局成立土体估价委员会,对英租界与虹口租界全部土地重新估价。两租界的地产委员会则为征地时当局与业主就征用土地发生纠葛时作裁定。法租界于1901年成立土地估价委员会,对新老租界土地重行估价(参见贾彩彦. 近代上海土地管理制度思想的西方渊源[J]. 财经研究, 2010, 33(4): 121.)。

④ "西方契约精神"最早可以追溯到古希腊,亚里士多德提出的交换正义理念对后世的契约理论影响深刻。契约精神是西方文明社会的主流精神,在民主法治的形成过程中有着极为重要的作用,一方面在市民社会私人间的契约精神促进了商品交易的发展,为法治创造了经济基础,同时也为市民社会提供了良好的秩序;另一方面根据私人契约精神,上升至公法领域在控制公权力,实现人权方面具有重要意义。在土地管理中,西方契约精神主要体现在:严格契约的管理,使其法制化,规范化,确保产权交易凭证的权威性,克服传统中国土地交易中的模糊性。道契实施编号制度,在流程程序上,对土地权益的转让,限时做好过户批注,相对于中国传统的产权转让,只换粮串、户名不换、地契户名或将原契割裂分执的做法更为规范、有序。上海公共租界《土地章程》中明确规定,业主再无添租之权,土地房屋转让时,完全以契约为依据,只有法可依,有章可循,都被认为是合理有效的,排除了超经济因素的干扰,体现了西方契约精神。(参见http://baike.baidu.com/subview/1465258/5985435.htm?fr=aladdin. 贾彩彦. 近代上海土地管理制度思想的西方渊源[J]. 财经研究, 2010, 33(4): 125-126.)。

第 5 章 宁波与其他城市近代建设管理制度的比较

管理的主干法，落实了关于土地登记、土地使用、土地税、土地征收等具体土地管理的主要内容。此后，与主干法相关的配套法相继出台，到1936年，国家层面的土地管理法规基本形成体系。

浙江省的各类土地管理法规颁布时间总体早于国家层面，杭州、宁波两市的收用土地条例分别于1927年及1928年颁布，早于国家《土地征收法》的颁布时间，除了《浙江省土地登记施行细则》外，浙江省关于土地整理、登记、测量及陈报类法规基本成型于1928～1929年间（表5-6），而国家层面的主干法及相关配套法均制定于20世纪30年代中期。在现代土地管理中，首先遇到的土地登记、土地征用等操作层面的问题，因此各地首先面对上述问题制定相关的法规，而国家法规在各地实践的基础上总结得出，这体现了在制度发展上的地方先行现象，即国家层面的法规往往在各地经验总结的基础上得出，符合其发展规律。

南京国民政府时期浙江省与杭州、宁波所颁土地法规一览表　　表5-6

法规类别	浙江省		杭州		宁波	
	法规名称	颁布时间	法规名称	颁布时间	法规名称	颁布时间
土地收用			《杭州市收用土地暂行暂行条例》	1927年	《宁波市收用土地暂行条例》	1928年4月
			《修正杭州市收用土地暂行章程》	1928年	《宁波市收用土地暂行规程》	1928年4月
土地整理、登记、测量及陈报	《浙江省土地整理条例》	1928年			《宁波市土地登记暂行条例》	1928年
	《浙江省土地测量登记程序》	1928年				
	《浙江省土地整理条例施行细则》	1928年				
	《浙江省土地陈报办法大纲》	1929年				
	《浙江省土地陈报施行细则》	1929年				
	《浙江省土地调查规则》	不详	《杭州市政府勘丈土地征费暂行简章》	1930年		
	《浙江省土地登记施行细则》	1936年				
土地估价			《杭州市地价估计办法》	1933年		

资料来源：笔者根据《民国时期杭州市政府档案汇编》《宁波市政月刊》等资料整理。

就杭州、宁波两市的土地管理法规来看，除个别条款关于土地补偿费用及尺寸的规定略有差别外，两地土地征收法规极为类似。相同之处表现在以下两个方面：（1）法条数量相同,《杭州市收用土地暂行暂行条例》(1927年)与《宁波市收用土地暂行规程》(1928年)均为17条;(2)主要涵盖的内容相同,包括土地征收的范围、各类土地征收的方式及补偿、余地处理等。两地法规的不同之处在于细节,主要体现在以下两方面:(1)关于土地征收补偿的规定略有不同,杭州市规定较笼统,实行统一给价,即"每平方公尺给价至多不超过五角",但宁波的规定将土地分为3类予以补偿,即"繁盛区""次繁盛区""田地"给予不同的补偿,"繁盛区"补偿最高,"次繁盛区"次之,"田地"则最低,按不同等级进行不同的补偿,体现出对土地开发过程中土地价值差异的区分;(2)对于征收之后余地的处理,两市规定也略有不同,杭州规定余下深度在"四公尺"以内不能应用的便需进行处理,而宁波的规定则将"四公尺"调整为"二公尺"。由于《宁波市收用土地暂行条例》(1928年)制定时间晚于《杭州市收用土地暂行暂行条例》(1927年),因此其在个别条款的规定上已经在杭州规则上进行了相应的调整,更接近实际操作情形。

除土地征收外,土地整理、登记、测量及陈报等方面,浙江省政府发布了一系列法规,充分保护了土地权利人的合法利益,保证土地所有、转让产权都有明确的法律规定,促进了土地市场的发展。杭州、宁波的土地管理主要依据省颁法规执行,除1928年颁布的《宁波市土地登记暂行条例》及1930年颁布的《杭州市政府勘丈土地征费暂行简章》外,两市并未颁布其他的土地整理、调查类法规。宁波颁布了土地登记条例,但杭州没有相关规定,表明在土地登记方面,宁波的规定更为详细。《杭州市政府勘丈土地征费暂行简章》(1930年)规定了处理市民土地纠纷、勘丈或测量的具体措施,宁波则未颁布相同的规则,表明在土地整理、调查、登记、陈报的具体操作过程中,杭州有更为具体的措施。

现代土地管理的一个重要特点是将土地投放市场,因此对于土地价格的评估与确定也是土地管理的重要组成部分。城市不同的土地价格决定了用地方式的差异,如邻近交通枢纽地段的土地由于交通便捷,市内空间可达性强,通常成为商业、金融用地,具有较高的集约化利用率。土地估价体现出对土地级差的认识,显示出地理位置对城市地价所起的重要作用。上海在1933年通过了征收暂行地价税章程及估价委员会规则,以进行分区、分段、分巷、分段拟定地价标准。在浙江省内,杭州于1933年颁发了《杭州市地价估计办法》,地价的估计同样以分段分类为原则进行估定。随着新市场开发及城市发展,地价上升很快,据1935年《申报》记载,"杭州市商业中心的水漾桥、清河坊、羊坝头、三元坊一带的地产,从以前的每亩地价不过三四千元涨到每亩二至三万元,城区之外,地价也显示出明显的增长势头"(《申报》4月20日,1935)。地价的上涨体现了城市建设带动的集聚效应,城市中心的商业价值得以凸显,有效促进了土地开发进程。这一时期的杭州在土地价格评估与管理方面处于浙江省前列,而宁波并未在同一时期颁布相关的土地估价办法。

综上所述,南京国民政府时期,杭州、宁波在浙江省所构建的相对统一完整的土地法规框架下,颁布了类似的土地征收法,但在土地登记、调查及地价评估上,宁波市颁布了具体的登记条例,杭州没有,同时杭州落实了一些具体的步骤及措施,宁波则没有。总体而言,杭州市的征收法法规制定较早,宁波紧随其后。杭州市有针对地价、土地丈量的专门法规，宁波则没有，表明杭州土地法规的发展在浙江省内处于较领先地位。

5.2.2 现代市政建设法规及其比较

市政建设是城市建设的重要组成部分，在中国近代城市现代化进程中，以上海租界为代表的西方人市政管理模式成为各地效仿的范本，城市道路、给水排水、电力、电信等各种现代城市基础设施的建设成为城市现代化程度的衡量标准。南京国民政府成立后，各地相继颁布了一些市政建设法规以规范各项市政工程的建设与管理，其中又以道路建设法规最为普遍，因此本节所列举的市政法规也主要以道路相关法规为主。

城市道路限定了城市格局，是城市规划与建设的重要内容之一，作为城市的骨架，城市道路限定了城市地块之间的分界线，约束了各类设施与建筑之间的空间位置，是区域功能的分界线，城市道路的建设会影响城市的运行效率，城市道路骨架的合理与否会影响城市交通的便利程度。交通便利是城市发展的重要前提，在现代化进程中，道路建设现代化是城市建设现代化的前提。南京国民政府及浙江省政府均意识到了这一点，将道路建设作为城市建设的首要内容。浙江省政府颁布了市以下（针对各县）的道路建设法规，同时市一级城市建设管理机构制定了市一级的城市道路建设法规。

1929年颁布的《浙江省各县修筑街道规则》是设计规范类法规，为浙江省各县县城及市镇改修或新筑街道提供依据。规则将全省各县的县城及市镇道路按人口规模划分等级，将现代城市规划理念贯穿其中，即人口越多，道路等级越高，道路宽度越大。道路分级思想是现代城市规划的重要内容。1933年的《雅典宪章》指出交通是城市的四大功能之一，城市道路功能不分是城市交通面临的重要问题，街道需要进行功能分类……（陈小鸿，2004）。在现代城市道路分级规划中，可根据道路在城市道路系统中的地位、作用、交通功能及对沿线建筑物的服务功能进行分类，如快速路、主干路、次干路及支路的区分就是基于上述分类方式而产生①。浙江省各市近代对城市道路的分级较为笼统，但其基本思路已与现代城市道路分级思想吻合，将道路分级与人口规模相对应，人口越多则道路承载的功能越多，因此其等级越高。

《浙江省各县修筑街道规则》同时规定新筑或改筑道路的路线划定及道路两旁建筑应缩让距离均由工程处负责，即由政府统一管理，新的道路应统一设阴沟、瓦筒等下水设施。该规则的颁布形成了全省各县道路修筑的统一标准。

就杭州、宁波两地的道路建设而言，浙江省政府并未发布统一的城市道路建设法规，两市的道路修筑由市级的主管部门负责。从颁布的法规看，两市的道路建设法规存在较大差异：(1) 从数量上看，杭州颁布的法规远多于宁波，先后颁布了9项市政建设法规，其中道路法规8项，宁波仅颁布了1项道路建设法规。(2) 从类别上看，杭州市既颁布了道路设计规范类法规，也颁布了后期实施类法规，宁波则没有相应的道路设计规范，仅有1项后期实施类法规。(3) 从法规内容看，设计规范类法规中，杭州市已对沿街建

---

① http://baike.baidu.com/view/3821444.htm?fr=aladdin.

筑退让等道路界面控制进行详细规定,以具体数据界定各种宽度道路的转角半径,同时对沿街的广告设置进行了规定,体现出对城市道路的总体控制,宁波则没有相应的规定;在后期实施类法规中,杭州市颁布了一系列征费章程,对杭州市开辟或改宽街道、修筑人行道、铺浇沥青路面等征费方法进行规定,宁波则未颁布此类法规。(4)杭州市颁布的相关筑路征费章程与同一时期主流城市的筑路征费章程已极为类似,表明杭州在此类法规修订上与主流城市已较为接近,宁波则没有相应的特征。纵观同一时期的近代主流城市,广州市于1929年颁布《广州市筑路征费条例》,上海于1930年11月公布了修正后的《上海市筑路征费章程》,也均为道路修筑的征费章程。事实上南京国民政府时期国内各城市的道路修筑工程皆借鉴了西方租界模式,采用"受益征费法"[①],因道路改造具有提升地价的作用,道路两旁业主均因此受益,因此业主也需分摊合理的筑路费用,由此较大幅度地降低市政工程施工成本,加快建设进程。采用道路两边业主分摊费用的方法推进道路建设,体现了商业经营的筑路模式,在近代中国城市的市政工程建设中起到了一定的作用。顺应主流城市的筑路征费管理模式,杭州近代也已出现相似的章程,基本接近近代主流城市,呈现大体相当的水平,而宁波则未能形成类似的管理法规(表5-7)。

国民政府时期浙江省与杭州、宁波所颁市政法规一览表　　　表5-7

法规类别	浙江省		杭州		宁波	
	法规名称	颁布时间	法规名称	颁布时间	法规名称	颁布时间
设计规范类	浙江省各县修筑街道规则	1929年	《杭州市拆让各街路转角处房屋临时办法》	1928年		
			《杭州市广告取缔规则》	1929年		
后期实施类(征费、招商办法)			《杭州市开辟或改宽街道征费暂行章程》	1927年		
			《杭州市修筑人行道征费暂行章程》	不详,约1930年前		
			《杭州市筑路征费暂行章程》	不详,约1930年前		
			《修正杭州市筑路征费暂行章程》	1931年		
			《杭州市铺浇地沥青路面征费暂行章程》	1930年		
			《修正杭州市铺浇地沥青路面征费暂行章程》	1931年		
			《杭州市奖励市民集资修筑街道、沟渠、桥梁暂行章程》	1931年	《宁波市市民修筑道路及奖励章程》	1928年

资料来源:笔者根据《民国时期杭州市政府档案汇编》《宁波市政月刊》等资料整理。

[①] 《上海市筑路征费章程》的要点包括:(1)因筑路致丧失其全部土地者,依照未筑路以前的地价全部补偿;(2)土地未受损失者,按其地价(未筑路以前)的三成征收受益费;(3)损失土地三成者,不予补偿,也不征收受益费;(4)损失土地不及三成或超过三成者,按比例增减其征费或补偿之数目(参见甄京博,张向阳.近代中国城市土地管理论述[J].经济研究导刊,2012(8):87.)。

5.2.3 现代建筑法规及其比较

在中国官方仿效西方设立城市建设管理机构后，中国近代以模仿西方城市建设管理体制而展开的立法活动成为中国城市现代城市建设管理法规制定的起始。西方人在中国最早颁布的建筑管理法规为上海公共租界的《土地章程》，1898年第四次土地章程之三十款及附则第八章规定工部局掌管建筑活动管理的三大权力：建筑法规的制定权、建筑设计图纸的审批权、房屋建筑的监造权（李海清，2004），即"立法权""审批权""监造权"，三大权力成为现代建筑活动管理的核心。在此后各地模仿西方人建筑管理体制的过程中，中国官方开始制定建筑管理法规，行使这三大权力，杭州、宁波也不例外，两地的建筑法规发展均经历了由粗到细、由简略到复杂、从分散到集中、从无序到有序的过程。

建筑管理法规按照内容与针对对象不同可分为建筑法（Building Acts or Ordinances）、建筑规范（Building Codes，Building Regulations，Building Rules）、建筑标准（Building Standards）三个层次，建筑法所处的位置最高，一般反映基本的利益关系而非技术问题；建筑规范层次稍低，往往依据建筑法的规定制定并执行，更侧重综合技术要求；建筑标准通常是针对建筑规范中的特定内容进行的专门规定，更偏向于单项技术要求（唐方，2006）。南京国民政府于1938年才颁布了全国性的《建筑法》，共五章47条（潘谷西，2001），因此在此之前宁波、杭州的建筑管理法规均应属于地方性的建筑规范及建筑标准范畴。在建筑法规的各个组成部分中，大部分综合性技术内容均包含在建筑规范中（唐方，2006）。

5.2.3.1 宁波现代建筑法规的前后比较

与杭州类似，从清末江北外人居留地西方人开始初步的建筑活动管理到20世纪30年代制定相对完善的建筑法规管理建筑活动，宁波近代建筑活动管理也经历了逐步细化及规范化的过程。如前文所述，早期西方人已通过相关条文约束江北的建筑活动，但笔者尚未能收集到相关的规则原文，因此本节仅就北京国民政府时期及南京国民政府时期的宁波建筑法规进行简要比较和论述。相比较而言，南京国民政府时期是宁波近代建筑法规的快速发展期，共颁布3项规则，北京国民政府时期仅颁布1项规则（表5-8）。由于笔者尚未能收集到北京国民政府时期所颁发的《宁波警察厅取缔建筑规则》的原文，因此本节比较部分数据及内容采用与其接近的《浙江省会警察厅取缔建筑规则》作为参照，对前后规则进行大致分析和比较。南京国民政府时期法规则以1930年所颁发的《宁波市建筑规则》为例进行说明。

从法条数量上看，《宁波警察厅取缔建筑规则》（约1915～1919年间）约10条[①]，《宁波市建筑规则》（1930年）已经达到88条，约是《宁波警察厅取缔建筑规则》的9倍，

---

① 因《宁波警察厅取缔建筑规则》与《浙江省会警察厅取缔建筑规则》的颁布时间接近，而且由浙江警察厅统一管辖下发布，推断两者条例内容及数量总体上比较接近，后者条文数量为11条。

可见南京国民政府时期宁波的建筑法规较北京国民政府时期已经有明显的发展和改进。

近代宁波建筑法规一览表　　　表 5-8

法规颁布时间		法规名称	法条数量
清末	不详	不详	不详
北京国民政府时期	1915～1919年	《宁波警察厅取缔建筑规则》	不详
南京国民政府时期	1927年	《宁波市建筑条例》	34
	1930年	《宁波市建筑规则》	88
	1934年	《浙江省各县城厢建筑取缔暂行规则》	54
	1934年	《建筑取缔暂行规则鄞县补充细则》	31

资料来源：笔者根据《浙江公报》《宁波市政月刊》《鄞县通志》等资料整理。

从内容上看，两个法规在行政技术规定与建筑技术准则两部分内容构成上有较大差别，《宁波市建筑规则》（1930年）关于行政技术管理规定的法条数量为29条，关于建筑技术准则规定的法条数量为59条（表5-10），因此其技术准则内容占据主导，而《宁波警察厅取缔建筑规则》（1915～1919年间）与《浙江省会警察厅取缔建筑规则》（1915年）类似，应是行政管理规定占据主导。《宁波市建筑规则》（1930年）无论是行政技术规定部分法条数量还是建筑技术准则部分法条数量均已超过《宁波警察厅取缔建筑规则》（1915～1919年间）的法条总数，因此《宁波市建筑规则》（1930年）应较《宁波警察厅取缔建筑规则》涵盖更多内容。

虽无法得知《宁波警察厅取缔建筑规则》的具体条文内容，但从条文数量上可大致看出前后法规各部分的详细程度，以建筑许可证内容为例，《宁波市建筑规则》（1930年）中第42～59条为请领许可证手续及建筑时之各事项规定，共占法条18条，超过《宁波警察厅取缔建筑规则》（1915～1919年间）的总法条数，可见到20世纪30年代，宁波的建筑管理法规对现代建筑活动管理的"审批权"规定较北京国民政府时期更为明确和详细。

限于史料，本书无法进一步比较《宁波警察厅取缔建筑规则》（1915～1919年间）与《宁波市建筑规则》（1930年）的更多差别，但从以上分析可以看出后者在法条数量、具体内容及详细程度上均应较前者更进一步。总体而言，从清末到南京国民政府时期，宁波现代建筑法规有一定程度的发展，法条数量有较大增加，管理不断细化，关于建筑活动管理的各项内容进一步落实，有效推动了宁波建筑制度的现代转型。

5.2.3.2　宁波、杭州现代建筑法规的比较

宁波近代所颁建筑法规的数量远少于杭州（表5-8、表5-10），而制度的发展往往与实际运作的需要相对应，可见两市在建筑活动活跃程度上有一定的差距。南京国民政府时期是两市建筑法规的快速发展期，因此本节主要对1927～1937年间两市的建筑管理法规进行比较。宁波、杭州南京国民政府时期的各个建筑管理法规制定的节点并不完全

第5章 宁波与其他城市近代建设管理制度的比较

相同，但均可大致分为三个阶段：

（1）酝酿期：第1阶段为设市之初，宁波市政府发布《宁波市建筑条例》（1927年），杭州市政府发布《杭州市工务局取缔建筑暂行章程》（约1927年）及《杭州市取缔建筑暂行规则》（约1927年）。

（2）形成期：第2阶段为20世纪30年代初，两市政府根据上海等主流城市的范例分别制定各自的建筑管理法规，宁波市颁布《宁波市建筑规则》（1930年），杭州颁布了《杭州市建筑暂行规则》（1932年）及《修正杭州市建筑暂行规则》（1932年）。

（3）完善期（维续期）：第3阶段为20世纪30年代中期，宁波因废市并县开始实行《浙江省各县城厢建筑取缔暂行规则》（1934年）及《建筑取缔暂行规则鄞县补充细则》（1934年），杭州市的建筑管理法规作出调整，颁布《杭州市取缔建筑规则》（1936年）。

由于尚未能收集到第1阶段两个城市的建筑管理法规史料，因此本节对第2、3阶段两市的建筑管理法规进行分析。本节以南京、上海法规作为参照，对宁波、杭州的建筑法规进行对比，从而定位宁波南京国民政府时期建筑管理法规的具体地位。

1. 第2阶段（形成期）宁波、杭州建筑管理法规比较

（1）数量性的比较

法规的数量反映管理的细密性，《宁波市建筑规则》（1930年）为7章88条，《修正杭州市建筑暂行规则》（1932年）共有9章225条，后者为前者的2.5倍，表明杭州法规制定更为详细。1928年上海颁布的《上海特别市建筑规则》（1928年）法条数量共8章达到209条，杭州的建筑法规法条数量与之相近，宁波则相去甚远，表明同一时期杭州与宁波建筑管理法规的发展程度存在一定的差距，后者明显滞后（表5-9）。

形成期上海、杭州、宁波法条数量一览表　　　　表5-9

城市	法规名称	法条数量（条）
上海	《上海特别市建筑规则》（1928年）	209
杭州	《修正杭州市建筑暂行规则》（1932年）	225
宁波	《宁波市建筑规则》（1930年）	88

根据修正杭州市建筑暂行规则[J].杭州市政月刊，法规：1932，5（8）：16-36；宁波市建筑规则[J].宁波市政月刊，法规：1930，3（5、6）：20-37；上海特别市建筑暂行规则[J].上海市政府公报，1934（147）：1-59.等整理。

从建筑法规的内容看，法规的技术性条文（建筑技术准则）占比在一定程度上能代表法规的现代化程度。《宁波市建筑规则》（1930年）行政管理程序及规定法条数量共计29条，技术规则内容法条数量共计59条，技术准则条款占据总数的67%，而《修正杭州市建筑暂行规则》（1932年）行政管理规定条款数量共计38条，技术规则法条数量共计187条，技术准则条款占据总数的83%，《上海特别市建筑规则》（1928年）行政管理规定法条数量共计为31条，技术规则内容法条数量共计178条，技术准则条款占据总数的85%。可见《修正杭州市建筑暂行规则》《上海特别市建筑规则》的技术准则规定法

条数量所占比例较为接近,《宁波市建筑规则》的技术准则规定占比相对较小,表明当时《修正杭州市建筑暂行规则》在整体上已经与上海相对接近,《宁波市建筑规则》则相对滞后,技术准则规定的数量相对较少(表5-10)。

《上海特别市建筑规则》(1928年)、《修正杭州市建筑暂行规则》(1932年)、《宁波市建筑规则》(1930年)各章法条数量比较　　　表5-10

城市 法规名称 法条类别	上海		杭州		宁波	
	《上海特别市建筑规则》 (1928年)		《修正杭州市建筑暂行规则》 (1932年)		《宁波市建筑规则》 (1930年)	
	章节名称	法条数量(条)	法条类别	法条数量(条)	法条类别	法条数量(条)
行政技术管理规定	总纲	29	总纲	36	总纲	7
					请领许可证手续及建筑时之各事项	18
					罚则	2
	附则	2	附则	2	附则	2
	合计	31	合计	38	合计	29
建筑技术准则规定	通则	71	建筑通则	64	街道与建筑关系(建筑通则之一)	5
	设计准则	52	设计准则	60	设计准则及关于钢骨混凝土施工上之注意	25
					构造及设备	29
	防火设备	17	防火设备	17		
	旅馆、公寓、医院、校舍等建筑物	9	旅馆、公寓、医院、校舍等建筑物	7		
	戏院、影戏院及其他公众集合场所等建筑物	22	戏院、影戏院及其他公众集合场所等建筑物	22		
	货栈、工厂、商店及办事所等建筑物	7	货栈、工厂、商店及办事处等建筑物	7		
			西湖风景区建筑	10		
	合计	178	合计	187	合计	59

根据修正杭州市建筑暂行规则[J]. 杭州市政月刊,法规:1932,5(8):16-36;宁波市建筑规则[J]. 宁波市政月刊,法规:1930,3(5、6):20-37;上海特别市建筑暂行规则[J]. 上海市政府公报,1934(147):1-59. 等整理。

(2)内容比较

从内容上看,宁波法规与杭州、上海法规有较大区别。在行政管理规定部分,《宁波市建筑规则》将建筑许可证手续、罚则等章节从总纲中独立出来,因此其行政管理规定共有4章，包括总纲、建筑许可证手续、罚则、附则等。杭州与上海规则的行政技术管理规定均只有总纲与附则两章，建筑许可证领取手续、罚则等内容包括在总纲中。

建筑技术准则部分，宁波法规只有3章，杭州、上海法规分别为8章与9章，因此从章节设置上看，宁波法规的行政管理规定内容占据更多章节，杭州、上海法规则较少，表明宁波在技术管理与控制方面明显滞后于杭州与上海。此外，在建筑技术准则部分，杭州、上海法规的最突出特点是将防火设备单独列一章，与建筑通则、设计准则以及各类建筑物专门章节并列，突出对建筑消防的重视。杭州与上海法规对防火材料、防火构造、防火疏散通道（太平门、太平梯）等均详细限定，清晰列出消防设计处理的规范、原则与具体措施，对防火材料、防火门构造等均有详细规定[①]。宁波法规中虽也有少数有涉及建筑防火规定及安全疏散措施的条文，但规定较笼统。杭州、上海法规中设计准则章节内容包括材料重量、屋面楼面之载重、风力、砖石木料载重、钢筋混凝土、钢铁工程等内容，详细规定了结构设计涉及的各种细节处理和与之相关联的数据和规范，宁波法规与此相对应的是"设计准则"及"钢骨混凝土施工上之注意"章节，各部分规定较杭州、上海则简化，且并未提及风力荷载及钢铁工程的相关规范。杭州与上海规则中各类建筑的专门技术准则内容在《宁波市建筑规则》（1930年）中也并未涉及，也在一定程度上表明宁波建筑法规发展的明显滞后。

可见，从法规条文内容分析，20世纪30年代初，杭州的现代建筑管理法规与上海的现代建筑管理法规已十分接近，相似条文或相同条文达到2/3以上，表明杭州法规完全是学习和照搬上海的结果。宁波建筑管理法规与杭州、上海法规相比则明显滞后。

2. 第3阶段（完善期（维续期））杭州、宁波建筑管理法规比较

（1）数量性的比较

20世纪30年代中期，杭州、宁波两地在20世纪30年代初制定的建筑管理法规历经一段时间的施行后开始调整。从两地调整后的法规来看，《杭州市建筑规则》（1936年）法条数量增加到248条，增加了23条。宁波到20世纪30年代中期开始施行省颁法规即《浙江省各县城厢建筑取缔暂行规则》（1934）与鄞县规则《建筑取缔暂行规则鄞县补充细则》（1934年），两个法规的法条数量总计为85条，较《宁波市建筑规则》（1930年）减少3条。南京市1933年规则达到10章共277条，上海于1934年开始实行的规则内容增加到10章共237条。南京规则法条数量最多，杭州法规、上海法规十分接近，且远多于宁波，其中杭州法规法条总数是宁波法规的近3倍。杭州、上海法规均有一定的增加，但宁波

---

① 防火材料有"甲.砖及空心砖等；乙.花岗石或其他坚固耐久适用于建筑之石料；丙.铜铁钢；丁.水泥混凝土或灰浆三和土；戊.钢筋混凝土；己.钢丝网外敷二公分（或七分）厚之黄沙水泥；庚.其他防火材料经市政府核定者"。防火门规定"需用铁料构造或于两层拼合的木板上面包裹铁皮，遇有火警能自引关闭者。此项防火门四周门框须用防火材料，其面积不得过五、二平方公尺（或五十六平方呎）"（修正杭州市建筑暂行规则[J].杭州市政月刊，法规：1932，5（8）：32-33.）。

法规反而减少，表明宁波与杭州、上海的差距进一步拉大（表5-11）。

20世纪30年代中期上海、杭州、宁波施行的建筑法规法条数量一览表　　表5-11

城市	法规名称	法条数量（条）
南京	《南京市工务局建筑规则》（1933年）	277
上海	《上海市建筑规则》（1934年）	237
杭州	《杭州市建筑取缔规则》（1936年）	248
宁波	《浙江省各县城厢建筑取缔暂行规则》（1934）与《建筑取缔暂行规则鄞县补充细则》（1934年）	85

根据《南京市工务局建筑规则》[J].南京市政府公报,法规:1933（125）：27-61；上海市建筑规则[J].上海市政府公报,法规:1934（147）：180-210；杭州市取缔建筑规则[J].杭州市政季刊,法规:1937,5（1）：2-34；张传保.鄞县通志·工程志[M].宁波：宁波出版社,2006:33-44.整理。

从各章节法条数量看，宁波1934年的施行法规行政管理规定中总则、罚则、附则部分统计法条数量共计19条，旧规则为11条，但请领许可证手续部分新规则为10条，旧规则为18条，因而行政管理规定法条总数与旧规则相等，均为29条。新法规建筑技术准则方面共有56条，旧法规为59条，反而少3条。新规则中建筑技术准则法规占法条总数的67%。《杭州市建筑取缔规则》第一章总纲和第二章建筑通则变化较大，第一章法条数量由36条增加到47条，第二章由64条增加到74条，新增第九章草屋，其余均无太大变化。调整后，其行政管理规定及建筑技术准则内容均有增加，其中行政技术条款共50条，建筑技术准则条款共198条，建筑技术准则条款占法条总数的76%。《南京市工务局建筑规则》（1933年）行政管理及建筑技术准则法条分别为41条和236条，技术准则占比法条总数85%。《上海市建筑规则》（1934年）总法规数量变为237，行政管理规定为31条，建筑技术准则共有206条，占总数比为87%。因此，在建筑技术准则法条所占比例上，上海（87%）与南京（85%）非常接近，均高于宁波（67%），宁波最低，杭州（76%）高于宁波，可见杭州法规与南京、上海较接近，宁波则明显低于杭州和上海。因此这一时期的法规发展中，杭州接近南京、上海但仍有一定差距，宁波则滞后于南京、上海与杭州（表5-12）。

（2）内容的比较

宁波法规的内容与上海、杭州法规相比仍有较大差别。首先，在章节设置上，宁波法规中建筑许可证手续、罚则等章节仍独立设置，未能如上海、杭州法规一般纳入总纲范畴。关于上海及杭州法规中"建筑通则"相关内容，宁波法规分为3章论述，分别是第2章"建筑物与街道河岸之关系"、第3章"建筑物之缩让"及第4章"构造与设备"。关于防火设备的相关内容,宁波法规也依然未能如上海、杭州法规一般形成独立章节。同时，上海、杭州法规所涉及的专项建筑细节措施内容，宁波法规依然没有涉及。总体上看，宁波法规中行政管理部分内容仍占据较多章节，建筑技术准则内容相对比较薄弱。

从各部分具体内容看，行政管理规定中请领建筑许可证内容中，杭州规则已明确将建筑许可证的类型进行区分，分为建筑、修缮、拆卸、杂项四种，较旧规则更为清晰，

第5章 宁波与其他城市近代建设管理制度的比较

南京、上海、杭州、宁波20世纪30年代中期施行建筑法规各章法条数量比较　　表5-12

城市	南京		上海		杭州		宁波	
法规名称法规类别	《南京市工务局建筑规则》(1933年)		《上海特别市建筑规则》(1934年)		《杭州市建筑取缔规则》(1936年)		《浙江省各县城厢建筑取缔暂行规则》(1934年)与《建筑取缔暂行规则鄞县补充细则》(1934年)	
	章节名称	法条数量(条)	章节名称	法条数量(条)	法条类别	法条数量(条)	法条类别	法条数量(条)
行政管理规定	总则	6	总纲	29	总纲	47	总则	8
	请照手续	12					请领许可证手续及建筑应注意之事项	10
	营造手续	6						
	取缔手续	9						
	罚则	8					罚则	7
			附则	2	附则	3	附则	4
	合计	41	合计	31	合计	50	合计	29
建筑技术准则规定	建筑通则	52	通则	71	建筑通则	74	建筑物与街道河岸之关系	5
							建筑物之缩让	12
							构造与设备	14
	设计准则	75	设计准则	52	设计准则	59	设计准则及关于钢骨混凝土施工上之注意	25
	防火设备	17	防火设备	17	防火设备	18		
	公共建筑	46	旅馆、公寓、医院、校舍等建筑物	9	旅馆、公寓、医院、校舍等建筑物	7		
			戏院、影戏院及其他公众集合场所等建筑物	22	戏院、影戏院及其他公众集合场所等建筑物	21		
			货栈、工厂、商店及办事处所等建筑物	7	货栈、工厂、商店及办事处所等建筑物	7		
			油池、油栈等建筑物	17				
	杂项建筑	46			风景区建筑	7		
			牛奶棚建筑物	11				
					草屋	5		
	合计	236	合计	206	合计	198	合计	56

根据《南京市工务局建筑规则》[J].南京市政府公报,法规:1933(125):27-61;上海市建筑规则[J].上海市政府公报,法规:1934(147):180-210;杭州市取缔建筑规则[J].杭州市政季刊,法规:1937,5(1):2-34;张传保.鄞县通志·工程志[M].宁波:宁波出版社,2006:33-44.整理。

宁波则没有相应的区分。建筑技术准则部分，"建筑通则"相应内容，宁波法规对建筑突出物、建筑高度、沿河建筑物、建筑缩让、建筑物基础、墙体、烟囱、阴沟、建筑防火、个别类型建筑消防疏散等内容进行了规定，其中"沿河建筑物"的相关内容为宁波法规特有，但其余规定均较上海、杭州法规简单，且并未涉及建筑地面、建筑面积、拱圈及砖柱等内容，对防火墙、防火设备及个别类型建筑的消防疏散内容也仅以1～2条内容简单论述。"设计准则"内容中，宁波法规并未涉及"钢铁工程"内容，且对其余各项内容的规定均较上海、杭州规则简单。如前文所述，宁波这一时期的法规较20世纪30年代初期并未有显著的发展，因此对比杭州、上海规则的拓展，宁波法规并未进一步细化，表明其在发展上明显滞后。

综上所述，通过对第2阶段（形成期）及第3阶段[完善期（维续期）]南京、上海、宁波、杭州建筑管理法规的比较可以得出以下结论：1) 宁波市建筑管理法规则在数量与内容上均与上海、杭州法规形成较大差别，无论是法条数量、建筑技术准则所占比例上均远低于杭州及上海，内容上也较局限，呈现出在发展进程上较大的滞后。2) 第3阶段[完善期（维续期）]宁波法规在法条数量与内容上较形成期并无显著变化，与杭州、上海法规差距进一步拉大。

5.2.4 建筑师、营造业管理法规及其比较

传统营造体系向建筑师体系和营造厂体系的分化和转变是建筑现代转型的重要组成部分，使建筑生产由"业主—承造人"二元模式向"业主—建筑师（工程师）—营造商"三元模式转化，由"承造人"（工匠）主观的建造过程向以技术为主导的客观建造过程过渡。建筑师或工程师作为独立体系出现在近代建筑业中，是中国近代建筑发展历程中一个质的飞跃，从根本上突破了古代建筑营造的经验创作，人的主观能动作用逐渐由工匠的经验理性转向建筑师（工程师）的技术理性和美学感性共同发挥作用（彭长歆，2012），从而成为现代建筑转型的关键点。因此近代建筑师执业制度及营造业管理制度的建立是现代建筑转型的重要组成部分。中国近代城市中，上海率先完成了建筑师登记，从而实现了西方建筑管理制度的本地化，并形成了近代资本主义建筑制度对传统营造业现代转型的促发。

在上海等近代主流城市的示范作用下，中国近代各边缘城市（如杭州、宁波）也展开了建筑管理法规的制定，随着建筑管理法规的不断完善，建筑审批制度进一步促进了建筑师登记制度的出现与完善，这一现象在南京国民政府成立后更为明显,国家层面的《工业技师登记暂行条例》（1928年）及《技师登记法》（1928年）颁布，各地建筑师（工程师）及营造业管理制度的制定也开始进入了一个新的时期。

在浙江，随着杭州、宁波建筑管理制度的发展和完善，建筑审批制度促发了建筑师（工程师）的登记，并在20世纪30年代前后形成比较完善的建筑师（工程师）及营造业登记制度。建筑师及营造业的登记使得建筑活动（建筑设计、建筑施工、建筑管理）的

主体得到规范化的管理，具有专业知识的建筑师（工程师）的正式介入，加速了建筑的现代转型。

5.2.4.1 宁波、杭州建筑师（工程师）管理法规及其比较

1. 建筑审批制度对建筑师（工程师）执业登记制度产生的促进作用

如前文所述，建筑管理法规所限定的建筑主管部门的三大权力中，"审批权"涉及建筑许可证的发放内容，建筑许可制度实际上是关于建筑活动的"报建制度"，综合反映了业主、建筑师及营造商的相互制约关系，同时也反映出城市建设管理部门的技术性思考，从而成为建筑师（工程师）执业登记制度形成的重要促进因素。如建筑许可证的申领条件中有关建筑图纸的相关规定属于必备内容，而建筑图纸需要由掌握专业技术的建筑师（工程师）来绘制完成，因此许可证的申请将业主与建筑师（工程师）联系起来。

在杭州，《浙江省会警察厅取缔建筑规则》（1915年）第2条已经明确指出"建筑之主管者除因房屋系临时坍塌须立时修筑者外均须于开工十日自将左列各项开明并绘具详图、填明四至禀报管警察署所查勘"（《浙江公报》1312期，1915），但并未对设计者提出特别的要求，说明当时建筑师或土木工程师尚未以独立的职业角色介入建筑营造业。但显然普通民众无法绘制建筑详图，这必然促使专业人员的产生。初期的设计人员多为土木工程师，他们同时承担起建筑师的职责。此后，历经多次建筑法规的修订，建筑审批制度不断完善，对建筑图纸的要求和规定不断细化，一些科班出身的建筑师应运而生。

1932年的《修正杭州市建筑暂行规则》中，领取建筑许可证不仅要绘制建筑图样，还同时需要有路线请勘图。其中路线请勘图的要求中对图纸"缩尺"（即比例）、尺寸标注等均有具体的规定，而对建筑图样的要求更是达到9条之多，包括建筑物平面、侧面、正面及剖面各图的比例不得小于1/100，建筑物各部分的用途、尺寸和构造需标注，如为旧屋改造则需将旧屋材料用虚线绘制并注明尺寸，需标明沟渠、厕所、窨井的位置、大小及出水方向，钢筋混凝土及木架等构造计算书等。无论是路线请勘图还是建筑图样都规定必须"注明建筑师或绘图员之姓名及登记号数、证书号数"，可见已经明确"建筑师"（绘图员、工程师）作为建筑工程中的必要组成人员需承担相关设计制图工作，这也是建筑师第一次以独立的身份参与到建筑报建业务中。事实上，这一时期的建筑图纸内容已经相当全面，包括平面图、侧面图、正面图及剖面图，各部分建筑材料及构造、沟渠厕所、钢筋混凝土计算书等均为专业建筑师所掌握的技术知识，早已不是一般民众或工匠所能掌握。由于新建筑类型的出现，钢筋混凝土技术的发展，工务局对建筑活动的管理已经不仅仅停留于早期以承建人或工匠自行绘制的简单图纸进行建筑许可申报的方式，而是开始以"建筑师（绘图员）"作为专业人员对建筑质量实行担保。规则同时还规定图样经审查合格后必须连同许可证悬挂于工场便于随时查勘，所有核准的尺寸及结构、用途、材料均不得随意更改，以确保将建筑师所确定的技术数据得以落实，进一步强调建筑师

作为设计人员所起的作用。

1936年《杭州市建筑规则》对建筑请勘图及建筑图样的要求进一步增加,如路线请勘图中增加了对街道宽度及毗邻建筑的绘制要求,同时还需附上简略的交通图,建筑图样中对图样及说明书的文字书写进行规定,如计算书需酌用西文等。上述要求对建筑师的专业素养提出了更高的要求,进一步明确了建筑师在工程中所处的不可替代的地位。

宁波自1898年江北工程局成立便有建筑许可的审批雏形,经历民国初期的探索,到20世纪30年代也已形成较完善的建筑审批制度。1930年的《宁波市建筑规则》对建筑图纸的要求包括建筑物配置图、各层平面图、主要剖面图,同时重要的钢筋混凝土及钢铁建筑物还需附上各部分详细构造图以及计算书,这与现代建筑设计图纸的要求已基本相同。规则还详细列出各图纸的具体绘制要求,如平面图应表示各室的大小、位置、用途及墙壁厚薄,门窗位置及大小,剖面图应表示建筑物内部的构造,各层高度及基础楼梯阴井位置、出水沟渠等。与杭州规则不同,宁波规则并未直接将"建筑师"(工程师)或"绘图员"等名称写入章程,但从建筑图样的要求来看,显然非专业人员不足以胜任。1934年,废市并县后的宁波以《浙江省各县城厢建筑取缔暂行规则》(1934年)为建筑活动管理的基本法规,该规则对建筑审批中建筑图纸的要求与《宁波市建筑规则》(1930年)基本相同,对各项图纸的技术性指标同样表明只有专业的建筑师(工程师、绘图员)才能胜任相关工作。

2. 建筑师(工程师)登记制度形成与比较

1928年,南京国民政府颁布《工业技师登记暂行条例》,将土木科及建筑科技师划入工业技师范畴,1929年,《技师登记法》颁布,界定土木科技师为工业技师之一种。杭州对建筑师(工程师)的登记始于1928年,《杭州市建筑师登记章程》规定了建筑师应具备土木工科或建筑科或中等工业学校毕业或具同等学力等条件并有一定的工程经验,经审查合格领取证书后才准以所绘各种图样向工务局请领建筑许可证并接受市内一切建筑工程事业委托。如前文所述,最早的专业设计人员为"工程师",之后才有科班出身的"建筑师"出现,杭州法规从一开始就以"建筑师"的要求对设计人员进行登记,表明当时杭州建筑业已经具有一定的规模,不仅有初期的"工程师"参与设计,工程数量的增多及工程技术的难度已要求专业的"建筑师"参与到建筑活动中。为更好地对建筑师进行管理,杭州当局还于1930年颁布了《杭州市内设立建筑师事务所请领执照办法》,对建筑事务所的执业资格进行界定,以规范建筑师的工作,如不能以技师证书或建筑师事务所执照私自顶替托名使用、不能违反杭州市取缔建筑暂行规则等。因为科班出身的建筑师数量较为有限,杭州近代一般工程还有绘图员的加入。为加强管理,杭州市工务局制定了专门针对绘图员的章则,即《杭州市绘图员登记章程》。区别于建筑师,绘图员只允许代人绘制普通住宅等简易建筑图纸,工务局明确规定构造复杂部分、特别承重部分、钢筋水泥建筑、高大的西式门面或西式房屋、有关风景建筑等均需由建筑师设计,除了向工务局上交设计稿件外,还应由建筑师签字证明。

第5章 宁波与其他城市近代建设管理制度的比较

宁波的"建筑师"（工程师）登记同样始于1928年，宁波市工务局鉴于《宁波市建筑条例》（1927年）发布后，市民申请建筑许可时呈验的图样合格率较低，而"各种土木建筑工程之良否其关系全在设计绘图及监工诸端"（《宁波市政月刊》第1卷第8期，1927），于是提出限制设计绘图者资格，发布《宁波土木建筑工程师暂行注册章程》。章程提出了承担工程设计绘图者为"工程师"，不同于杭州规则直接以"建筑师"进行登记。对"工程师"的资格，章程进行了严格的规定，根据可从事的建筑设计项目的技术复杂程度，分为甲乙丙丁四种。强调了科班出身的"工程师"的从业资格，对非科班出身人员进行了比较严格的限制。其中甲乙丙三种分别发给甲种工程师证书、乙种工程师证书、丙种工程师证书，符合丁项规定的人员颁发营造司证书。持有上述证书的工程师，可参与设计的项目有较大的差别，如第6条规定"学校、病院、戏馆、会堂并其他有相当规模之工场、公共建筑物及经工务局认为重要之土木工程非甲种工程师不得担任"，第7条规定第二条"丁"项资格者只准许承担"中国旧式二层楼房及其他各种建筑土木之简单工程或修缮工程"（《宁波市政月刊》第1卷第8期，1927）。可见对工程师资格区分较为严格。

观察同一时期上海的情形，1927年上海颁布了《上海特别市建筑师工程师登记章程》，对建筑师、工程师的资格认定分为登记与暂行登记两种。从具体条件看，上海的建筑师、工程师登记条件较杭州、宁波更为严格。首先，登记者需年满25周岁，从大学或同等学校建筑科或土木科毕业且要有主持重要工程3年以上的经历或任工程教授、继续研究工作在3年以上，如为中等工业学校毕业或具同等学历者则需有6年以上的工程经历。暂行登记者要求较低，中等工业学校毕业或具同等学历者具有2年以上工作经历或是匠目等具有充分经验能绘图及略知计算便可（上海市政府公报147期，1934）。

总体而言，上海的登记与暂行登记区分与杭州类似，两地均实行建筑师登记制度而非更为宽泛的工程师登记制度，但杭州制度规定的建筑师登记条件，尚不如上海严格，如并未有年龄限制，大学或专科学校建筑科或土木科毕业者只需有2年工程经验（上海为3年），而中等工业学校毕业或具同等学历者只需有4年以上的工程经历便可（上海为6年）。宁波规则要求则更低，其甲等工程师只需要满足大学或同等学校建筑科或土木科毕业的条件（尚无从业经验的要求）。从杭州、宁波两地的建筑师（工程师）登记条例来看，杭州的章程法条数量多于宁波（表5-13）。两地均确认了市内从事建筑设计和绘图的建筑师（工程师）必须向工务局登记注册，同时对接受不同专业教育的人员进行了区分。不同的是，杭州以"建筑师"和"绘图员"两种资格进行登记，以区分不同等级的建筑师（工程师），而宁波施行的是"土木建筑工程师"登记，即所有的建筑师（工程师）均通称为"工程师"，工程师分为四等（甲、乙、丙、丁）。由于在近代建筑活动中，"工程师"先于"建筑师"出现，且杭州在实行建筑师登记的同时，还实行了建筑师事务所登记，这从一个侧面反映出杭州近代建筑设计从业人员更为集中，专业建筑师（而非工程师）的相对数量也更多，其建筑师登记制度的发展处于浙江省领先水平，宁波则相对滞后。

杭州、宁波建筑师（工程师）登记法规比较　　　　　表5-13

杭州法规			宁波法规		
序号	法规名称	颁布时间	序号	法规名称	颁布时间
1	《杭州市建筑师登记章程》	1928年	1	《宁波土木建筑工程师暂行注册章程》	1928年
2	《杭州市绘图员登记章程》	不详			
3	《杭州市内设立建筑师事务所请领执照办法》	1930年			

资料来源：笔者根据相关史料整理。

5.2.4.2　杭州、宁波现代营造业管理法规及其比较

建筑师（工程师）登记制度表面上看是对从事建筑设计业的专业人员的职业认可，本质上却是对传统营造业的制度性变革（彭长歆，2012）。建筑审批制度明确了"业主—建筑师（工程师）—营造商"三者在建筑营造活动中的关系和职能，业主需要通过建筑师（工程师）完成设计图纸从而获取建筑许可证，营造商需要依据建筑师的图纸进行施工。因此建筑审批制度的执行实际上确立了建筑质量监督的社会机制，并为近代新型建筑业体制的产生完成了制度建构。在建筑师登记制度施行后，杭州、宁波的营造业管理制度也相继出台，将营造业纳入了城市建设管理部门的行业管理范畴。

如前文所述，杭州市对营造业的管理始于1930年，《杭州市营造厂登记暂行规则》颁布后开始对营造业实行登记，规定凡在杭州市内承揽泥水、木作为营业者应向杭州市政府以营造厂名义进行登记。1930年12月，杭州市政府又颁布《重订杭州市营造厂登记暂行规则》，对《杭州市营造厂登记暂行规则》进行了修正。如规定"营造厂经理人须有建筑上之学识与经验"，而原规则并未对其经理人提出专业学识要求。1932年，登记规则要求进一步变高，按经理人的学识经验，分为甲乙丙丁四等。其中甲等要求最严，需为资本在5万元以上同时具备下列条件之一：（1）曾承办10万元以上的工程而成绩优良者；（2）经理人曾在国外高等工业专门学校以上毕业，在工程界服务3年以上，成绩优良者（建设委员会调查浙江经济所，1932）。规则同时要求甲乙两种需要审查其资格，丙丁两种需经口试。除营造厂外，一些泥水木石匠在杭州近代建筑活动中承担着一定比例的建筑营造工作，在城市现代化进程中起到不可忽视的作用，因此南京国民政府时期工务局也通过注册登记的手段对其进行管理。1930年3月17日，杭州市政府发布《杭州市泥水木石匠等作登记暂行规则》，对从业的泥水木石匠进行管理。

宁波的营造业管理起步较杭州更早，1927年，《宁波市营造厂所及泥水石作注册章程》颁布，规定"凡在宁波市区内呈报一切大小工程或作工之营造厂所及泥水木作等均须遵照本章程来局注册领取营业执照"（宁波市政月刊第1卷第4期，1927），开始规范宁波市内的营造厂及泥水石作的管理（表5-14）。从法规内容可以看出，宁波并未对营造厂及各水木作形成登记等级区分，表明在一定程度上宁波的营造业管理落后于杭州。限于

史料，笔者无从考证宁波此后是否发布新的营造业相关管理条例，因此无法将其与杭州法规进行进一步的具体比较。

杭州、宁波、上海营造厂（泥水木石头匠）登记法规一览表 表5-14

序号	杭州法规		宁波法规		上海法规	
	法规名称	颁布时间	法规名称	颁布时间	法规名称	颁布时间
1	《杭州市营造厂登记章程》	1930年	《宁波市营造厂所及泥水石作注册章程》	1927年	《上海特别市营造厂登记章程》	1928年
2	《重订杭州市营造厂登记暂行规则》	1930年			营造厂登记章程补充规定	1934年
3	《杭州市泥水木石匠等作登记暂行规则》	1930年				

资料来源：笔者根据相关史料整理。

观察同一时期上海的情形，1928年，上海特别市政府工务局颁布了营造厂登记章程，规定"上海市内以营造厂、建筑公司及水木作为营业者"均应遵照章程向工务局申请登记（《上海特别市市政公报》第11期，1928）。该章程并未对营造厂、水木作等形成登记区分。到1934年，工务局对营造厂登记章程进行补充，开始实行甲、乙、丙三级资质管理。其中"甲等营造厂资本必须在5万银元以上，曾承包10万银元以上工程，而且有优良成绩。乙等营造厂，资本必须在1万银元以上，曾承包2万银元以上工程，而且有优良成绩。丙等营造厂，资本不做规定，但必须曾有承包1万银元以下工程，有2年营造厂经历，而且有优良成绩"（娄承浩，2004）。从上述要求看，杭州的营造业登记规则与上海比较接近，同样实行分等级登记。从具体要求看，杭州规则较上海规则更为严格，其甲等登记资格中对经理人有要求，需"曾在国外高等工业专门学校以上毕业，在工程界服务3年以上"，且杭州实行四个等级登记（甲乙丙丁），上海实行三个等级登记（甲乙丙）。宁波的营造业登记法规则并未形成登记等级区分，较上海、杭州滞后。

从杭州、宁波两地的营造业登记情形看，新旧体系均并存，既有传统营造业从业人员（泥水木石匠），也有现代营造厂（营造厂由专业出身的经理人进行管理），这是中国近代城市现代转型过程中所特有的过渡性现象。从现有史料看，杭州近代对营造业的登记较宁波更为严格，对营造厂分等级进行登记（甲、乙、丙、丁4级），同时将泥水木石匠等传统营造人员进行单独登记，宁波则将营造厂与泥水木石作一并登记，并未形成登记区分，也尚无等级划分。可见，杭州在营造业登记制度的发展上走在全省前列，宁波则相对滞后。

5.3 小结

南京国民政府成立后，宁波不断完善城市建设管理机构，并颁布和实施各类现代城市建设管理法规。这一时期，浙江省在近代中国政治地理上的重要性空前加强，成为国家政权统治的强势地带，宁波历经"黄金十年"的发展，初步完成了城市建设管理制度的现代转型，对城市建设及建筑活动的现代化进程具有重要意义。在全省统一制度框架的限定下，宁波、杭州的城市建设管理制度具有一定的一致性，但由于各方面的条件差别以及各自城市发展的轨迹差异，又呈现出差异性。

1. 前期宁波的城市建设管理机构以西方人为主导

宁波19世纪末出现西方人设立的城市建设管理机构，直至1910～1920年代才出现中国人设立的管理机构，前期主要以西方人为主导。西方人在江北外人居留地学习租界模式设立"江北工程局"以落实市政建设与管理，但"江北工程局"并未如上海早期"道路码头委员会"一般发展成具有市政府意义的"工部局"，只相当于其下设"工务处"的职能。其后中国官方虽然在1915～1919年间开始主管城市建设（宁波警察厅），并在1920年出现了中国人成立的民间城市建设管理机构"市政筹备处"，但两者均未对城市建设与管理起到较大作用。

2. 南京国民政府时期，宁波的城市建设管理机构发展均滞后于南京、上海，且宁波又滞后于杭州

南京国民政府时期，宁波的城市建设管理机构发展滞后于主流城市南京、上海。从机构的设置与历次调整看，宁波现代城市建设管理机构的发展不仅与南京、上海相比存在差距，与杭州相比也有一定的滞后。杭州市工务局初设时分为4科，分设工程设计、工程营建。宁波设市之初的工务局分为3个科室，并将工程设计与工程营造合为一科管理。在科室数量上，南京最多，宁波又少于杭州与上海。经历调整后，宁波市工务局也由最初的3科发展为4科，但仍未将工程设计与营造分开，在"行政体系"之外，仅设建设委员会管理相关的"技术及监督"事宜，较杭州滞后。这一时期，南京的工务局机构分支最多（两科6股），上海、杭州次之，宁波最少。宁波市政府于1931年1月撤销，之后鄞县县政府接收管理，前市工务局全部事宜由原鄞县建设局接办，机构有所缩减。相比较南京、上海，这一时期宁波、杭州的城市建设管理机构发展滞后。且宁波又滞后于杭州。

3. 南京国民政府时期宁波的现代土地法规、市政建设法规、营造业及技师管理法规发展均较杭州有一定程度的滞后

设市后，杭州、宁波均颁布了类似的土地征收法，杭州市的征收法制定较早。在土地登记、调查及地价评估上，宁波市颁布了具体的登记条例，杭州没有，杭州市有针对地价、土地丈量的专门法规，宁波则没有。但总体而言，杭州土地法规的发展在浙江省内仍处于较领先地位，宁波相对滞后一些。

在市政建设法规方面，杭州市在法规颁布数量及类别上均多于宁波，杭州颁布了8

项道路建设法规，宁波仅有1项，杭州既有道路设计规范类法规也颁布了后期实施类法规，宁波则没有相应的道路设计规范，仅有1项后期实施类法规。从法规内容看，杭州市颁布的设计类规范对建筑退让、沿街界面控制及道路转角半径、广告设置等的规定体现出城市总体控制的要求，宁波则没有相应的措施及规定。此外，杭州颁布了一系列筑路征费章程，采用了与上海相似的商业经营筑路模式，基本接近上海并呈现大体相当的水平，而宁波则未能形成类似的市政建设法规。

杭州对建筑师（工程师）的登记始于1928年《杭州市建筑师登记章程》的颁布。1930年，杭州市颁布了《杭州市内设立建筑师事务所请领执照办法》，对建筑事务所的执业资格进行界定，以规范建筑师的工作。此外，杭州还制定了专门针对绘图员的章则《杭州市绘图员登记章程》。1928年，宁波发布《宁波土木建筑工程师暂行注册章程》，对"工程师"的资格进行了严格的规定，分为甲乙丙丁四种。从数量上看，杭州的章程数量多于宁波。杭州以"建筑师"和"绘图员"两种资格进行登记，以区分不同等级的建筑师（工程师），而宁波施行的是"土木建筑工程师"登记，即所有的建筑师（工程师）均通称为"工程师"。在近代建筑活动中，"工程师"先于"建筑师"出现，且杭州在实行建筑师登记的同时，还实行了建筑师事务所登记，表明其建筑师登记制度的发展处于浙江省领先水平，宁波则相对滞后。

杭州市对营造业的管理始于1930年《杭州市营造厂登记暂行规则》的颁布，之后又相继颁发《重订杭州市营造厂登记暂行规则》及《杭州市泥水木石匠等作登记暂行规则》。宁波则于1927年颁布《宁波市营造厂所及泥水石作注册章程》。相对而言，杭州近代对营造业的登记较宁波更为严格，对营造厂分等级进行登记，同时将泥水木石匠等传统营造人员进行单独登记（与现代营造厂相区分），宁波则将（现代）营造厂与（传统）泥水木石作一并登记，并未形成登记区分，呈现一定程度的滞后。

4. 南京国民政府时期宁波的现代建筑管理法规发展远远滞后于南京、上海、杭州

20世纪30年代初的《修正杭州市建筑暂行规则》（1932年）共225条，《宁波市建筑规则》（1930年）为88条，《上海特别市建筑规则》（1928年）为209条，可见宁波规则明显少于杭州规则与上海规则。法规的技术准则内容，上海规则占85%，杭州占83%，宁波仅为67%，上海、杭州法规在数量和比例上均明显高于宁波法规，体现出上海及杭州建筑管理步骤与程序在当时较宁波更为细致。宁波法规则与杭州、上海法规形成较大差别，呈现较大程度的滞后。其行政管理章节所占比均高于杭州及上海，共有4章，而杭州、上海法规仅有2章，相对而言，建筑技术准则所占比例均少于上海、杭州。同时，在建筑技术准则部分，杭州、上海法规将防火设备专列一章，宁波规则中虽也有少数有涉及建筑防火规定及安全疏散措施条文，但规定较笼统，且并未专列章节。杭州与上海规则中各类建筑的专门技术准则内容在《宁波市建筑规则》（1930年）中也并未涉及。

20世纪30年代中后期，《上海市建筑规则》（1934年）增加到237条，《杭州市建筑

取缔规则》（1936年）增加到248条，《南京市工务局建筑规则》（1933年）总法条数量为277条。宁波所施行的省属法规与鄞县规则（1934年）总计为85条，较此前颁布的《宁波市建筑规则》（1930年）少3条。宁波远远落后杭州、上海及南京。从建筑技术准则条文所占比例看，上海87%，南京为85%、杭州为76%，宁波则为67%，上海与南京接近，均高于杭州，宁波则最低。

从具体内容上看，第3阶段[完善期（维续期）]南京规则最为先进，内容规定较上海、杭州更为全面，上海、杭州规则也有一定的发展，宁波法规在法条数量与内容上较形成期并无显著变化，与杭州、上海法规差距进一步拉大。其建筑技术准则内容所占比例较小，体现出与杭州、上海法规的"技术性"差距。在具体内容上，仍未将防火设备章节独立设置，且并未形成各类建筑专门的建筑细节措施规定。在建筑审批管理上，杭州建筑许可证明确区分为建筑、修缮、拆卸、杂项4种（上海1937年规则也有同样的许可证类别区分），宁波则没有上述区分。总体而言，宁波规则较20世纪30年代初期并无太大发展，究其缘由，废市并县后其行政区划的调整导致城市建设管理机构有所缩减，在建筑管理中难免存在一定的模糊性，呈现明显的滞后。

本章参考文献

[1] 唐方.都市建筑控制——近代上海公共租界建筑法规研究(1845-1943)[D].上海：同济大学博士学位论文,2006:15.

[2] 鄞县政府建设科.鄞县建设[M].宁波：宁波印刷公司,1934:(建设概况)1.

[3] 李海清.中国建筑现代转型[M].南京：东南大学出版社,2004.

[4] 潘谷西.中国建筑史（第5版）[M].北京：中国建筑工业出版社,2004.

[5] 陈东佐.建筑法规概论[M].北京：中国建筑工业出版社,2002.

[6] 浙江省档案馆编研处.日新月异——"黄金十年"的交通发展[J].浙江档案,2010(12)：50.

[7] 贾彩彦.近代上海土地管理制度思想的西方渊源[J].财经研究,2010,33(4)：125-128.

[8] 练育强.近代上海公共租界的土地管理制度[J].华东政法大学学报,2009(2)：150.

[9] 甄京博,张向阳.近代中国城市土地管理论述[J].经济研究导刊,2012(8)：86.

[10] 申报.杭州市建筑近况[N].1935-04-20(增刊).

[11] 陈小鸿.上海城市道路分级体系研究[J].城市交通,2004,2(1)：39.

[12] 彭长歆.现代性·地方性——岭南城市与建筑的近代转型[M].上海：同济大学出版社,2012.

[13] 浙江公报.巡按使屈批省城警察厅遵饬厘订取缔煤油火柴及建筑备规则由[N].批牍：1915年(1312)：8.

[14] 宁波市政月刊.林局长提议宁波市土木工程师暂行注册章程案[J].1927,1(8)：36.

[15] 上海市政府公报.上海特别市建筑师工程师登记章程[J].1934(147)：73.

[16] 建设委员会调查浙江经济所.杭州市经济调查[M].杭州：建设委员会调查浙江经济所,1932:95.

[17] 宁波市政月刊.第十三次市务回忆录[J].1927,1(4)：49.

[18] 上海特别市市政公报.参见上海特别市营造厂登记章程[J].上海特别市市政公报,1928(11)：54.

[19] 娄承浩,薛顺生.老上海营造业与建筑师[M].上海：同济大学出版社,2004.

第 6 章

结　语

在中国近代，宁波属边缘城市，其城市现代化进程虽明显滞后于上海、天津等近代主流城市，但反映了中国近代城市现代化进程的一个侧面，同时作为中国近代最早的五个通商口岸之一，同时也是浙江省内较早的开启了城市现代化进程的两个城市之一，其发展历程在浙江省内具有一定的典型性和代表性。

近代前期（1927 年前），宁波的现代城市建设现代化进程起点早，1844 年开埠后由入侵的西方人主导，西方殖民者在江北外人居留地较早地开始了现代市政建设，开埠和对外贸易促成了城市的发展，江北外人居留地成为宁波近代城市与建筑的发源地，而西方人成为宁波近代前期城市建设的主体。相比较而言，中国人在宁波近代前期展开的现代城市建设非常有限。

宁波在近代后期（1927 年后）设市，在南京国民政府及浙江省政府统一制度框架下，成立了现代城市建设管理机构并制定了相关的现代城市建设管理法规，将城市市政建设与建筑管理纳入法制化轨道，城市建设的现代化进程加快，虽于 1931 年废市并县，但总体上延续了市政府时期的城市建设与管理制度。

6.1　前期西方人主导的"先发被动型"城市现代化进程

宁波近代前期的城市现代化进程可以概括为"先发被动型"城市现代化进程，何为"先发被动型"？"先发"指的是宁波现代化进程起点早，所谓"被动型"指的是宁波的现代化进程是由西方殖民者的殖民活动所开启的，由西方人主导，中国人处在被动接受的状态。

开埠前，宁波为封建府城，有着悠久的历史，但在现代化的道路上，拥有港口优势的宁波率先引起了西方殖民者的注意，成为鸦片战争后中国率先开放的五个口岸之一，较早地开始了城市现代化进程，属于"先发"城市，在城市建设管理机构的产生、城市管理法规的制定以及城市建设发展三方面均早于中国近代多数城市。首先，在城市建设管理机构的发展上，西方人19世纪60年代于宁波设立的江北巡捕房已经具有初步的城市市政管理职能。其次，在城市建设管理法规上，宁波19世纪60年代已出现由西方人所制定的现代城市建设管理法规的雏形[①]，这个时间与主流城市的现代城市建设管理机构设立时间较为接近。最后，在城市建设发展上，开埠后西方人在宁波江北外人居留地开始了局部的市政建设，新的建筑类型与形式开始出现，至19世纪60年代江北外人居留地已成为宁波新的城市中心。

宁波近代前期的城市建设现代化进程是伴随着西方人的殖民活动而被动开启的，是由西方人所主导的，这种城市建设的现代化进程是被动输入的。19世纪40年代的中国尚未受到现代化的启蒙，仍处于封建统治之下的传统中国城市也尚未有城市现代化的萌芽，伴随着殖民活动，西方人将现代城市建设与现代化的理念输入宁波，中国人在这个过程中开始了逐渐的模仿与学习。在整个近代前期，西方人是宁波城市建设的主体，城市建设以西方人管理的江北外人居留地为主，20世纪10年代前，宁波老城区没有（中国人的）城市建设管理机构及相应的建设，直至20世纪10~20年代后，中国人才开始逐渐效仿西方人设立了相关的城市建设管理机构，但尚处于萌芽状态，并未在宁波老城区的城市建设之中取得明显的成效。宁波的这种"被动型"的城市现代化进程，还体现在其前期的发展是非常局限的，较之上海而言，由于对外贸易发展的局限性，宁波港口在前期发展过程中逐步退居次位，成为上海港的辅助港口，这导致了江北外人居留地的建设在一定程度上具有较大的局限性。除了港口的较快发展外，江北外人居留地的道路、城市给水排水等设施，并未得到充分的建设，仅修筑了包括滨江大道在内的少数几条道路，装设了路灯，虽开凿了自流井，但始终并未实现较大范围供水，城市排水管道仅局部铺设，工程进展较缓慢，城市的市政建设始终并取得很大成效。

6.2 宁波城市建设管理制度对于近代主流城市的效仿及其滞后

近代前期，与上海类似，宁波在19世纪80年代成立了城市建设管理机构"马路委员会"，拥有初步的市政管理职能，在机构设置及运行模式上皆与上海早期租界的"道路码头委员会（1846年）"较接近，但在时间上滞后了约40年。此外，上海租界早期的城市建设管理机构在成立后不久便得到发展（1854年的公共租界成立"工部局"及1862年法租界成立"公董局"），而宁波则直至1898年才出现了管理职能相对更为完善的"江北工程局"，且在机构组成及职能仍远远滞后于上海。中国人在宁波设立的城市建设管理机构的发展则更为滞后，直至民国时期的1915~1919年，宁波官方才成立"宁波警察厅"，1920年成立"宁波市政筹备处"（且仅为民间自治机构）。总体来看，近代前期，宁波效仿上海租界设立了现代城市建设管理机构，但在设立的时间及机构的发展程度上均滞后于上海。

近代后期，民国时期在首都南京、主流城市上海所制定的城市建设管理制度成为国

---

① 19世纪60年代的《江北巡捕房章程》已包含部分现代城市建设管理法规的内容。

内其他城市的效仿范本,在此背景下宁波也成立了现代城市建设管理机构——"工务局",开始制定现代城市建设管理法规,逐步建立城市建设管理体系并形成各类工程项目运作程序,城市市政建设、建筑活动开始形成制度化管理。宁波的机构设置、法规制定均效仿主流城市南京、上海,但又滞后于南京、上海,同时也滞后于同为边缘城市的省内城市杭州。

1. 宁波对南京、上海的效仿

首先,宁波市工务局作为城市建设管理机构,行使 "立法权""审批权""监造权"等现代建筑活动管理权利。在机构设置上,虽然在具体科室设置上不尽相同,但机构职能已经比较类似,设计、营造、审批、取缔等基本职能一一具备,形成对各类工程建设的规范化管理。且与南京、上海一样[1],宁波工务局经历了逐步发展完善的过程,由3科调整为4科,增设了"公用科"掌管公用事业。

其次,在城市建设管理法规的制定上,宁波法规与南京、上海法规具有一定的相似性。其一,"建筑技术准则"部分的内容占据主导地位[2],体现出了宁波的现代建筑管理法规与南京、上海类似,均体现出较高"技术性"含量。其二,从各地法规具体内容组成类似,城市规划层面总体控制、建筑审批制度、建筑细节措施规定、结构设计准则等内容均一一囊括,说明宁波与南京、上海的制度相同,在法规"控制准则"方面较一致。其三,在工程项目建设程序上,宁波这一时期均形成了一套较规范的程序,建设过程中的工程策划及设计、工程准备、施工、验收等阶段已与现代建设程序较接近,这与当时主流城市的发展趋势是一致的。现代建筑管理法规制定和实施的目的之一是建立相对统一及合理的职业技术标准,随着近代中国建筑业在20世纪20～30年代的日趋繁荣,从西方引进的工程招标制度逐渐在国内各主要城市普遍推行,基于近代建筑技术的发展而日益复杂的建筑施工工艺也要求建筑设计的相关图纸、文件更加规范化,因此国内主要城市也展开了对相关制度的探索,如中国建筑师学会(成立于上海)在1932年成立了"编制章程表式委员会",专门开展工程招标合同与建筑说明书的格式化、标准化工作(钱海平,2011)。从宁波这一时期各类工程的建设程序看,设计招标投标、施工招标投标、工程设计等程序及要求与当时的上海已经较为接近,是当时近代主流城市上海影响下的产物。

2. 宁波相对于南京、上海的滞后

首先,在城市建设管理机构发展上,宁波滞后于南京、上海。初设时,在科室数量上,宁波(3科)则少于南京(5科)与上海(4科)。第一次调整,南京的工务局机构分支变为6股,上海(5科),宁波最少(4科)。第二次调整,宁波工务局均改为工务科,机

---

[1] 南京市工务局与上海市工务局成立之后均历经调整,其中南京市工务局计划股、营造股的职能相当于调整之前的设计股和建筑股,新设材料股管理相关工具及材料,机构由原来的5科调整为6股,上海市工务局由4科调整为5科。与初期相比,上海市工务局的职能进一步细化,形成"桥梁""道路""建筑"的专管科室,"城市规划"也专列科室管理。

[2] 以完善期(维续期)(第3阶段)的法规为例,建筑技术准则法条所占比例上海为87%,南京为85%、杭州为76%,宁波为67%。

构未能进一步扩大和完善,之后宁波由于市政府撤销(1931年1月),工务局全部事宜由原鄞县建设局接办,机构缩减较为明显。南京则维持原有机构不变,上海在原有基础上又增设材料处,可见宁波明显滞后。在具体职能上,南京、上海市工务局组织机构不断细化,宁波始终未能形成工程设计与营造的区分。总体来看,宁波与南京、上海在现代城市建设管理机构发展上存在较大差距,滞后明显。

其次,宁波的城市建设管理法规相对于南京、上海法规而言仍较为滞后。其一,从法条数量看,1930年的宁波规则(《宁波市建筑规则》,88条)远少于上海1928年规则(《上海特别市建筑规则》,209条)。法规的技术准则条文所规定的"技术理性"内容,上海占比85%,宁波仅为67%,滞后于上海。到20世纪30年代中后期,宁波法规(省属法规与鄞县规则)总计为85条,而南京1933年规则(《南京市工务局建筑规则》)法条数量增加到277条,上海1934年规则(《上海市建筑规则》)法条数量为237条,宁波则远远落后上海及南京。从建筑技术准则条文占比看,上海为87%,南京为85%、宁波为67%,上海与南京接近,宁波最低。总体来看,宁波无论是在法条总数还是建筑技术准则占比上均远滞后于南京、上海。其二,从内容看,宁波法规从始至终均未能形成专项建筑细节措施规定及专门的防火规范章节,在法规详细程度上远不及南京、上海。

最后,在工程项目建设程序上,宁波在这一时期虽已形成一套相对规范的工程项目建设程序,但在工程流程及相关标准上距离主流城市还有一定的差距。如建筑设计流程中,当时宁波的设计招标投标还不如主流城市普遍,在设计内容上,20世纪20~30年代,主流城市除了建筑、结构等土建工程外,水、电、暖通等建筑设备工程也不断增加,施工图设计内容已包含了较为完备的各个专业门类,各类技术问题均有相应的图纸进行说明①,而宁波这一时期工程设计虽也已出现施工图及设计说明,但在深度上还与当时的主流城市存在一定的差距,各个专业门类技术分工也尚未明确形成,存在较明显的滞后。

本章参考文献

钱海平. 以《中国建筑》与《建筑月刊》为资料源的中国建筑现代化进程研究 [D]. 杭州:浙江大学,2011.

---

① 参见钱海平. 以《中国建筑》与《建筑月刊》为资料源的中国建筑现代化进程研究 [D]. 杭州:浙江大学博士学位论文,2011:132.